● 함께 사는 아름다움 ❶

금강경

● 金剛經 ● 정화—풀어씀 ●

도서출판
법공양

비교할 수 없는 가르침

개정판서문

금강경의 한 구절이라도 수지독송 하는 공덕은
무엇과도 비교할 수 없는 큰 공덕,
수지독송 하는 가르침이
삶이 되었기에 그러하지요.

그러면서도
금강경의 가르침은
아무런 자취도 남기지 않으니
살아 있는 순간마다 그대로
금강의 지혜가 삶의 모습으로 나오는
지혜의 완성이어서지요.

한 걸음 한 걸음
정념의 알아차림으로 걷고 있는 모습과
그저 앉아 있는 모습 하나도
금강의 지혜가 되어
때로는 말로 때로는 침묵으로 설법하시니
금강반야바라밀경은
부처님의 마음과 몸을 다 드러내 보이는 것

그러기에
"어떤 것에도 집착하지 말고 한결같아
흔들리지 말지어다"라는 가르침이
금강의 길을 가는 수행자의 지침이면서도
이 스스로가 자신의 자취를 지우는 것으로 있으니
걸음걸음마다 새롭게 있지 못하면
금강이 될 수 없겠지요.

곧 금강반야바라밀경은
자취 없는 모습이 되어
모든 모습의 자취가
지혜의 완성으로 있게 해주는 가르침이니
한 글자만이라도 가슴에 맺혀
마음이 열리면
그때부터 지혜의 완성을 향해 스스로
그렇게 가겠지요.

그래서 가슴 가슴으로 이어지는 따뜻한
삶의 모습들이 그대로 금강이 되니
무엇과도 비교할 수 없는 가르침이 되었습니다.

인연을 이어가는 모든 생명의 활동은
언제나처럼 그렇게 살아가고 있지요.
아름다운 향기로
새롭게 새롭게
생명의 길을 여는 장엄으로
금강 같은 지혜의 완성으로

함께 장엄된 생명을 열어가는
모든 인연에 감사드리며 절합니다.

모두들 평안하십시오.

2005년 8월
정화 삼가 씀

반야바라밀로 살아가는 길
초판서문

이 경은 '반야바라밀로 살아가는 길'을 가르치는 부처님 말씀입니다. 반야바라밀은 '지혜의 완성'을 뜻합니다. 지혜란 열린 마음·빈 마음으로 사는 것입니다. 중생은 '나와 나의 것'으로 가득 찬 마음으로 삽니다. 이것이 중생을 이루는 마음이기 때문에 누구도 의심하지 않고 당연한 것으로 받아들입니다. 그런데 '나의 것'은 채워도 채워도 끝이 없기 때문에 이러한 마음을 갖고 있는 중생들은 늘 불만족스럽게 살아갑니다.

그러므로 '나의 것'을 채우는 것을 멈추고 그 마음을 지켜보아야 합니다. 어떻게 해야 만족스러운지를 알기 위해서는 그 바탕을 알아야 하기 때문입니다. 만족스럽다는 생각이나 만족스럽지 못하다는 생각을 가리지 않고 '그것이 어떻게 일어나고 사라지는가'를 살펴봅니다. 지금까지 갖고 있던 모든 생각을 쉬고 새롭게 마음을 살펴보는 것입니다.

'생각을 쉰다'는 것은 '아무런 생각이 일어나지 않는 것'을 말하는 것이 아닙니다. 만족스럽든 만족스럽지 못하든지 간에, 생각이 일어나면 그것을 '그냥 흘러가도록 놓아두는 것'입니다. 왜냐하면 만족스러운 것과 불만족스러운 것이 무엇인지 아직 밝게 알지 못하기 때문입니다. 지금까지 옳다거나 그르다고 판단했던 생각을 쉬고 '생각의 흐름을 그냥 지켜보는 것'입니다. 그리고 생각이 일어날 때마다 '그 생각은 꿈과 같고 허깨비와 같다'고 알아차리는 것입니다. 그래야만 생각이 일어날 때마다 그것을 따라가는 마음을 쉴 수 있기 때문입니다.

마음을 쉬고 '있는 그대로의 삶을 보는 것'이 반야바라밀입니다. 삶을 있는 그대로 보게 되면 지혜가 완성됩니다. 완성된 지혜를 금강에 견주는 것이 금강반야바라밀의 가르침입니다.

1998년 10월 계양산 공부방에서

정화 삼가 씀

차례

1부. 금강경 원문 ──────────── 15

2부. 금강경 풀이 ──────────── 45

   1. 법회가 열리고 法會因由分 47

   2. 수보리장로께서 묻고 善現起請分 55

   3. 대승의 바른 가르침은 大乘正宗分 73

   4. 미묘한 활동은 얽매임이 없고 妙行無住分 95

   5. 이치에 맞게 참되게 보나니 如理實見分 107

   6. 바른 믿음은 드물고 正信希有分 115

   7. 얻을 것도 없고 설할 것도 없고 無得無說分 139

   8. 법에 의지해서 나오니 依法出生分 145

   9. 하나 된 모습에는 모습조차 없고 一相無相分 155

   10. 정토를 장엄함은 莊嚴淨土分 175

11. 조작 없는 복의 뛰어남은 無爲福勝分 187

12. 바른 가르침을 존중하기를 尊重正敎分 189

13. 법답게 받아 지니니 如法受持分 195

14. 상을 떠난 고요함은 離相寂滅分 215

15. 경을 지니는 공덕은 持經功德分 245

16. 업장을 맑게 하나니 能淨業障分 253

17. 끝내 자아는 없고 究竟無我分 263

18. 한 몸으로 함께 관하니 一體同觀分 273

19. 법계가 전체적으로 변함은 法界通化分 279

20. 몸과 상호를 떠나서 離色離相分 283

21. 말도 말의 대상도 아니나니 非說所說分 287

22. 법에는 얻을 만한 것이 아무것도 없고 無法可得分 293

23. 마음을 밝히고 착한 일을 함은 淨心行善分 295

24. 복과 지혜를 비유할 수 없으니 福智無比分 299

25. 교화하나 교화의 대상은 없고 化無所化分 305

26. 법신은 모습이 아니니 法身非相分 307

27. 소멸해 없어진 것도 없으니 無斷無滅分 309

28. 받지도 않고 욕심내지도 않고 不受不貪分 313

29. 품위와 거동이 고요하고 고요함은 威儀寂靜分 317

30. 하나로 합쳐진 이치의 세계는 一合理相分 319

31. 생각으로 헤아림은 일어나지 않고 知見不生分 323

32. 응신, 화신은 참되지 않고 應化非眞分 327

1부

금강경—원문

1.

이와 같이 들었습니다. 부처님께서 비구 대중 1,250명과 함께 사위국 기수급고독원[기원정사]에 계실 때입니다.
공양 때가 되자 세존께서는 가사를 단정히 입으시고 발우를 가지고 사위성으로 탁발하러 가셨습니다. 차례로 탁발을 하신 후 절에 돌아오셔서 공양을 드신 뒤 가사와 발우를 정돈하시고 발을 씻은 후에 자리를 펴고 앉으셨습니다.

2.

때가 되자 대중 가운데 있던 수보리 장로가 일어나 오른쪽 어깨를 드러낸 옷차림으로 오른 무릎을 땅에 대고 합장하며 공경하는 마음으로 부처님께 여쭈었습니다.
"드무신 분, 세존이시여, 여래께서는 모든 보살들을 잘 감싸 주시며 모든 보살들에게 잘 부촉하십니다. 세존이시여, 위없는 바른 깨달음에 마음을 낸 선남자 선여인은 반드시 어떻게 살아야 하며 어떻게 마음을 다스려야 합니까?"
부처님께서 말씀하셨습니다.
"참으로 잘 물었다. 수보리야, 네가 말한 대로이다. 여래께서는 모든 보살들을 잘 감싸 주시며 모든 보살들에게 잘 부촉하신다. 그러니 수보리야, 이제 자세히 들을지어다. 너희를 위하여 이야기하리라. 위없는 바른 깨달음에 마음을 낸 선남자 선여인은 반드시 이와 같이 살아야 하며, 이와 같이 마음을 다스려야 한다."

"세존이시여, 그렇게 해 주십시오. 즐거운 마음으로 듣겠습니다."

3.

부처님께서 수보리에게 말씀하셨습니다.

"모든 보살마하살은 반드시 살아 있는 모든 중생들, 곧 알에서 태어난 중생, 모태에서 태어난 중생, 습기에서 태어난 중생, 스스로 변화해서 태어난 중생, 형체가 있는 중생, 형체가 없는 중생, 분별이 있는 중생, 분별이 없는 중생, 분별이 있는 것도 아니고 없는 것도 아닌 중생 모두를 번뇌가 다 없어진 열반에 들게 하여 제도해야겠다는 마음을 내야 한다.

그러나 이와 같이 헤아릴 수 없이 많은 중생을 모두 제도했을지라도, 참으로 제도되는 중생은 없다고 생각해야 한다. 수보리야, 왜냐하면 만약 보살이 자아라는 생각[我相], 개인적인 윤회의 주체라는 생각[人相], 어떤 실체에 의해서 살아있다는 생각[衆生相], 개체의 영원한 생명이라는 생각[壽者相] 등이 있으면 보살이 아니기 때문이다."

4.

"또한 수보리야, 보살은 대상[法]에 얽매임 없이 보시해야 한다. 곧 형색[色]에 얽매이지 않는 보시를 해야 하며, 소리·향·맛·접촉·

마음의 대상[法]에 얽매이지 않는 보시를 해야 한다.

수보리야, 보살은 반드시 이와 같이 보시해야 하고 어떤 생각에도 얽매이지 않아야 한다. 왜냐하면 보살이 생각에 얽매이지 않고 보시하면 그 복덕을 헤아릴 수 없기 때문이다.

수보리야, 어떻게 생각하느냐, 동쪽 허공을 헤아릴 수 있겠느냐?"

"헤아릴 수 없습니다, 세존이시여."

"수보리야, 남쪽·서쪽·북쪽 허공과 그 사이 네 군데 허공과 위아래 허공을 헤아릴 수 있겠느냐?"

"헤아릴 수 없습니다, 세존이시여."

"수보리야, 보살이 생각에 얽매이지 않고 보시하는 복덕도 이와 같이 헤아릴 수 없다. 수보리야, 보살은 반드시 배운 대로 살아야 하느니라."

5.

"수보리야, 어떻게 생각하느냐, 몸의 모양[身相]으로 여래를 볼 수 있겠느냐?"

"그렇지 않습니다, 세존이시여. 몸의 모양으로 여래를 볼 수 없습니다. 왜냐하면 여래께서 말씀하신 몸의 모양이란 몸의 모양이 아니기[非相] 때문입니다."

부처님께서 수보리에게 말씀하셨습니다.

"존재하는 모든 모양[諸相]이란 다 허망하다. 만약 모든 모양이 모양 아님을[非相] 본다면 여래를 보리라."

6.

수보리 장로가 부처님께 여쭈었습니다.

"세존이시여, 뒷날 중생이 이와 같이 말씀하신 가르침을 듣고 참으로 믿는 마음을 낼 사람이 흔하겠습니까?"

부처님께서 수보리에게 말씀하셨습니다.

"그런 말 하지 마라. 여래께서 열반에 드신 후 500년 뒤에도 계율을 잘 지키며 복을 닦는 이들이 있어, 이 경의 가르침에 신심을 낼 것이며 진실이라 여길 것이다. 이 사람들은 한 분 부처님, 두 분 부처님, 세 분, 네 분, 다섯 분 부처님께 선근을 심은 것만이 아니라, 헤아릴 수 없는 부처님께 이미 온갖 선근을 심은 이들이다. 이들은 이 경전의 가르침을 듣고 오롯하게 한 생각에 이르러 청정한 신심을 낼 것이 틀림없음을 알지어다.

수보리야, 여래께서는 이 모든 것을 다 아시고 다 보시니, 이들 중생들은 헤아릴 수 없이 많은 복덕을 받을 것이다. 왜냐하면 이 모든 중생들은 아상·인상·중생상·수자상이 없으며, 존재로서의 실체가 있다는 생각[法相]도 없으며, 비존재非存在로서의 실체가 있다는 생각[非法相]도 없기 때문이다.

왜냐하면 중생들이 마음에 생각[相]을 갖게 되면, 곧 아상·인상·중생상·수자상에 집착하는 것이 되기 때문이다. 법상法相을 갖게 되더라도 아상·인상·중생상·수자상에 집착하는 것이 되며, 비법상非法相을 갖게 되더라도 아상·인상·중생상·수자상에 집착하는 것이 되기 때문이다.

이렇기 때문에 존재로서의 실체가 있다는 생각[法相]을 가져서도 안 되고, 비존재로서의 실체가 있다는 생각[非法相]을 가져서도 안 된다. 이러한 뜻에서 여래께서는 늘 말씀하셨다. '너희들 비구는 내가 설한 법이 뗏목과 같은 비유인 줄 알아라. 법도 오히려 버릴 것인데 하물며 법 아닌 것을 버리지 않겠느냐.'"

7.

"수보리야, 어떻게 생각하느냐, 여래께서 위없는 바른 깨달음을 얻었으며, 여래께서 설할 바 법이 있겠느냐?"

수보리 장로가 대답하였습니다.

"제가 부처님께서 설하신 법의 뜻을 이해하기로는 위없는 바른 깨달음이라고 할 결정된 법은 없으며, 또한 여래께서 설하실 결정된 법도 없습니다. 왜냐하면 여래께서 설할 바 법은 모두 인식[取, 知]할 수도 없으며, 설할 수도 없으며, 법도 아니며 법 아닌 것도 아니기 때문입니다. 이런 까닭에 모든 현인과 성인은 모두 조작 없는 법[無爲法]으로 차별하고 (법을 알고 설하고) 있습니다."

8.

"수보리야, 어떻게 생각하느냐, 만약 어떤 사람이 한량없는 세계인 삼천대천세계를 가득 채운 일곱 가지 보배로 보시한다면 이 사람은 받을 복덕이 많겠느냐?"

수보리 장로가 대답하였습니다. "대단히 많습니다, 세존이시여. 왜냐하면 이 복덕은 곧 복덕의 성품이 아니기 때문입니다. 이런 까닭에 여래께서 복덕이 많다고 하셨습니다."

"만약 어떤 사람이 이 경에 있는 사구게 등을 받아 지녀 다른 사람을 위하여 설명한다면 이 복은 (삼천대천세계를 가득 채운) 일곱 가지 보배로 보시하는 것보다 뛰어나리라. 왜냐하면 수보리야, 모든 부처님과 부처님들의 위없는 깨달음이 모두 이 경으로부터 나왔기 때문이다. 수보리야, (법의 실체가 없는 연기 실상이 불법이므로) 불법도 곧 불법이 아니다."

9.

"수보리야, 어떻게 생각하느냐, 수다원이 '나는 수다원과를 얻었다'는 생각을 하겠느냐?"

수보리 장로가 대답하였습니다.

"그렇지 않습니다, 세존이시여. 왜냐하면 수다원을 실상의 평안한 흐름에 든 사람[入流]이라고는 하나, 참으로 들어갈 곳이 없으니 형색·소리·냄새·맛·접촉되는 것·마음의 대상, 그 어디에도 들어가지 않는 사람을 수다원이라고 하기 때문입니다."

"수보리야, 어떻게 생각하느냐, 사다함이 '나는 사다함과를 얻었다'는 생각을 하겠느냐?"

수보리 장로가 대답하였습니다.

"그렇지 않습니다, 세존이시여. 왜냐하면 사다함은 다시 한 번

인간 세상에 태어나 깨달을 사람[一往來]이라고는 하나, 참으로 가고 옴이 없는 사람을 사다함이라고 하기 때문입니다."

"수보리야, 어떻게 생각하느냐, 아나함이 '나는 아나함과를 얻었다'는 생각을 하겠느냐?"

수보리 장로가 대답하였습니다.

"그렇지 않습니다, 세존이시여. 왜냐하면 아나함은 욕계에는 다시 태어나지 않는다[不來]고는 하나, 참으로 다시 태어나지 않는 것도 없는 사람을 아나함이라고 하기 때문입니다."

"수보리야, 어떻게 생각하느냐, 아라한이 '나는 아라한도를 얻었다'는 생각을 하겠느냐?"

수보리 장로가 대답하였습니다.

"그렇지 않습니다, 세존이시여. 왜냐하면 아라한이라고는 하나, 참으로 아라한이라고 할 어떤 실체도 없기 때문입니다. 세존이시여, 만약 아라한이 '나는 아라한도를 얻었다'고 생각한다면, 곧 아상·인상·중생상·수자상에 집착하는 것입니다.

세존이시여, 부처님께서 저를 '다툼 없는 삼매[無諍三昧]를 얻은 사람 가운데 가장 뛰어나다'고 말씀하시니, 이는 욕망을 떠난 데는 으뜸가는 아라한일 것입니다. 그러나 저는 '욕망을 떠난 아라한이다'라고 생각하지 않습니다. 세존이시여, 제가 만약 '아라한도를 얻었다'고 생각한다면, 세존께서 '수보리는 다툼을 떠난 고요한 삶[阿蘭那行]을 즐기는 사람'이라고 하지 않으셨을 것입니다. 그러나 제가 참으로 행하는 바가 없기 때문에 저를 '다툼을 떠난 고요한 삶을 즐기는 사람'이라고 하시는 것입니다."

10.

부처님께서 수보리 장로에게 말씀하셨습니다.

"수보리야, 어떻게 생각하느냐, 여래께서 옛날 연등불의 처소에 계실 적에 얻을 법이 있었겠느냐?"

"세존이시여, 여래께서 옛날 연등불의 처소에 계실 적에 참으로 얻을 법이 없었습니다."

"수보리야, 어떻게 생각하느냐, 보살이 부처님 나라를 장엄하겠느냐."

"그렇지 않습니다, 세존이시여. 왜냐하면 부처님 나라를 장엄하는 것이 곧 장엄하는 것이 아닌 것을 장엄한다고 하기 때문입니다."

"그렇기 때문에 수보리야, 모든 보살마하살은 반드시 이와 같이 (어디에도 얽매이지 않는) 청정한 마음을 내야 한다. 형색에 얽매이는 마음을 내서도 안 되고, 소리·향기·맛·접촉되는 것·마음의 대상 등에 얽매인 마음을 내서도 안 된다. 반드시 어디에도 얽매인 바 없이 마음을 내야 한다.

수보리야, 비유컨대 어떤 사람이 있는데 그 몸이 산의 왕인 수미산과 같이 크다고 하자. 수보리야, 어떻게 생각하느냐, 그 몸이 크겠느냐?"

수보리 장로가 대답하였습니다.

"대단히 큽니다. 왜냐하면 부처님께서는 (몸이) 몸이 아닌 것을 큰 몸이라고 말씀하시기 때문입니다."

11.

"수보리야, 어떻게 생각하느냐, 갠지스 강의 모래 수만큼 많은 갠지스 강이 있다면, 이 모든 갠지스 강의 모래는 많겠느냐?"

수보리 장로가 대답하였습니다.

"대단히 많습니다, 세존이시여. 단지 모든 갠지스 강만 해도 수없이 많은데 하물며 그 모래이겠습니까?"

"수보리야, 내가 참으로 이야기하겠다. 만약 선남자 선여인이 이러한 갠지스 강의 모래 수만큼 많은 삼천대천세계를 가득 채운 일곱 가지 보배로 보시한다면, 그 복덕이 많겠느냐?"

수보리 장로가 대답하였습니다.

"참으로 많습니다, 세존이시여."

부처님께서 수보리 장로에게 말씀하셨습니다.

"만약 선남자 선여인이 이 경 가운데 사구게 등을 받아 지녀 다른 사람을 위해 설명한다면, 그 복덕은 위의 헤아릴 수 없는 일곱 가지 보배로 보시하는 복덕보다 훨씬 뛰어나다."

12.

"그리고 또 수보리야, 이 경전의 사구게 등을 설명하는 모든 곳은 모든 세계의 하늘신과 인간 그리고 아수라 등이 모두 다 부처님·탑·절과 같이 공양할 곳임을 반드시 알아야 한다.

하물며 이 법문을 남김없이 받아 지녀 읽고 외울 수 있다면, 수보리야, 이 사람은 으뜸가는 드문 법을 성취한 사람이 틀림없다. 또한 이 경전이 있는 곳은 부처님과 존중받는 제자가 있는 곳과 같다."

13.

이때 수보리 장로가 부처님께 여쭈었습니다.
"세존이시여, 이 경의 이름을 무엇이라고 해야 하며, 어떻게 받들어 지녀야 하겠습니까?"
부처님께서 수보리 장로에게 대답하셨습니다.
"이 경은 '금강반야바라밀'이라고 할 것이며, 이 이름으로 받들어 지녀야 할 것이다. 왜냐하면 부처님께서는 반야바라밀이 곧 반야바라밀이 아닌 것을 반야바라밀이라고 말씀하시기 때문이다.
수보리야, 어떻게 생각하느냐, 여래에 의해서 설해진 법이 있겠느냐?"
수보리 장로가 부처님께 대답하였습니다.
"세존이시여, 여래에 의해서 설해진 법은 없습니다."
"수보리야, 어떻게 생각하느냐, 삼천대천세계에 있는 티끌이 많겠느냐?"
수보리 장로가 대답하였습니다.
"대단히 많습니다, 세존이시여."
"수보리야, 모든 티끌이 곧 티끌이 아닌 것을 티끌이라고 하느니라. 여래께서는 세계가 곧 세계가 아닌 것을 세계라고 말씀하신다. 수보리야, 어떻게 생각하느냐, 삼십이상으로 여래를 볼 수 있겠느냐?"

"그렇지 않습니다, 세존이시여. 삼십이상으로 여래를 볼 수 없습니다. 왜냐하면 여래께서는 삼십이상이 곧 삼십이상이 아닌 것을 삼십이상이라고 말씀하시기 때문입니다."

"수보리야, 선남자 선여인이 갠지스 강의 모래만큼 많은 신명을 바쳐 보시하더라도, 어떤 사람이 이 경 가운데 있는 사구게 등을 받아 지녀 다른 사람을 위해 설한다면, 이 복은 갠지스 강의 모래만큼 많은 신명을 바쳐 보시한 복보다 많으니라."

14.

이때 수보리 장로가 이 경의 가르침을 듣고 그 뜻을 깊이 이해하고 감동하여 눈물을 흘리면서 부처님께 말씀드렸습니다.

"드무신 분, 세존이시여, 부처님께서 말씀하신 이러한 깊고 깊은 뜻의 가르침은 제가 지혜의 눈이 열린 뒤로도 일찍이 들은 적이 없습니다. 세존이시여, 만일 어떤 사람이 이 가르침을 듣고 신심이 청정하면 곧 참된 가르침이라 여기는 마음이 생길 것이니, 이 사람은 반드시 으뜸가는 드문 공덕을 이룰 것입니다.

세존이시여, 여래께서는 참된 가르침이 곧 참된 가르침이 아니기 때문에 참된 가르침이라고 말씀하십니다.

세존이시여, 제가 지금 이 경의 가르침을 듣고 믿고 이해하며 받아 지니는 것은 어렵지 않습니다.

그러나 미래의 500년 뒤에도 어떤 중생이 이 경의 가르침을 듣고 믿고 이해하며 받아 지닌다면, 이 사람은 으뜸가는 드문 사람이 될 것입니다. 왜냐하면 이 사람은 아상·인상·중생상·수자상이 없기 때문입니다. 그것은 나라는 생각은 곧 생각이 아니며, 인·중생·수자라는 생각도 곧 생각이 아니기 때문입니다. 왜냐하면 모든 부처님들도 일체 생각을 떠나 있기 때문입니다."

부처님께서 수보리 장로에게 말씀하셨습니다.

"그렇고 그렇다. 만약 어떤 사람이 이 경의 가르침을 듣고 놀라지 않고 두려워하지 않으며 무서워하지 않게 된다면, 이 사람은 대단히 드문 사람인 줄 알아야 한다. 왜냐하면 수보리야, 여래께서는 으뜸가는 완성이 곧 으뜸가는 완성이 아닌 것을 으뜸가는 완성이라고 말씀하시기 때문이다.

수보리야, 여래께서는 인욕의 완성이 인욕의 완성이 아닌 것을 인욕의 완성이라고 말씀하신다. 왜냐하면 수보리야, 옛날에 가리왕이 나의 몸을 베어 내던 때에도 나에게는 아상·인상·중생상·수자상이 없었기 때문이다. 옛날 나의 몸을 마디마디 베어 낼 때에 나에게 아상·인상·중생상·수자상이 있었다면, 반드시 성내고 원망하는 마음이 있었을 것이다.

수보리야, 또 과거 오백 생애 동안 인욕선인으로 있을 때를 기억하니 그때에도 아상·인상·중생상·수자상이 없었다.

이런 까닭에 수보리야, 보살은 반드시 일체 모든 생각을 떠나 위없는 바른 깨달음에 대한 마음을 내야 한다. 형색에 얽매인 마음을 내서도 안 되고, 소리·향기·맛·접촉·마음의 대상, 그 어느 곳에도 얽매인 마음을 내서는 안 된다. 반드시 어느 곳에도 얽매이지 않는 마음을 내야 한다. 만약 마음이 얽매여 있다고 하면, 곧 얽매인 실체가 있는 것이 아님을 알아차려야 한다.

이런 까닭에 부처님께서 '보살은 형색에 얽매인 마음으로 보시해서는 안 된다'고 말씀하셨다.

수보리야, 보살은 모든 중생의 이익을 위하여 반드시 이와 같이 보시해야 한다. 여래께서는 일체 모든 모양[諸相]이 곧 모양이 아니며[非相], 또한 모든 중생이 곧 중생이 아니라고 말씀하신다.

수보리야, 여래께서는 진리를 말씀하시는 분이며, 진실을 말씀하시는 분이며, 있는 그대로를 말씀하시는 분이며, 속이는 말을 하시는 분이 아니며, 다른 말을 하시는 분이 아니다. 수보리야, 여래께서 깨달은 법, 이 법은 진실한 것도 없고 허망한 것도 없다.

수보리야, 만약 보살이 대상에 얽매인 마음으로 보시한다면 어두운 곳에 들어간 사람이 아무것도 볼 수 없는 것과 같고, 대상에 얽매이지 않는 마음으로 보시한다면 눈 밝은 사람이 햇빛이 밝게 비출 때 갖가지 형색을 보는 것과 같다.

수보리야, 미래에 선남자 선여인이 능히 이 경의 가르침을 받아 지녀 읽고 외운다면, 여래께서 부처님의 지혜로 이 사람을 모두 아시고 모두 보시니, 이들 모두는 헤아릴 수도 없고 끝도 없는 공덕을 다 성취하리라."

15.

"수보리야, 선남자 선여인이 아침에 갠지스 강의 모래만큼 많은 몸으로 보시하고, 낮에 다시 갠지스 강의 모래만큼 많은 몸으로 보시하고, 저녁에 또 갠지스 강의 모래만큼 많은 몸으로 보시하기를 셀 수 없는 백천만억 겁의 세월 동안 계속하는 것보다 이 경의 가르침을 듣고 믿는 마음으로 거스르지 않는 복이 훨씬 뛰어나다. 하물며 베껴 쓰고 받아 지녀 읽고 외워서 다른 사람을 위해 해설한다면 헤아릴 수 없는 복덕을 쌓는 것이 된다.

수보리야, 요점을 말하자면 이 경은 생각으로 헤아릴 수 없으며 재 볼 수도 없는 한없는 공덕이 있으니, 여래께서는 대승의 법에 마음을 내는 사람을 위해서 말씀하셨고, 위없는 법에 마음을 내는 사람을 위해서 말씀하신 것이다.

만약 어떤 사람이 능히 받아 지녀 읽고 외우며 널리 다른 사람을 위해 설한다면, 여래께서는 이 사람을 다 아시고 다 보시니 달아 볼 수도 없고 재 볼 수도 없으며 한없으며 생각으로 헤아릴 수 없는 공덕을 모두 성취하리라. 이와 같은 사람들이 곧 여래의 위없는 바른 깨달음을 짊어지리라.

왜냐하면 수보리야, 열등한 법을 즐기는 사람은 아견·인견·중생견·수자견에 집착하여 이 경의 가르침을 듣고 받아 지녀 읽고 외워서 다른 사람을 위해 해설할 수 없기 때문이다.

수보리야, 어느 곳이든 이 경이 있는 곳은 모든 세계의 하늘신·인간·아수라가 공양할 것이다. 마땅히 그곳이 탑이 됨을 알아서 모두 공경하는 마음으로 예를 갖추어 오른쪽으로 돌고 온갖 꽃과 향을 그곳에 뿌릴지니라."

16.

"또한 수보리야, 선남자 선여인이 이 경을 받아 지녀 읽고 외우더라도 다른 사람이 경멸하고 천시한다면, 이 사람은 전생의 죄업으로 다음 세상에 악도에 떨어지게 될 것이나, 지금 사람들이 경멸하고 천시하는 까닭에 전생의 죄업이 없어지게 되어 반드시 위없는 바른 깨달음을 얻게 되리라.

수보리야, 내가 셀 수도 없는 아승지겁의 먼 옛날에 연등불보다 앞선 헤아릴 수 없는 팔백사천만억 나유타의 모든 부처님을 만나, 그분들 모두에게 공양 올리고 받들어 섬기었으며, 헛되이 지나감이 없었던 것을 기억한다.

그러나 어떤 사람이 뒷날 바른 가르침이 쇠퇴할 시기에 이 경의 가르침을 받아 지녀 읽고 외워서 얻는 공덕은 내가 과거세에 모든 부처님께 올렸던 공양의 공덕으로는 백분의 일에도 미치지 못하며, 천만억분 이상의 산수 비유로도 미칠 수 없는 것이다.

수보리야, 만약 선남자 선여인이 뒷날 바른 가르침이 쇠퇴할 시기에 이 경의 가르침을 받아 지녀 읽고 외워서 얻는 공덕을 내가 만일 자세히 설한다면, 어떤 사람은 듣고서 곧 마음이 미친 듯이 어지러워 의심하고 의심하여 믿지 않으리라. 수보리야, 이 경의 뜻은 생각으로 헤아릴 수 없으며 과보도 또한 생각으로 헤아릴 수 없는 줄을 반드시 알아야 한다."

17.

이때 수보리가 부처님께 여쭈었습니다.

"세존이시여, 위없는 바른 깨달음에 마음을 낸 선남자 선여인은 어떻게 살아야 하며 어떻게 마음을 다스려야 합니까?"

부처님께서 수보리에게 말씀하셨습니다.

"위없는 바른 깨달음에 마음을 낸 선남자 선여인은 마땅히 이와 같이 생각해야 한다. 곧 반드시 모든 중생을 제도하겠으며, 모든 중생을 제도하더라도 참으로 한 중생도 제도되는 실체는 없다고 생각해야 한다.

왜냐하면 수보리야, 만약 보살이 자아라는 생각[我相], 개인적인 윤회의 주체라는 생각[人相], 어떤 실체에 의해서 살아 있다는 생각[衆生相], 개체의 영원한 생명이라는 생각[壽者相]이 있으면 곧 보살이 아니기 때문이다. 이런 까닭은 수보리야, 위없는 바른 깨달음을 내는 어떤 실체도 참으로 존재하지 않기 때문이다.

수보리야, 어떻게 생각하느냐, 여래께서 연등불 처소에 계실 적에 어떤 실체가 있어서 위없는 바른 깨달음을 얻었겠느냐?"

"그렇지 않습니다, 세존이시여. 부처님께서 말씀하신 뜻을 제가 이해한 바로는 부처님께서 연등불 처소에 계실 적에 어떤 실체가 있어서 위없는 바른 깨달음을 얻은 것이 아닙니다."

부처님께서 말씀하셨습니다.

"그렇고 그러하다. 수보리야, 여래께서 얻은 위없는 바른 깨달음이라는 어떤 실체도 참으로 존재하지 않는다. 수보리야, 만약 여래께서 얻은 위없는 바른 깨달음이라는 어떤 실체가 존재한다면, 연등불께서 나에게 수기를 주시면서 '너는 미래에 틀림없이 부처가 되어 석가모니라는 이름을 얻을 것이다'라고 하지 않았을 것이다.

왜냐하면 참으로 위없는 바른 깨달음이라고 하여 얻을 어떤 실체도 존재하지 않기 때문에 연등불께서 나에게 수기를 주시면서 '너는 미래에 틀림없이 부처가 되어 석가모니라는 이름을 얻을 것이다'라고 말씀하신 것이다. 왜냐하면 '여래란 삶의 있는 그대로의 모습'을 뜻하기 때문이다.

수보리야, 만약 어떤 사람이 여래께서 위없는 바른 깨달음을 얻었다고 말한다면 옳지 않다. 수보리야, 참으로 부처님께서 얻은 위없는 바른 깨달음이라는 어떤 실체도 존재하지 않는다.

수보리야, 여래께서 얻은 위없는 바른 깨달음 가운데에는 진실한 것도 없고 허망한 것도 없다. 이런 까닭에 여래께서는 모든 법이 다 부처님 법이라고 말씀하신 것이다. 수보리야, 모든 법이 곧 모든 법이 아닌 것을 모든 법이라고 한다.

수보리야, 비유하자면, 사람의 몸이 장대함과 같다."

수보리가 말하였습니다.

"세존이시여, 여래께서는 사람의 큰 몸이 곧 큰 몸이 아닌 것을 큰 몸이라고 말씀하십니다."

"수보리야, 보살도 또한 이와 같아서 만약 '내가 반드시 한없는 중생을 제도하겠다'고 말한다면 보살이라고 할 수 없다. 왜냐하면,

수보리야, 보살이라고 할 어떤 법도 참으로 존재하는 것이 아니기 때문이다. 이런 까닭에 부처님께서 모든 법에는 아我도 없고 인人도 없고 중생도 없고 수자도 없다고 말씀하셨다.

수보리야, 만약 보살이 '반드시 부처님 나라를 장엄하겠다'고 말한다면 보살이라고 할 수 없다. 왜냐하면 여래께서는 부처님 나라를 장엄하는 것이 곧 장엄하는 것이 아닌 것을 장엄한다고 말씀하시기 때문이다.

수보리야, '모든 것에 자아라는 실체가 없다[無我法]'고 통달한 보살이라면 여래께서 참으로 보살이라고 말씀하신다."

18.

"수보리야, 어떻게 생각하느냐, 여래께는 육안肉眼이 있겠느냐?"
"그렇습니다, 세존이시여. 여래께는 육안이 있습니다."
"수보리야, 어떻게 생각하느냐, 여래께는 천안天眼이 있겠느냐?"
"그렇습니다, 세존이시여. 여래께는 천안이 있습니다."
"수보리야, 어떻게 생각하느냐, 여래께는 혜안慧眼이 있겠느냐?"
"그렇습니다, 세존이시여. 여래께는 혜안이 있습니다."
"수보리야, 어떻게 생각하느냐, 여래께는 법안法眼이 있겠느냐?"
"그렇습니다, 세존이시여. 여래께는 법안이 있습니다."
"수보리야, 어떻게 생각하느냐, 여래께는 불안佛眼이 있겠느냐?"
"그렇습니다, 세존이시여. 여래께는 불안이 있습니다."
"수보리야, 어떻게 생각하느냐, 갠지스 강에 있는 모래를 여래께서는 말씀하셨느냐?"

"그렇습니다, 세존이시여. 여래께서는 그 모래를 말씀하셨습니다."

"수보리야, 어떻게 생각하느냐, 갠지스 강에 있는 모래 수만큼 많은 갠지스 강이 있고, 또 그 많은 갠지스 강에 있는 모래 수만큼 부처님 세계가 있다고 하면 그 세계는 많겠느냐?"

"대단히 많습니다, 세존이시여."

부처님께서 수보리에게 말씀하셨습니다.

"그들 세계에 있는 모든 중생들의 가지가지 마음을 여래께서는 모두 아신다. 왜냐하면 여래께서는 모든 마음이 다 마음이 아닌 것을 마음이라고 말씀하시기 때문이다. 왜냐하면 수보리야, 과거의 마음도 얻을 수 없으며, 현재의 마음도 얻을 수 없으며, 미래의 마음도 얻을 수 없기 때문이다."

19.

"수보리야, 어떻게 생각하느냐, 만약 어떤 사람이 삼천대천세계를 가득 채운 일곱 가지 보배로 보시한다면, 이 사람은 이 인연으로 많은 복을 받겠느냐?"

"세존이시여, 이 사람은 이 인연으로 대단히 많은 복을 받을 것입니다."

"수보리야, 만약 복덕이 참으로 있다면 여래께서 복덕을 많이 받는다고 말씀하시지 않으셨겠지만, 복덕이 없는 까닭에 여래께서 복덕이 많다고 말씀하셨다."

20.

"수보리야, 어떻게 생각하느냐, '상호를 잘 갖춘 몸'으로 여래를 볼 수 있겠느냐?"
"그렇지 않습니다, 세존이시여. 반드시 '상호를 잘 갖춘 몸'으로 여래를 볼 수 없습니다. 왜냐하면 여래께서는 상호를 잘 갖춘 몸이 곧 상호를 잘 갖춘 몸이 아닌 것을 상호를 잘 갖춘 몸이라고 말씀하시기 때문입니다."
"수보리야, 어떻게 생각하느냐, '모든 상호를 잘 갖춘 몸'으로 여래를 볼 수 있겠느냐?"
"그렇지 않습니다, 세존이시여. 반드시 '모든 상호를 잘 갖춘 몸'으로 여래를 볼 수 없습니다. 왜냐하면 여래께서는 모든 상호를 잘 갖춤이 곧 잘 갖춤이 아닌 것을 모든 상호를 잘 갖춤이라고 말씀하시기 때문입니다."

21.

"수보리야, 너는 여래께서 '나는 반드시 말해야 할 법이 있다'고 생각한다고 말하지 말며, 이러한 생각도 하지 말아라. 왜냐하면 만약 어떤 사람이 '여래께서 말해야 할 법이 있다'고 말한다면 곧 부처님을 비방하는 것이며, 부처님께서 말씀하신 바를 이해하지 못한 것이기 때문이다.

수보리야, '법에 대하여 설한다'는 것은 '법에는 설해야 할 어떤 실체도 존재하지 않음을 설하는 것'이며, 이를 '법에 대하여 설한다'고 한다."

이때 혜명 수보리가 부처님께 여쭈었습니다.

"세존이시여, 미래에도 이 가르침을 듣고서 신심을 낼 중생이 흔하겠습니까?"

"수보리야, 저들은 중생이 아니며 중생이 아닌 것도 아니다. 왜냐하면, 수보리야, 여래께서는 중생 중생이 곧 중생이 아닌 것을 중생이라고 말씀하시기 때문이다."

22.

수보리가 부처님께 말씀드렸습니다.

"세존이시여, 부처님께서 위없는 바른 깨달음을 얻었다고 하나 얻을 만한 것은 아무것도 없는 것입니까?"

"그렇고 그렇다, 수보리야. 나는 위없는 바른 깨달음에서 그 어떤 작은 법이라도 얻은 것이 없으니 이것을 위없는 바른 깨달음이라고 한다."

23.

"또한 수보리야, 이 법은 평등해서 높고 낮음이 없으므로 위없는 바른 깨달음이라고 한다. 그렇기 때문에 아我도 없고 인人도 없고 중생衆生도 없고 수자壽者도 없는 것으로, 모든 착한 법을 닦으면 위없는 바른 깨달음을 얻으리라.

수보리야, 여래께서는 착한 법이 곧 착한 법이 아닌 것을 착한 법이라고 말씀하신다."

24.

"수보리야, 만약 어떤 사람이 삼천대천세계에 있는 산들의 왕인 수미산과 같이 많은 일곱 가지 보배를 모아서 보시하더라도, 다른 어떤 사람이 이 반야바라밀경의 가르침인 사구게 등을 받아 지녀 읽고 외워 다른 사람을 위해 설하는 복덕에는 백분의 일에도 미치지 못하며 백천만억분의 일 이상의 산수 비유로도 미칠 수 없다."

25.

"수보리야, 어떻게 생각하느냐, 여래께서 '나는 반드시 중생을 제도하겠다'고 생각하겠느냐? 너희들은 그렇게 말하지 말아라. 수보리야, 그런 생각을 해서는 안 된다. 왜냐하면 참으로 여래께서는 제도할 중생이 없기 때문이다. 여래께서 제도할 중생이 있다고 하면 여래께서도 아·인·중생·수자가 있는 것이다.

수보리야, 여래께서 자아가 있다고 말씀하신 것은, 자아가 있다는 것이 아니지만 범부들이 자아가 있다고 여기는 것이다. 수보리야, 여래께서는 범부가 곧 범부가 아닌 것을 범부라고 말씀하신다."

26.

"수보리야, 어떻게 생각하느냐, 삼십이상으로써 여래를 볼 수 있겠느냐?"

수보리가 대답하였습니다.

"그렇고 그렇습니다, 삼십이상으로 여래를 봅니다."

부처님께서 말씀하셨습니다. "수보리야, 만약 삼십이상으로 여래를 본다면 전륜성왕도 여래이겠느냐?"

수보리가 부처님께 대답하였습니다. "세존이시여, 제가 부처님의 가르침을 이해하기로는 삼십이상으로 여래를 볼 수 없습니다."

이때에 세존께서 게송으로 말씀하셨습니다.

"형색으로 나를 보려 하거나 음성으로 나를 구하려 하면, 이 사람은 잘못된 길을 가는 것이니 여래를 볼 수 없으리라."

27.

"수보리야, 네가 만일 '여래께서는 상호를 구족한 까닭에 위없는 바른 깨달음을 얻은 것이 아니겠는가'라고 생각한다면, 수보리야, 그렇게 생각하지 말아라. 여래께서 상호를 구족한 까닭에 위없는 바른 깨달음을 얻은 것이 아니다.
　수보리야, 네가 만일 '위없는 바른 깨달음에 마음을 낸 사람은 모든 법이 소멸해 없어진 모습을 설명한다'고 생각한다면, 그렇게 생각하지 말아라. 왜냐하면 위없는 바른 깨달음에 마음을 낸 사람은 법에 대하여 소멸해 없어진 모습을 말하지 않는다."

28.

"수보리야, 만약 보살이 갠지스 강의 모래 수만큼 많은 세계를 가득 채운 일곱 가지 보배로 보시하더라도, 만약 다시 어떤 사람이 모든 법이 무아無我임을 알아 깨달음[法忍]을 이룬다면 이 보살은 앞의 보살이 받은 공덕보다 더 뛰어나다. 왜냐하면 수보리야, 이 보살은 복덕을 받지 않기 때문이다."
　수보리가 부처님께 여쭈었습니다.
　"세존이시여, 어찌 보살이 복덕을 받지 않습니까?"
　"수보리야, 보살은 자신이 짓는 복덕에 대하여 반드시 탐착하지 않기 때문이다. 이런 까닭에 복덕을 받지 않는다고 말하는 것이다."

29.

"수보리야, 여래께서 오기도 하고 가기도 하고 앉기도 하고 눕기도 한다고 말하는 사람이 있다면, 이 사람은 내가 이야기한 뜻을 알아차리지 못한 것이다. 왜냐하면 여래란 어느 곳으로부터 오는 것도 없으며 어느 곳으로 가는 것도 없기 때문에 여래라고 하는 것이다."

30.

"수보리야, 어떻게 생각하느냐, 만약 선남자 선여인이 삼천대천세계를 부수어 티끌로 만들면, 이 티끌의 모임이 많겠느냐?"

"대단히 많습니다, 세존이시여. 왜냐하면 만약 이 티끌의 모임이 참으로 있는 것이라면, 부처님께서는 이 티끌의 모임이라고 말씀하시지 않으시기 때문입니다. 그런 까닭에 부처님께서는 티끌의 모임이 곧 티끌의 모임이 아닌 것을 티끌의 모임이라고 말씀하십니다.

세존이시여, 여래께서는 삼천대천세계가 곧 세계가 아닌 것을 세계라고 말씀하십니다. 왜냐하면 만약 세계가 참으로 있다고 하면, 이것은 하나로 합쳐진 세계가 있다고 집착하는 것이기 때문입니다. 여래께서는 하나로 합쳐진 세계가 곧 하나로 합쳐진 세계가 아닌 것을 하나로 합쳐진 세계라고 말씀하십니다."

"수보리야, 하나로 합쳐진 세계라는 것은 곧 설할 수 없지만, 다만 범부들이 그 일을 탐착할 뿐이다."

31.

"수보리야, 어떤 사람이 부처님께서 아견·인견·중생견·수자견을 설명한다고 말한다면 너는 어떻게 생각하겠느냐, 이 사람은 내가 말한 뜻을 이해한 것이냐?"

"세존이시여, 그 사람은 여래께서 말씀하신 뜻을 이해하지 못한 것입니다. 왜냐하면 세존께서는 아견·인견·중생견·수자견이 곧 아견·인견·중생견·수자견이 아닌 것을 아견·인견·중생견·수자견이라고 말씀하시기 때문입니다."

"수보리야, 위없는 바른 깨달음에 대한 마음을 낸 사람은 모든 법에 대하여 반드시 이와 같이 알아야 하며 이와 같이 보아야 하며, 이와 같이 믿고 알아서 법이라는 생각[法相]조차 내서는 안 된다. 수보리야, 여래께서는 법상法相이 곧 법상이 아닌 것을 법상이라고 말씀하신다."

32.

"수보리야, 만약 헤아릴 수 없이 많은 세계를 가득 채운 일곱 가지 보배를 가지고 보시하는 사람이 있다고 하더라도, 깨달음에 마음을 낸 선남자 선여인이 이 경의 가르침에서 사구게 등을 받아 지녀 읽고 외우며 다른 사람을 위해 연설한다면, 그 복은 앞의 일곱 가지 보배로 보시한 것보다 뛰어나다.

그러면 다른 사람을 위하여 어떻게 연설하느냐? '모양에 집착하지 말고 한결같아 흔들리지 말지니라.' 왜냐하면 모든 조작된 법은 꿈·허깨비·물거품·그림자·이슬·번개와 같기 때문이다. 반드시 이와 같이 보아야 한다."

부처님께서 이 경의 설법을 마치자 모든 비구·비구니·우바새·우바이, 모든 세상의 하늘 신·사람·아수라들이 부처님의 가르침을 듣고서 크게 기뻐하며 믿고 받아들이며 받들어 실행하였다.

2부

금강경 — 풀이

1. 법회가 열리고 法會因由分

이와 같이 들었습니다. 부처님께서 비구 대중 1,250명과 함께 사위국 기수급고독원[기원정사]에 계실 때입니다.

 공양 때가 되자 세존께서는 가사를 단정히 입으시고 발우를 가지고 사위성으로 탁발하러 가셨습니다. 차례로 탁발을 하신 후 절에 돌아오셔서 공양을 드신 뒤 가사와 발우를 정돈하시고 발을 씻은 후에 자리를 펴고 앉으셨습니다.

如是我聞 一時佛 在舍衛國祇樹給孤獨園 與大比丘衆千二百五十人俱 爾時 世尊 食時 着衣持鉢 入舍衛大城 乞食 於其城中 次第乞已 還至本處 飯食訖 收衣鉢 洗足已 敷座而坐

반야바라밀로 걷다

부처님께서 자리에서 일어나 마을로 걸식하러 가십니다. 이때 부처님의 걸음 속에는 반야바라밀만 깃들여 있습니다. 반야바라밀 속에서 차례로 걸어가십니다. '반야바라밀로 걷는다'는 말은 '들뜬 마음과 분별하는 마음이 모두 사라진 상태로 걷는다'는 말입니다. 그리고 이 상태의 평온함은 부처님의 움직임이 우주 전체 속에 녹아나 함께 흐르는 것을 뜻합니다.

이러한 우주의 흐름 속에 함께 들어가는 초보 단계를 예류과[入流]라고 합니다. 입류에 들어선 사람의 춤사위는 우주의 전체적인 흐름과 맞을 때도 있고 맞지 않을 때도 있습니다. 그러나 부처님께서 반야바라밀로 걷는 모습은 언제나 우주적 흐름과 더불어 같이하기 때문에 조금도 어색함이 없습니다. 걸음 속에 온전한 삶을 나투어 걸음 그대로가 우주의 춤입니다.

다음에 '자리를 펴고 앉으셨습니다[敷座而坐]'란 '앉음 속의 침묵'을 말합니다. 그냥 턱 앉아 있는 '침묵이야말로 가장 큰 말'입니다. 부처님께서는 그저 가만히 앉아 있는 것이 아니라 분별된 다양한 상相이 모두 없어진 상태에서 앉아 계십니다. 우주의 호흡 그대로 앉아 자기의 전 존재를 드러내 놓고 있습니다. 그러므로 부처님의 걸음은 우주의 춤과 더불어 같이하는 것이며, 앉아 있음은 우주의 전 모습을 그대로 드러낸 것입니다.

이와 같이 '움직임과 앉아 있음 속에 자기의 전 모습이 드러나는 것'을 '있는 그대로[如]'라고 합니다. 여래여거如來如去라는 말에서 거래去來란 '오고 감'이라는 뜻이 아니라, 지금 '있는 그대로' 곧 움직이면 움직이는 대로 멈추면 멈추는 대로 '자기의 전 모습을 드러낸 상태'를 뜻합니다. '나'가 사라져 전체와 함께한 것이 '있는 그대로'이기 때문입니다. 마치 한낮이 되어 온 세상의 모든 것이 있는 그대로 드러난 것과 같습니다. '자아의식을 동반한 사유가 완전히 사라진 것'입니다. 모든 분별 사유에서 벗어났을 때 비로소 있는 그대로의 모습이 보입니다.

있는 그대로를 들었다

'이와 같이 들었습니다[如是我聞]'란 '있는 그대로를 들었다'는 말입니다. 그런데 부처님의 가르침인 연기법에서 보면 실체로서 자아가 존재할 수 없으며 『금강경』에서도 끊임없이 무아無我를 이야기하면서 연기법의 공성인 반야바라밀을 가르치므로, 만일 말씀하시는 부처님과 듣는 제자들이 실체로서 자아가 따로 있다면 『금강경』의 가르침과 맞지 않습니다. 부처님께서 탁발을 마치고 돌아오셔서 공양을 마친 후 침묵으로 턱 앉아 계실 때 '부처님께서 무슨 말씀을 하실 것인가' 하고, 오직 부처님을 향한 일념으로 모든 대중이 하나 된 모습과 같이 '우리의 삶이 연기법으로 하나 됨'이 여기서 말하는 무아의 삶입니다.

그래서 아난이 '이와 같이 들었습니다'라고 말하지만, 이것은 아난

개인으로서의 '나'가 아니라 오직 부처님을 향한 마음으로 "대중 전체가 하나 됨 속에 살아 있는 '나'만 있는 것"입니다. 따라서 부처님 말씀을 '나'만의 생각으로 걸러 들을 만한 '나'는 사라지고, '오직 부처님 말씀 그대로 드러난 세계만 있게' 됩니다. 그것이 여기서 말하는 '듣는 아난'이 됩니다. 만일 그런 '나'가 아니라면 아난은 부처님 말씀을 제대로 들을 수가 없습니다.

'들음[聞]'도 마찬가지입니다. 만일 '듣는 주체'와 '들리는 대상'과 '들음'이 따로 있다면 '바른 들음'이 아닙니다. 반야바라밀이란 '동시에 전체가 하나 되어 자기의 전 존재를 함께 드러냄'을 뜻합니다. 이때 '들음'이란 문聞반야바라밀로서 '들음' 하나의 상태입니다. '이와 같이 들었습니다'란 '부처님과 제자와 말이 하나 된 상태'로, 말 속에서 말을 떠나 전체적인 우주적 춤과 침묵을 드러낸 것을 듣는 것입니다.

삶 전체로 부처님 말씀을 듣는 때

'한때[一時]'란 '어느 때'라는 말이 아니라 '들음 하나의 상태로 놓여 있을 때'입니다. 전 대중이 깨어 있음으로 같이 있는 때를 말합니다. 부처님만 깨어 있는 것이 아니라 부처님과 더불어 '전 대중이 함께 침묵 속에서 자기를 비운 때'입니다. 그와 같이 전 대중이 자신의 전부를 드러내서 '부처님께서 무슨 말씀을 하실 것인가'라는 생각으로 하나 된 순간에 바로 부처님과 더불어 함께하는 열림이 있게 됩니다.

이것은 '삶 전체로 부처님 말씀을 듣는 때[如是我聞 一時佛]'로 귀의 歸依로써, 부처님 말씀을 듣는 때를 말합니다. 따라서 "부처님께서 말씀하시고 아난이 들었다"는 것이 아니라, '들음 하나로 있는 상태'를 말합니다. 그러므로 아난이 "이와 같이 들었습니다"라고 한 것은, 부처님과 함께 있었던 회상의 내용을 그대로 드러내 보이는 '문聞바라밀'을 말합니다.

아난은 부처님의 제자 가운데 부처님의 말씀을 가장 많이 들은 분이지만, 부처님께서 살아 계실 때 아라한과를 증득하지 못했습니다. 당시에는 최고의 깨달음을 얻은 사람을 아라한이라고 불렀으며, 부처님께서도 스스로 아라한이라고 하셨습니다. 그 당시 아난은 입류[예류과]에 들어 있었습니다.

부처님께서 돌아가신 후 부처님 말씀을 결집하려고 500명의 아라한이 모였는데, 아난은 아라한이 아니기 때문에 참석할 수가 없었습니다.

아난은 부처님과 더불어 함께 있을 때에는 무아의 하나 된 열림 속에 들어 있지만, 거기를 떠나면 우주의 춤사위가 흩어졌습니다. 그래서 경전을 결집할 때 가섭은 아난에게 "너는 들어오면 안 된다. 완전한 춤사위를 익힐 때까지 들어오지 마라"며 내보냅니다.

그래서 아난은 "이것 안 되겠다"며 밤새 쉬지도 않고 계속해서 걸으면서 정진[行禪]합니다. 새벽녘이 되어서 너무 피곤하여 "지금 이런 상태로는 도저히 안 되겠다"며 잠자리에 눕는 순간, 밑바닥에 남아 있던 분별의 '나'가 완전히 사라져 온 우주와 하나 된 생명의 춤으로 있게 됩니다. 전체적으로 완전히 하나 된 춤사위로 이 세계가 드러나게 된 것입니다.

이제는 흐트러진 춤사위와 완전히 갖춰진 춤사위로 나눠지지 않고, 완전한 열림 속으로 들어갑니다. 아난은 부처님 말씀을 가장 많이 듣고 입류에 들어가서 수행을 계속해 왔는데, 어느 결정적인 한 단계를 넘어서지 못했기 때문에 수도위修道位에서 늘 오르락내리락 했습니다. 그러나 어느 한계를 넘어서는 순간 동시에 전체가 열려서 아라한이 된 것입니다.

그러므로 다시 결집에 참가한 아난은 부처님의 춤사위와 완전히 일치된 상태에서 부처님의 말씀을 전하는 것입니다. 따라서 "이와 같이 들었습니다"라는 말은 들을 내가 있는 상태에서 말하는 것이 아니라 '부처님의 회상會上이 이야기 속에 그대로 샘솟아난 것'입니다. 바꿔 말하면 '반야바라밀이 동시에 전체로 드러나 있는 상태'입니다. 그런 상태에서 아난이 부처님의 말씀을 계속 들려주고 있는 것입니다.

전 존재가 움직임 속에 들어가 있다

부처님께서 걸식하시러 한집 한집 차례로 가십니다. 이때 '차례'란 말이 중요합니다. '차례'란 발을 내딛는 순간순간마다 '자기의 전 존재가 그 움직임 속에 들어가 있는 것'입니다. 그런데 우리는 이 순간을 놓치므로 걷는 순간마다 깨어 있지 못합니다. 어느 때는 자기도 모르게 저기까지 가 있고, 어느 때는 여기까지 와 있습니다. 가고 있는 순간 전체가 깨어 있지 못하기 때문에, 우리는 걷더라도 차례로 걸어가는 것이 아닙니다.

여기서 '차례'란 부처님께서 "일곱 집을 순서대로 가셨다"는 말이지만, '순간순간 완전한 깨어 있음을 벗어난 적이 한 번도 없다'는 말도 됩니다. 일곱 집이 부자이든 가난하든 건너뛰지 않고 순서대로 쭉 갔다 옵니다. 앉은 자리에서 일어나 걸식해서 돌아오는 모든 움직임 속에 자기의 전 존재를 드러냅니다. 마찬가지로 앉아서 공양을 하면서도 자기의 전 존재를 드러내는 것입니다.

그리고 자리를 펴고 턱 앉으십니다[敷座而坐]. 이때 제자들은 '이제 무슨 말씀을 하실 것인가' 하고 귀를 기울입니다. 이 순간에는 대중이 전부 하나로 어우러진 상태가 됩니다. 그러나 시간이 점점 지나자 '왜 말씀을 하시지 않고 계시는가'라는 생각이 대중의 마음속에서 일어나기 시작합니다. 부처님과 더불어 자기 전 존재를 드러내던 대중의 침묵이 깨어지려는 순간 수보리가 일어납니다. 대중 한 사람 한 사람 마음 가운데 '나'가 일어나려고 하는 순간, 침묵의 춤이 깨어지는 순간, 수보리 장로가 일어나 부처님께 묻습니다.

2. 수보리 장로께서 묻고 善現起請分

때가 되자 대중 가운데 있던 수보리 장로가 일어나 오른쪽 어깨를 드러낸 옷차림으로 오른 무릎을 땅에 대고 합장하며 공경하는 마음으로 부처님께 여쭈었습니다.

"드무신 분, 세존이시여, 여래께서는 모든 보살들을 잘 감싸 주시며 모든 보살들에게 잘 부촉하십니다. 세존이시여, 위없는 바른 깨달음에 마음을 낸 선남자 선여인은 반드시 어떻게 살아야 하며 어떻게 마음을 다스려야 합니까?"

부처님께서 말씀하셨습니다.

"참으로 잘 물었다. 수보리야, 네가 말한 대로이다. 여래께서는 모든 보살들을 잘 감싸 주시며 모든 보살들에게 잘 부촉하신다. 그러니 수보리야, 이제 자세히 들을지어다. 너희를 위하여 이야기하리라. 위없는 바른 깨달음에 마음을 낸 선남자 선여인은 반드시 이와 같이 살아야 하며, 이와 같이 마음을 다스려야 한다."

"세존이시여, 그렇게 해 주십시오. 즐거운 마음으로 듣겠습니다."

時 長老須菩提 在大衆中 卽從座起 偏袒右肩 右膝着地 合掌恭敬 而白佛言 希有世尊 如來 善護念諸菩薩 善付囑諸菩薩 世尊 善男子善女人 發阿耨多羅三藐三菩提心 應云何住 云何降伏其心 佛

言 善哉善哉 須菩提 如汝所說 如來 善護念諸菩薩 善付囑諸菩薩 汝今諦聽 當爲汝說 善男子善女人 發阿耨多羅三藐三菩提心 應如是住 如是降伏其心 唯然 世尊 願樂欲聞

대중 가운데 분별이 일어나다

여기서 때[時]라는 것이 문제가 됩니다. 모든 사람들이 귀를 기울여 한 점 흐트러짐 없이 어우러져 있는 상태에서는, 수보리 장로가 일어날 필요가 없습니다. 대중 가운데에서 무엇인가 분별이 일어나기 시작할 때 수보리 장로가 일어납니다. 수보리 장로는 연기의 공성空性에 가장 밝은 제자[解空第一]로서 '자기의 전 존재를 비워내는 힘이 가장 뛰어난 사람'입니다.

'완전한 자기 비움'이 가능한 사람은 대중 가운데서 일어나는 아주 작은 흔들림이라도 느낄 수 있습니다. 그렇기 때문에 누구보다도 '자기 비움'이 크신 수보리 장로께서 대중 가운데서 분별이 일어남을 알아차리고 '아, 이제는 내가 나서서 이야기할 때이다'라며 일어서서 묻는 장면입니다.

이와 같은 부처님 회상의 장면이 지금 우리 삶과는 어떻게 연관되며, 우리에게 '수보리'의 역할은 무엇입니까? 살아가면서 자기도 모르는 가운데 '나'가 일어나는 것은 부처님 회상에 있던 대중 가운데 분별이 일어나는 것과 같습니다. 이때 수보리 장로가 대중의 움직임을 알아차렸듯이 '분별이 일어나고 있는 것을 알아차리는 것'이 우리들의 '수보리'입니다.

지금 이러한 알아차림이 있을 때 부처님께서는 저 먼 시대의 부처님이 아닙니다. 알아차리는 순간에는 '아我와 법'이 사라져 고요한 상태에 놓여 있습니다. '고요한 상태로 조용히 지켜보는 것'이 반야바라밀이니, 반야바라밀이 우리들의 '수보리'인 것입니다.

자기도 모르게 '나'가 일어나는 순간, 이를 명확하게 살펴보는 것이 '수보리'입니다. 따라서 자기 흐름을 놓쳐 버리면 '수보리'의 역할을 잃게 됩니다. '수보리'가 우리 삶에서 일어나야만 『금강경』이 살아 있는 경이 됩니다. 『금강경』의 '수보리'는 전체 대중에서 아상我相이 일어난 것을 알아차려, '반야바라밀의 금강보검으로 아상을 없애는 역할'을 합니다. 대중 가운데 일어나는 동요를 바로 알아차리는 것이 '수보리'이며 '대중의 반야바라밀'입니다.

이와 같이 일상에서 반야의 알아차림이 살아났을 때, 비로소 『금강경』의 '수보리'가 우리 삶에서 살아 있게 됩니다. 우리의 일상에서 '부처님의 가르침을 기억하는 아난'과 '아상을 다스리는 수보리'의 역할이 작용해서 번뇌의 일어남이 사라지는 순간이 여기서 말하는 수보리 장로가 일어나는 때[時 長老須菩提]입니다. 반드시 아난과 수보리가 우리 마음 가운데 일어나야만 합니다.

'대중 가운데 있던 수보리 장로[在大衆中]'라는 말에서 대중은 '금강회상의 대중'을 가리키며, 또 우리의 복잡한 일상에서 순간순간 끊임없이 일어나고 있는 생각, 곧 '자신 속에 들어 있는 대중'을 뜻하기도 합니다.

　대중에게 번뇌가 일어나는 순간을 즉각 알아차려 부처님께 묻는 순간과 우리 스스로를 지켜보아 깨어 있음이 살아나는 순간이 '곧바로 자리에서 일어나는 순간[卽從座起]'입니다. '즉卽'이라는 말이 금강경에서는 아주 중요합니다. 생각을 놓쳐 버리면 어느새 그 생각을 따라 번뇌가 계속됩니다. 그런데 늘 자기 살핌을 하고 있으면, 번뇌의 근원인 아상我相과 법상法相이 일어나는 순간에 곧바로 옷깃을 여미고 자세를 똑바로 하고 생각을 가다듬어 스스로를 추스려 '자신을 지켜보는 힘'이 일어납니다. 이것이 옷깃을 여미고[偏袒右肩], 자세를 똑바로 하고[右膝着地], 공경히 예를 올리는[合掌恭敬] 순간입니다.

동시·전체로 살라

그렇게 자기 자신을 들여다보는 반야바라밀 상태로 수보리 장로가 부처님께 "드무신 분, 세존이시여"라고 말합니다. 부처님께서 묵묵히 턱 앉아 있으니까, 모든 대중들의 번뇌가 다 사라져 하나 됨 속에 들어가 있었습니다. 반야바라밀로 '자기 지켜보기'를 계속하니까 온갖 번뇌 망상이 저절로 사라졌습니다. 번뇌 망상이 사라지는 힘이 자기도 모르게 나왔을 때 비로소 '드물다'란 말을 할 수 있습니다. 왜냐하면 번뇌 망상이 사라졌을 때에야 중생들이 늘 번뇌 망상으로 살고 있음이 분명히 보이므로, 번뇌 망상 없이 사는 것이 얼마나 드문 일인가를 알기 때문입니다.

여래에서 여如는 '있는 그대로의 모습'입니다. '있는 그대로의 모습'은 온생명이 하나 된 우주적 흐름으로, 동시에 전체적으로 있는 그 흐름 속에는 '나와 너'가 녹아 있습니다. 그것은 완전한 우주적 흐름과 함께 열려 있습니다. 마음 가운데 이상이 없어지는 순간 자신이 열리게 됩니다. '완전히 열려 있다'는 말은 '동시에 전체가 함께 있다'는 말로서 이를 '연기'라고 합니다. 여래란 '낱낱이 저마다의 어떤 깨달음'을 뜻하는 것이 아니라, 그 시대에 있는 '전체가 동시에 연기 속에 함께 놓여 있는 것'입니다.

부처님의 열림이 그대로 나타났을 때 누구라도 동시에 완전히 열린 아름다운 세계에서 살게 됩니다. 이와 같이 '동시에 함께 사는 아름다움'으로 살려는 사람들이 보살입니다. 그래서 여래께서 보살들을 잘 감싸 마장魔障으로부터 보호해 주시며 보살들에게 불법을 널리 펴고 이어가기를 부촉하시는 것입니다[如來 善護念諸菩薩 善付囑 諸菩薩].

1,250 대중이 모두 완전히 깨어 있는 상태가 계속되었다면, 부처님께서는 끝까지 침묵하셨을 것이며, 수보리가 반야바라밀로 대중들을 관찰할 필요가 없었을 것입니다. 여기에 모인 대중은 '부처님의 삶을 살겠습니다'라는 뜻을 낸 사람들, 곧 '위없는 바른 깨달음'에 마음을 낸 사람들이기 때문입니다. 그런데 1,250 대중 가운데 어느 정도 공부는 됐지만, 보살님들이나 부처님과 더불어 같이하지 못하는 사람들이 분별을 일으켜 침묵의 불세계佛世界를 깨게 됩니다.

그래서 "'위없는 바른 깨달음'을 향해서 가려는 사람들은 어떻게 살 것이며, 어떻게 마음을 다스릴 것인가?[應云何住 云何降伏其心]"를 묻고 있는 것입니다.

삶이란 동시에 함께하기 때문에, 어느 누구도 앞서거나 뒤처지지 않습니다. 풀 한 포기, 나무 한 그루, 돌멩이 하나라도 우리와 더불어 함께하면서 깨어 있음 속에서 노닐고 있습니다. 이렇게 사는 것이 바른 깨달음으로 사는 것입니다.

그런데 우리의 마음은 유위법으로, 조작되고 제약된 상태에 놓여 있습니다. 이러한 '유위법은 사유일반에 의하여 생기는 것'입니다. 사유의 특성은 조작하고 제약하는 것으로, 이것은 우리의 업이 '제약된 법, 분별된 법으로 끊임없이 이어지기 때문'입니다. 그래서 우리는 우리의 삶을 제약하거나 분별하지 않으면 아무것도 이해할 수 없게 됩니다.

이러한 조작과 제약의 중심은 언제나 '나'입니다. "모든 사유일반은 근본적으로 '나'를 세우기 위하여"이루어지고 있습니다. 따라서 우리의 '이해'란 '나의 사유일반에 대한 자기 반응'입니다. 이와 같이 '나'를 세워서 비교하고 분석해야만 우리 마음은 무엇을 알 수 있기 때문입니다.

이 때문에 뒷날 깨달음을 이룬 수행자들이 부처님께서 묵묵히 앉아 계시는 '침묵을 가장 위대한 언어로, 가장 훌륭한 설법으로 찬탄'합니다. 왜냐하면 말을 하는 순간, 우리 마음은 분별과 비교분석을 통한 사유일반의 개념 속으로 떨어지기 때문입니다. 말을 해

주는 순간 바로 삶을 놓쳐 버립니다.

반야바라밀로 마음을 다스리다

그러면 어떻게 살고 어떻게 마음을 다스려야겠습니까[應云何住 云何降伏其心]?『반야경』의 주제는 '반야바라밀로 살고 반야바라밀로 마음을 다스리는 것'입니다. 반야바라밀이란 '침묵으로 지켜보는 것'입니다. 말이 나오기 이전으로, 한 생각이 떠오르기 전의 빈 마음으로 밝게 아는 것입니다. '그렇게 살아라, 지금 보였던 것처럼' 처음 침묵 속에 우주와 하나 된 춤으로 있었던 자세로, 한 발 한 발 속에 '자기의 전 존재를 드러내 생각이 일어나기 전의 빈 마음으로 밝게 살라'는 것입니다.

탁발할 때는 전혀 말을 하지 않습니다. 순서대로 밥을 얻기는 하지만, 밥을 얻는 순간 자기가 침묵 속에 들어가 있지 않으면 밥을 빌어먹을 자격이 없습니다. 그래서 절에서 나갈 때 맵시를 단정히 하고 어른 스님과 함께 경을 외웁니다. 그것은 우리에게 음식을 주는 모든 사람들이 수승한 인연을 지어서 부처님의 근본적인 깨달음 속에 들라는 내용입니다.

탁발하러 가면 밥을 주던 주지 않던 그냥 갔다가 옵니다. 부처님께서 "일곱 집 이상은 가지 마라"라고 하셨습니다. 가다 보면 밥을 많이 받을 수도 있고 못 받을 수도 있습니다. 많이 받으면 많이 받은 대로 못 받으면 못 받은 대로 다시 돌아옵니다. 이것은 '순간순간 전체로 살아가는 것'을 뜻합니다. 밥을 받는 것도 전체요, 밥을 받지 못하는 것도 전체입니다.

우리는 비교와 분석을 통해서만 알 수 있지만, 불교에서는 '아는 것이 일어나지 않는 것'이 '아는 것'이며 '아는 것이 일어나면 모르는 것'입니다. 중요한 것은 무엇을 아는 것이 아니라 '순간순간 자기의 전체로 사는 것'입니다. 이것은 분별하여 아는 생각 속에 사는 것이 아니라, 모든 만남의 관계에서 한 몸처럼 전체적으로 사는 것입니다.

사유 일반은 비교하고 분석하여 아는 것이기 때문에 '나와 너'를 따로 가르지만, 동시·전체는 빈 마음으로서 '나와 너'가 함께 있습니다. 빈 마음을 나타내는 공空은 '동시·전체로 살라는' 말입니다. 공은 '근본 실체가 있다, 없다'고 비교분석하는 것이 아니라, 동시·전체로 살라는 말입니다.

공부하다 보면 항복받을 마음이 따로 없는 것을 알게 됩니다. '마음이 없이 사는 것'은 '사는 주체가 따로 없는 것'입니다. 동시에 전체로 함께 살기 때문에 '나'만 사는 것이 아니므로 다스릴 마음도 없습니다.

'동시에 전체로 사는 것'은 반야바라밀로 '밝게 아는 가운데 고요한 삶을 사는 것'입니다. '밝고 고요한 삶'이 우리의 본래 모습임을 잘 알아, 다시는 어둡고 다투는 삶을 살지 않음을 금강에 비유한 것이 『금강반야바라밀경』입니다. 여기서 '금강'은 확인된 우리의 본모습입니다. 이 세계는 누가 만들어 준 세계가 아니라 우리 모두의 본래 자리입니다. 빈 마음으로 드러난 세계는 맑고 고요하며 밝은 삶으로 '지금 여기 우리의 삶에서' 그대로 드러납니다.

"맑고 고요하며 밝은 삶, 곧 동시·전체로 살려면 어떻게 살아야 하며 어떻게 마음을 다스려야 합니까?"라고 수보리 장로가 부처님께 묻습니다. 부처님께서는 이 순간 대중에게 번뇌가 일어났음을 아십니다. 대중에게 번뇌가 일어난 순간에 수보리 장로가 묻지 않으면 대중 전체의 번뇌가 커지게 됩니다. 번뇌가 커지면 다스리기 힘들지만, 번뇌가 일어나는 순간을 명확히 보아 번뇌가 커지기 전에 다스리면 쉽습니다.

한 사람의 번뇌도 대중의 번뇌와 마찬가지입니다. 마음 가운데 번뇌가 일어나려는 순간을 명확히 보면, 번뇌의 힘이 약하기 때문에 순간적으로 번뇌가 사라집니다. '나도 없고 너도 없다'는 것을 곧바로 알아차리면 일어난 번뇌가 쉽게 사라집니다. 그러나 번뇌의 힘이 커져 있으면 그것을 다스리기가 힘듭니다.

참으로 잘 물었다

대중들의 마음이 흔들리려는 순간 수보리 장로가 물었으므로, 때와 내용이 아주 잘 맞았습니다. 그래서 부처님께서 "참으로 잘 물었다[善哉善哉]"고 하십니다. "네가 말한 대로이다. 여래께서는 보살들을 잘 감싸 주시며 모든 보살들에게 잘 부촉하신다"고 하십니다. 여래께서 보살들을 잘 감싸주시고 보살들에게 반야바라밀법을 부촉하시는 것은 '함께 사는 삶을 향하여 가는 사람'이 '보살'이기 때문입니다.

흔히 우리는 스스로가 대승이라면서 상좌부 등을 소승이라고 비판하고, 반대로 그들은 스스로를 '부처님의 근본 가르침을 충실히 이어받은 불교'라고 하면서 대승 쪽은 불교가 아니라고[非佛敎] 비판합니다. 서로 비판하는 쪽에서 보면 올바른 불교란 없게 됩니다.

이와 같은 일이 중국 선종에서도 일어납니다. 화두선話頭禪과 묵조선默照禪 등의 대립이 그것입니다. 그냥 척 앉아서 침묵 속에 자기 전체를 드러내는 선을 묵조선이라고 합니다. 그런데 화두선 쪽에서는 이들을 묵조사선默照邪禪, 곧 잘못된 선이라고 하며 '귀신굴 가운데 앉아 있는 사람들'이라고 합니다.

화두를 방편으로 하지만, 오히려 언어와 문자를 뛰어넘어 부처님의 지혜를 드러내려는 선을 간화선看話禪이라고 합니다. 그러나 묵조선 하는 사람은 화두선 하는 사람을 문자선文字禪이라고 합니다. 문자선이란 비교하고 분석한 '사유 일반 속으로 자기 자신을 빠뜨리는 것'입니다. 그래서 화두선 하는 사람을 '다스려야 할 마음속에서 노니는 사람들, 번뇌의 문자에서 노니는 사람들, 근본적으로 선을 모르는 사람들'이라고 합니다.

그러면 사선도 선을 모르는 사람이고 문자선도 선을 모르는 사람이므로 세상에는 올바른 선이 없게 됩니다. 서로 마음을 열지 못하면 이와 같이 보게 됩니다. 이것은 대승이 일어나는 시기에 일부 소승의 폐단에 빠진 수행자, 간화선이 일어날 때에 일부 사선의 폐단에 빠진 수행자들을 두고 한 말입니다. 그러나 불법佛法에는 대승과 소승이 있을 수 없으며, 부처님 선법禪法에는 바른 길이 아닌 것이 없습니다. 이것은 말법末法의 폐단을 엄히 말하고 있을 뿐이지, 근본 자체를 부정하는 것이 아닙니다. 그런데 서로 근본 자체를 부정한다면 불교나 선이 설자리가 없게 됩니다.

불법은 동시에 전체로 열려 있기 때문에 제대로 공부하기만 하면 그 가운데 비불교도 없고 소승도 없고 사선도 없고 문자선도 없고, 보살의 열림만 있게 됩니다. 따라서 나한은 보살이 아니라거나, 보살을 지향하는 것은 불교가 아니라고 생각해서는 안 됩니다. 그러므로 여래께서 나한들은 감싸 주시지 않고 보살들만 감싸 주신다고 생각해서는 안 됩니다. 바른 불법에 들어 있는 사람들은 누구나 다 보살의 길을 가게 되어 있습니다. 그래서 여래께서는 보살들을 마장에서 잘 감싸시고 보살들에게 불법을 잘 부촉하시는 것입니다[佛言 善哉善哉 須菩提 如汝所說 如來 善護念諸菩薩 善付囑諸菩薩].

이제 자세히 들을지어다

"이제 자세히 들을지어다[汝今諦聽]. 위없는 바른 깨달음으로 살려는 사람들은[發阿耨多羅三藐三菩提心] 이와 같이 살아야 하며 이와 같이 마음을 다스려야 한다[應如是住 如是降伏其心]." 여기에 '이와 같이[如是]'가 똑같이 있습니다. 어떻게 살 것입니까? "있는 그대로 살아라." 어떻게 마음을 다스릴 것입니까? "있는 그대로 다스려라."

있는 그대로가 되면, 곧 '동시에 전체가 되면' 윤회와 열반이 동시에 사라집니다. 열반이 있을 때 윤회가 있고 윤회가 있을 때 열반이 있는데, 공空 속에서는 윤회와 열반이 동시에 전체 속으로 사라집니다. 그러므로 '윤회와 열반은 그 자성이 서로 다름이 없다'고 합니다. 윤회와 열반이라는 두 세계가 사라졌기 때문에 그 세계는 무엇이라고 말할 수 없습니다. 업에 의한 흐름이 아닌 흐름 자체의 제 모습으로 보면 "'나'라는 것이 사라진 삶 그대로일 뿐"입니다. 그것이 '있는 그대로 사는 것이며, 있는 그대로 마음을 다스리는 것'입니다.

이 때문에 우리는 자세히 들어야 합니다. 마치 여래에게 특별한 법[佛法]이 있는 것처럼 듣거나, 우리 삶을 떠나 무엇인가 있는 것[涅槃]처럼 듣는 순간 바로 여래의 말을 잘못 듣는 것입니다. 이것이 "잘 들어라"라는 뜻입니다. 우리 삶을 떠나 특별한 어떤 것으로 살라는 말이 아닙니다. 부처님께서는 공을 설하시면서, "마음이 일어난 곳을 향해서 자기 주시를 하라"라고 하십니다.

부처님께서는 대중 가운데 아상我相·인상人相·중생상衆生相·수자상壽者相이 일어나는 것을 보시고, 반야바라밀의 공을 설하십니다. 우리가 아상·인상·중생상·수자상으로 빠지지 않도록 하는 방편이 '부처님의 설법'입니다. 부처님께서 대중에게 말씀하셨듯이 우리 스스로도 마음이 일어난 곳을 향해서 공을 설하고 주시해야 합니다. 순간순간 일어나고 사라지는 마음을 '연기 공상空相의 반야바라밀로 알아차리는 것'이 곧 '자신에게 설법'하는 것입니다.

부처님의 눈으로 볼 때는 수행이 잘 되는 보살이나 수행이 잘 되지 않는 보살은 있을지라도, 사람마다 높고 낮은 차별은 없습니다. 사람마다 업이 다르기 때문에 부처님의 가르침은 듣는 사람에 따라 다를 수 있습니다. 이와 같이 업을 다스리기 위한 방편이 다를 뿐이지 가르침에 높고 낮음이 있을 수 없습니다. 마치 가르침에 높고 낮은 차별이 있는 것처럼 보이는 대목이 여러 경론에 있지만, 그것은 시대마다의 폐단을 가리키는 것입니다.

　이와 같이 부처님의 설법은 높고 낮음으로 말씀하시는 것이 아니라, 적절한 말씀을 통해서 그 회상의 모든 사람들로 하여금 보살의 지위에 오르게 하는 것입니다. 금강회상金剛會上에 모인 보살들에게는 반야바라밀의 공을 이야기해서 동시에 보살의 지위에 오르게 합니다. '위없는 바른 깨달음'은 보살들만이 가야 할 길이 아니라, 불법을 배우는 사람은 누구라도 가야 할 길입니다. "있는 그대로 살아라, 동시에 전체가 되는 삶을 살아라"라고 하십니다. 그렇습니다. '있는 그대로 사는 것'뿐입니다[唯然].

　여기에서 '이와 같이'는 뒷대목에서 나온 보살들의 마음가짐도 아울러 가리키고 있습니다. 곧 "있는 그대로의 세계인 무여열반에 중생 모두를 이끌되 이끈다는 생각조차 없어야 한다"는 대목입니다. 그래서 수보리 장로께서 "말씀해 주십시오. 즐거운 마음으로 듣겠습니다[願樂欲聞]"라고 하십니다.

● 무상정등정각無上正等正覺에서 무상과 정등만으로도 완전한 상태가 됐는데, 정각이란 말이 왜 필요합니까?

각覺의 내용이 정등이며 무상입니다. 무상은 위도 없고 아래도 없는 것일 때 '참된 위없는 것'입니다. 정등은 평등으로서 '차별 없는 한어울림'입니다. 이것은 누구나 있는 그대로 자기 모습이 최고의 가치로 표현되는 삶으로, 차별 없이 한어울림으로 사는 것을 말합니다.

무상정등이 곧 정각이기 때문에 정각만으로 표현할 때가 더 많습니다. 이때 각이란 반야바라밀의 상태입니다. 『반야경』계통에서는 '즉각 열림'을 중시합니다. 육조 혜능 스님께서 '『금강경』한 구절을 듣고 바로 깨달았다[頓悟]'는 유명한 이야기가 있습니다. 그것을『금강경』에서는 '즉비卽非'라고 하며, 돈오頓悟란 곧 즉비가 되는 것입니다. '즉각 빈 마음으로 하나가 되는 것'이 정각입니다.

◉ 정正이란 무슨 뜻입니까?
정이란 중도中道입니다. 『반야경』에서는 중도를 반야바라밀로 표현합니다. 반야바라밀 수행이 깊어져서 '하나의 어울림으로 있는 빈 마음의 삶'이 바른 삶인 것입니다.

◉ 윤회와 복제양의 관계는 어떻습니까?
암수의 결합에 의하여 난자와 정자가 만나서 잉태하는 순간 업식이 들어올 수 있는 조건이 만들어진 것입니다. 이와 달리 시험관 안에서 만들어진 조건도 업식이 들어올 수 있는 조건 중의 하나입니다. 윤회에 의한 탄생에는 생식 세포의 결합 이외에도 많은 가능성이 있습니다. 『금강경』에서는 태생·난생·습생·화생 등으로 말하고 있습니다. 복제양의 경우에는 어미 양과 다른 업식이 들어온 것이므로 어미 양과 똑같은 양이 아닙니다.

● 난자와 정자가 만나는 순간은 아직 업식이 들어오지 않은 상태인가요?
아닙니다. 난자와 정자가 만나는 순간에 업식이 같이 들어갑니다. 예를 들어 복제양은 사람에 의해서 만들어진 조건으로, 암수의 결합이 아닌 다른 형태로 만나는 것입니다. 보살이나 지옥 중생 등의 화생은 이런 만남을 빌릴 필요도 없이 바로 몸을 바꿉니다. 이와 같이 몸을 나투는 형태는 『금강경』에서 말하는 유상·무상 등의 9가지 중생으로 다양합니다. 그 중에 복제양이 만들어지는 것은 사람에 의한 인위적인 변화 가운데 하나입니다. 다만 복제인간의 경우, 남녀의 정상적인 결합으로 태어난 현재의 인간도 온갖 차별이 있는데 하물며 복제 인간이 가져올 결과는 생각할 필요조차 없이 뻔한 것입니다.

● 소아小我 · 대아大我 · 진아眞我 등의 '아我'에 대해서 설명해 주십시오.
이 질문에는 "소아 등의 말에 해당되는 실체가 무엇입니까?"라는 '아我'에 대한 긍정이 들어 있습니다. 말에 해당되는 실체로서 '아'가 있다고 하면 '아'뿐만 아니라, 모든 법이 말에 해당되는 실체를 갖게 됩니다. 그러나 이것은 '우리의 분별일 뿐'이므로, 『금강경』에서는 아상 등 사상四相이 없다고 합니다. 소아도 대아도 진아도 무無일 뿐이며 공空일 뿐입니다. 나아가 무도 무이며 공도 공으로서 유有에 상대되는 무이거나 공 아닌 것과 상대되는 공이 아닙니다.

『아함경』을 보면 "'참된 나'를 찾는 것이 중요하지 않느냐?"라는 질문이 있습니다. 여기서 '참된 나'란 분별된 '나'를 '나'로 여기는 잘못된 생각에서 벗어난 삶을 말하는 것이지, 개개의 이면에 있는 어떤 실체로서의 '참된 나'가 아닙니다. 이 대목을 들어서 부처님께서도 '나'를 주장했다고 하는 사람도 있습니다만, 올바른 이해가 아닙니다. 『금강경』의 반야바라밀 수행을 하게 되면 분별로 세워진 '나'와 '너'는 사라지고, '열림의 장'으로서 삶만 있음을 여실히 알게 될 것입니다.

◉ "사물과 사물이 걸림이 없다[事事無碍]"고 할 때 이것은 각 개체를 인정한다는 뜻입니까?

모든 개체는 분별을 떠났을 때 인정되는 것입니다. '걸림이 없다'는 말은 사물과 사물, 곧 나와 너의 분별을 떠난 것을 말합니다. 만일 걸림이 있으면 "사물과 사물이 걸림이 없다"는 말을 할 수가 없습니다. 왜냐하면 '하나의 사물은 다른 사물과 더불어 온생명의 장에서 하나'이기 때문입니다. 너의 생명, 나의 생명이 따로 있는 것이 아니라, 온생명에서 사물과 사물은 서로 생명을 나누고 있습니다. 나와 너의 분별의 벽이 사라지면 걸림 없음[無碍], 곧 생명의 교류가 저절로 드러나게 됩니다.

◉ 마음 공부를 한다고 할 때는 조금 되는 것 같다가도, 돌아서면 또 다시 전과 같습니다. 공부가 물러나지 않는 때는 언제입니까?

무아를 확실히 경험한 견도위見道位에 오르게 되면 현행 분별업을 짓지 않기 때문에, 다시는 견도 아래로 떨어지지 않습니다. 따라서 견도를 공부가 물러나지 않은 지위[不退轉位]라고 할 수 있습니다. 또는 견도위를 지나서 현행 분별이 일어나지 않고 구생기 번뇌가 일어나는 순간에 곧바로 번뇌가 사라지는 수행이 되는 때를 '공부에서 물러나지 않는 때'라고도 합니다.

이와 같이 서로 주장이 다를 수 있기 때문에 어떤 견해에 너무 집착할 필요가 없습니다. 단 견도위에 들어가 '무아에 대한 확실한 체험'을 하는 것이 '중생의 삶과 성인의 삶을 가르는 분기점'임을 명확히 알아야 합니다.

3. 대승의 바른 가르침은 大乘正宗分

부처님께서 수보리에게 말씀하셨습니다.

"모든 보살마하살은 반드시 살아 있는 모든 중생들, 곧 알에서 태어난 중생, 모태에서 태어난 중생, 습기에서 태어난 중생, 스스로 변화해서 태어난 중생, 형체가 있는 중생, 형체가 없는 중생, 분별이 있는 중생, 분별이 없는 중생, 분별이 있는 것도 아니고 없는 것도 아닌 중생 모두를 번뇌가 다 없어진 열반에 들게 하여 제도해야겠다는 마음을 내야 한다.

그러나 이와 같이 헤아릴 수 없이 많은 중생을 모두 제도했을지라도, 참으로 제도되는 중생은 없다고 생각해야 한다. 수보리야, 왜냐하면 만약 보살이 자아라는 생각[我相], 개인적인 윤회의 주체라는 생각[人相], 어떤 실체에 의해서 살아있다는 생각[衆生相], 개체의 영원한 생명이라는 생각[壽者相] 등이 있으면 보살이 아니기 때문이다."

佛告須菩提 諸菩薩摩訶薩 應如是降伏其心 所有一切衆生之類 若卵生 若胎生 若濕生 若化生 若有色 若無色 若有想 若無想 若非有想非無想 我皆令入無餘涅槃 而滅度之 如是滅度無量無數無邊衆生 實無衆生 得滅度者 何以故 須菩提 若菩薩 有我相人相衆生相壽者相 則非菩薩

자기를 한정시키는 사상四相

모든 생각은 자기 한정을 가지는데, 자기 한정을 가지지 않으면 우리가 이해할 수 없기 때문입니다. 따라서 생각을 나타내는 모든 말은 낱말 하나마다 자기를 한정하는 힘을 가질 수밖에 없습니다. 이렇게 '자기를 한정하는 것'을 '분별'이라고 합니다. 분별은 다음 찰나에 계속해서 또 분별을 낳게 됩니다. 아울러 그 시대를 살아가는 사람들은 같은 분별 속에서 서로 이해하면서 살아가게 됩니다. 이와 같이 우리는 너나 할 것 없이 모두 자신과 사회의 한계 속에서 분별하면서 살아가고 있습니다.

왜냐하면 사람은 누구나 개인의 업인 별업別業과 사회의 업인 공업共業과 더불어 살아가기 때문입니다. 그러므로 분별을 바탕으로 한 업은 개체를 상속하는 힘뿐만 아니라, 그 시대·사회·역사 등도 담게 됩니다. 업의 특성인 분별에 의해서 일상의 '나'와 '너'가 아닌 '절대적인 나', '변하지 않는 너'가 있다고 생각하게 되었습니다. 이러한 절대적인 실체를 브라만교에서는 '아트만'이라고 했고, 다른 교파에서는 같은 내용을 인상·중생상·수자상이라고 했습니다.

아트만이라고 해도 계급에 따라 서로 다른 실체로서의 아트만이 있다고 여기게 되었습니다. 곧 브라만 계급은 브라만의 아트만, 수드라 계급은 수드라의 아트만을 갖고 있다는 것입니다. 그러므로 브라만, 수드라 등은 태어날 때부터 질적으로 다르다고 합니다. 또 여성과 불가촉천민은 사람의 몸을 가지고 있으나 사람의 아트만이 없다고 합니다. 이들은 겉으로는 사람의 말과 행동을 하지만, 사람이 아닌 비인격체라고 했습니다.

이와 같이 계급에 따라서 인격체가 있는 사람들도 저마다 차별이 있었으며, 같은 사람인데도 그러한 차별 속에도 들어가지 못한 사람들도 있었습니다. 이것은 개아個我와 집단아集團我라는 뿌리 깊은 차별이 사회적으로 결정된 것입니다. '신의 머리에서 나왔느냐, 신의 손발에서 나왔느냐'에 따라서 여러 가지 신분으로 나누어지고 그 신분에 맞는 서로 다른 실체로서 자아가 있다고 하는 것을 아상이라고 한 것입니다. 인도의 카스트 외에도 시대와 환경에 따라서 천차만별의 근원적인 차별이 있어 왔습니다.

인상人相 또한 그 뜻에서 아상과 크게 다를 것이 없습니다. 인상은 윤회의 주체를 뜻하는 푸드갈라補特加羅를 번역한 것으로 인간의 내면적 주체로서 실체라고 생각하는 것이기 때문입니다. 한편, 불교의 독자부犢子部와 그곳에서 생겨난 정량부正量部 등에서도 이 이론을 주장했습니다. 그러나 이것을 불교의 근본 가르침인 무아설과 상반되는 유아론이라고 생각해서는 안 됩니다. 왜냐하면 윤회가 끝나는 날 인상은 없어지기 때문입니다. 윤회하는 동안에 윤회의 주체인 인상은 업의 다른 이름입니다. 윤회란 '자아가 있다는 생각이 연속되는 것'을 말합니다. 그러나 '자아'라는 특정한 주체가 실제로 있는 것이 아니라, 다만 우리의 업이 자아가 있다고 생각하는 것뿐입니다.

뒷날 불교내부에서도 윤회하는 주체로서의 인상을 실체로 여기는 폐단이 일어나자, 여러 대승경론에서 그것의 잘못을 지적했습니다. 안혜 논사는 『아비달마잡집론阿毘達磨雜集論』에서 푸드갈라를 세우는 네 가지 이유를 들고 있습니다.

첫째, 표현하기 쉽기 때문으로, 오온가화합五蘊假和合을 총합적으로 가립假立하여 유정有情이라고 표현하는 것은 일상의 경험상 편리하고 통용하기 쉽기 때문입니다.

둘째, 세간에 순종하기 위한 것으로, 세간의 사람들은 모든 법이 실제로 있다고 생각하듯이 유정도 역시 있다고 생각하기 때문에 이를 교화하기 위한 방편으로 푸드갈라를 내세웁니다.

셋째, 두려움을 여의기 위한 것으로, 사람들이 깊고 깊은 연기법을 알지 못하므로 무아라고 말하면 오히려 두려움을 내고 정당한 교화를 받으려고 하지 않기 때문에 이를 교화하기 위해서 푸드갈라를 내세웁니다.

넷째, 자타가 지니고 있는 공덕과 과실을 나타내기 위해서, 유정을 가립하지 않고서는 불가능하다는 것입니다. 곧 유정을 가립하지 않고 다만 제법의 염정染淨에 대한 상속만 설명한다면, 사람들은 과실이 단멸하고 단멸하지 않는 것을 알지 못하고, 또 공덕을 증득하지 못하고 증득하지 못한 것을 알 수 없으므로 가설로 푸드갈라를 설정하여 설명한다고 합니다.

이와 같이 불교의 내부적으로는 '윤회의 주체'라는 한정어로서 푸드갈라라는 말을 임시로 쓰고 있습니다. 푸드갈라는 윤회하는 순간에는 언제나 존재하지만, 윤회가 사라지면 푸드갈라도 아울러 사라집니다. 그러므로 푸드갈라란 업의 상속이론인 종자식種子識이나 궁생사온窮生死蘊 등과 같은 뜻입니다. 결국 '윤회란 아상의 현현'이기 때문에 이것을 인상인 푸드갈라라고 부른 것입니다. 만일 그렇지 않고 푸드갈라가 실재론적 주체라고 한다면, 불교의 이론이 아닙니다.

또 불성佛性이나 여래장如來藏 등도 만일 무상하지 않은 자성으로서 존재한다면, 『금강경』에서 부정하고 있는 아상 등의 사상과 아무런 차이가 없습니다. 근본불교와 대승불교가 똑같이 부정하는 것은 '아상이나 불성 등이 주체로 존재하고 있다는 생각'입니다.

중생상衆生相은 모든 생명에는 저마다 다르게 결정된 성품이 있다는 것입니다. '나는 너가 아니어야 한다'는 결정적인 성품을 말합니다.

자이나교에서는 사람을 오염된 몸과 순수한 마음으로 나누고 오염되지 않는 순수한 청정심을 수자상壽者相이라고 합니다. 순수한 정신을 가리는 근본 원인인 몸의 더러움을 없애기 위해서 자이나교도들은 심한 고행을 하는 것입니다. 따라서 몸이 있는 동안 청정해지거나 해탈하는 것은 거의 생각할 수 없습니다.

반야공의 삶

이밖에도 많은 견해들이 있을 수 있지만, 이런 견해들의 근본 특성은 전부 '자기 한정'입니다. 우리의 업은 이러한 분별을 일으키고 분별이 계속해서 분별을 만들어 갑니다. 이러한 자기 한정으로써 생겨난 아상·인상·중생상·수자상에서는, 반야에서 말하는 '동시에 전체가 되는 보살'이라는 생각을 할 수 없습니다. 카스트에서는 '브라만과 불가촉천민이 함께 사는 것'은 상상도 할 수 없습니다. 사람과 사람 사이에서만 '함께 사는 세계'가 이루어지는 것은 아닙니다. 만일 돌을 보면서 '생물인 내가 무생물인 돌을 보고 있다'고 생각하면, 아상 등 사상이 있는 것입니다.

'돌과 내가 한생명 속에 같이 호흡하고 있다'는 것을 확실히 알아차려야 합니다. 돌의 호흡과 나의 호흡이 일치되어 한생명 속에 같이 있는 것이 '반야공의 삶'입니다. 만일 하나 된 생명 속에 들어가 있지 않으면, 돌은 돌대로 '나'는 '나'대로 나누어지면서 '나와 너'는 언제나 타자他者로서 있게 됩니다. 분별을 바탕으로 한 우리들의 업에 의해서 나누어질 수 없는 것이 나누어진 것입니다.

이와 같은 나눔으로써 참된 자기 자신을 잃게 됩니다. 삶 속에서 일체가 된 공간을 보지 못하고 자기 자신을 잃어 불만족[苦]이 일어나게 됩니다. 그래서 돌과 '나'의 몸이 나누어진 순간 자기 한정 속으로 들어가, 삶에서 소외가 생기고 고苦를 느끼게 됩니다. 개인과 사회에서 이러한 일들이 늘 일어나고 있기 때문에 우리는 누구나 괴롭습니다.

부처님과 대중이 탁발을 마치고 돌아와 공양을 한 후에 부처님과 함께 자리에 앉았습니다. 침묵 속에서 자기 한계를 뛰어넘어 평온한 맛을 봅니다. 그러다가 어느 순간 자기도 모르게 분별이 일어나면서, 또다시 우리는 삶의 장에서 소외되어 고를 느끼게 됩니다.

이때 "부처님, 어떻게 살아야 합니까? '위없는 바른 깨달음'에 마음을 낸 사람은 어떻게 마음을 다스려야 합니까?"라고 묻습니다. 그 말은 "소외되지 않는 삶으로 어떻게 돌아갈 것인가?"를 묻는 말입니다. 소외가 완전히 사라지고, '부처님도 없고 나도 없는 한어울림' 속에서 온전한 삶을 맛보았기 때문에 이제는 "혼자만 괴로움을 떠나서 즐거움을 얻는 것이 아니고, 모든 중생들이 즐거움을 얻으려면 어떻게 해야 합니까?"라고 묻습니다.

부처님께서 "모든 보살마하살은 이와 같이[如是] 마음을 다스려야 한다"고 하십니다. 보살은 보리살타의 준말이며 마하살은 마하살타의 준말입니다. 보리는 깨달음[覺]이고 마하는 큼[大]이며 살타는 중생이라는 말입니다. 부처님과 함께 앉아 있는 순간 자기 소외와 자기 한정으로부터 벗어나, 부처님과 함께 열림의 세계에서 하나 된 삶을 맛보게 됩니다. 이와 같이 '열림으로 하나 된 것'을 크다[大]고 합니다. 열린 삶의 어디에도 자아自我가 없다는 것을 확실히 아는 빈 마음이 깨달음[覺]입니다. 보리살타나 마하살타는 한 장면의 다른 모습이므로 부처님께서 '보살마하살'이라고 하십니다. 방금 침묵 속에 함께 앉아 보살의 마음을 엿본 사람들이기 때문에, 보살마하살은 이와 같이 '깨달음의 어울림으로 마음을 다스려야 한다'고 하십니다.

중생의 삶

 중생은 신身·구口·의意 삼업三業으로 삽니다. 신·구·의 삼업 가운데 의意의 활동인 생각[思]은 업業의 주인입니다. 그래서 업을 의의 활동인 사업思業과 그것이 밖으로 나타난 사이업思已業으로 나누기도 합니다. 의의 활동인 사업은 '자아의식을 중심으로 한 분별'입니다. 사이업이란 의의 자기 한정인 사유를 동반해서 몸과 말로 하는 활동입니다. '의의 자기 모습인 분별과 자아의식'에 따라 모든 활동[業]이 이루어지기 때문에, 의를 다스리는 가운데 저절로 삶[住]의 본래 모습이 드러나게 됩니다. 의를 다스리면 가장 알맞은 자기표현이 드러나기 때문에, 부처님께서는 어떤 형태로 살라고 결정하시지 않습니다. 마음을 다스리면 삶에서 넉넉한 자기표현이 가능해지기 때문입니다.
 중생을 나누자면 한정이 없겠지만, 크게 세 가지로 나누고 있습니다. 첫째, 태어나는 모습을 태생·난생·습생·화생으로 나눕니다. 보살이나 지옥 중생과 같이 다른 것에 의지하지 않고 변화하여 태어나는 것이 화생입니다. 둘째, 욕계·색계 중생과 같이 형상이 있는 유색有色 중생과, 무색계 중생과 같이 형상이 없는 무색無色 중생입니다. 셋째, 의意의 분별이 있느냐 없느냐에 따라 유상有想·무상無想·비유상비무상非有想非無想 중생으로 나눕니다.
 유상 중생은 의의 분별에 따라 사는 중생입니다. 무상 중생은 의의 종자는 있으나 의의 분별이 현행하지 않는 중생입니다. 곧 의의 분별은 있으나 축생 세계와 같이 인간계에 비해서 자아의식이 없는 것과 같은 중생, 분별의 종자는 남아 있으나 수행에 의해서 분별이 현행하지 않는 중생입니다. 비유상비무상 중생은 분별이 없지 않으나 그것에 따라서 살지 않는 중생입니다. 이 중생은 선정 가운데 나타나는 여러 가지 현상을 여실히 알아차리지만, 몸과 마음에는 전혀 동요가 없습니다.

중생이 중생인 근거는 '분별과 자아의식의 상속'에 있습니다. 이러한 업의 종자가 완전히 사라지기 전까지는 욕계·색계 중생보다 뛰어난 중생인 무색계 중생도 중생인 것에는 변함이 없습니다. 여기서 "일체 모든 중생을 무여열반에 들게 하여 한 중생도 중생으로 남아 있지 않게 하겠다"고 합니다. 이것은 '중생의 근거인 의意의 분별을 뿌리까지 완전히 뽑겠다'는 말입니다.

태·난·습으로 태어나는 중생은 누구나 쉽게 알 수 있습니다. 그러나 열림이 큰 사람들 눈에만 보이는 중생 세계가 많습니다. 화생은 지옥 중생과 중유中有 중생 등이 태어나는 방법을 말하며, 그 세계는 보통 사람에게는 보이지 않습니다. 또 욕망으로 태어나 욕계 중생의 몸을 받은 중생과 수행력으로 청정한 몸을 받은 색계 중생은 형상이 있는[有色] 중생이며, 형상이 없이[無色] 생각만으로 사는 무색계 중생도 있습니다.

'안다'는 것에는 감관을 통해서 아는 직관과 분별을 통해서 아는 지각이 있습니다. 그런데 '자기 들여다보기'를 계속하면, 눈의 감각에 따라서 아는 안식眼識의 장, 몸의 감각에 따라서 아는 촉식觸識의 장 등이 예전과 다르게 일어나고 사라집니다. 다른 인식의 장에서도 마찬가지입니다. 지금까지의 분별을 통한 지각으로 이해되지 않던 세계를 경험하게 됩니다.

집중력과 관찰력이 깊어지면 자아의식의 분별이 일어나지 않는 것[無想]을 경험하게 됩니다. 여기서 상想이란 분별심으로써 구별된 상相을 말합니다. 지각에 의한 '분별이 사라져 동시에 전체를 보는 것이 무상'입니다. 이와 같이 사는 중생이 무상 중생입니다. 보통 지각을 동반하면 전체 속에서 낱낱의 형상을 구별하여 아는 상이 저절로 일어납니다. 그러나 수행이 깊어지면 몸에서 감각이 없어질 때도 있고, 의意에서 지각이 사라져 버릴 때도 있습니다.

마치 거울에 사물이 비치듯이 '낱낱 구별 없이 앎만 있는 것'이 또한 무상입니다. 이와 같은 세계는 실제 경험하지 않으면 이해하기 어렵습니다. 그러나 사실은 어려운 경험이 아닙니다. 만일 몸과 마음에서 일어나는 상相을 보되 삼독심三毒心의 작용이 그치게 되면, 마음의 분별과 취착을 떠났기 때문에 상想이 상想이 아닙니다. 이것은 삼매의 일종으로, '상相에서 상想을 떠나 무상無想'이 됩니다.

'말을 떠난 말'이 '부처님의 설법'입니다. 부처님께서는 분별인 말을 써서 무분별인 지혜와 자비의 세계를 말씀하시기 때문입니다. 완전한 깨달음에 이르지는 않았지만, 이와 같이 분별하고 있는 가운데 분별을 떠나 사는 중생이 있습니다. 수행이 깊어져 낱낱 분별을 명확히 알아차리나 한 번도 분별을 따라가지 않는 수행 깊은 세계에 사는 중생입니다. 그러나 미세 망상까지 다 없어지지 않는 중생으로 분별하지 않는 가운데[非有想] 아직 미세한 분별이 남아 있는[非無想] 수행 깊은 중생[非有想非無想]입니다.

위에서 말한 일체 중생은 수행력이 부족하거나, 깊다고 하여도 아직 온전한 깨달음에 이르지 못했기 때문에 모두 중생이라고 합니다. 보살은 "이들 모두를 완전한 열반에 들게 하겠다"고 생각합니다. 온 세계를 연기인 하나의 삶으로 아는 보살의 생각이 불교의 근본축입니다. 왜냐하면 불법을 올바로 배우면 누구나 다 저절로 보리살타·마하살타가 되기 때문입니다. '나 같은 사람이 어떻게 부처님같이 될 것인가'라고 자기 한정을 하는 사람들은 불교에 접근하는 방법이 근본적으로 잘못된 것입니다.

침묵 속에 열림의 세계

그런데 여기서 부처님께서 척 앉으셔서 '침묵 속에 열림의 세계'를 보여 주셨기 때문에, '누구나 다 열려 있음이 삶의 본래 모습'임을 알게 되었습니다. 그래서 한 중생이라도 중생으로 남아 있으면 보살행을 완전히 다한 것이 아닙니다. 부처님과 함께 앉아 같이 귀의하는 관계에서는 '더불어 함께하는 장'만 있게 됩니다. 누구라도 다 열반에 들었을 때 비로소 불교의 삶이 완성됩니다. 불교는 '자기 삶의 전환'을 뜻하며, 보살은 전환된 삶을 사는 분입니다. 그러므로 올바른 불법은 누구나 보살의 삶으로 가게 합니다.

앞에서 수자상을 말하면서 우리 몸은 오염된 업으로부터 나왔다고 했습니다. 불교 공부를 하는 사람들 가운데도 어떤 이들은 "이 몸과 마음은 윤회하면서 생긴 업에서 나온 것이므로 근원적으로 자기 전환이 될 수 없다"고 생각합니다. 그러면 살아 있는 동안 온전한 삶을 바랄 수 없습니다. 그러나 업의 전환이 오는 순간 몸과 마음이 동시·전체로 즉각 바뀌어, 업에 의해 닫힌 몸과 마음의 한계를 벗어나게 됩니다.

우리가 지금의 '몸과 마음으로 한정되는 것'은 '의意에 의한 분별이 있기' 때문입니다. 만약 의에 의한 분별을 벗어나기만 하면, 그 순간 몸과 마음이 바로 우주 전체와 더불어 같이합니다. 이때는 업으로서 남아 있는 '나'의 몸과 마음이 사라집니다. 이미 몸과 마음이 완전히 열려 하나 된 세계로 변했기 때문에, 보살 수행을 한 사람은 변해야 할 것이 남아 있지 않습니다[無餘涅槃].

『반야경』에서는 열반을 '완전한 빔, 동시·전체'로 보기 때문에 전 찰나와 후 찰나가 완전히 다른 세계로 되어, 남아 있는 것이 없습니다. 그러므로 '무여열반에 들게 한다'에서 '무여열반'이란 유여열반에 상대한 무여열반을 말하는 것이 아닙니다. 부처님의 회상에서 전체가 다 앉아서 잠깐의 침묵 속에 무여열반을 맛보았습니다. 이때에는 아상我相이 사라져 부처님도 없고 중생도 없고, 단지 척 앉아 있는 침묵의 세계만 있습니다. 따라서 그 속에는 잘난 사람, 못난 사람, 키가 큰 사람, 작은 사람, 남성, 여성의 구별이 완전히 사라집니다.

'누구나 동시에 하나 된 열반 속에 들어 있기 때문에' 누가 누구를 열반에 들게 하는 것이 아닙니다. '즉각 열림으로써 동시에 열반에 들게' 됩니다. 보살이 "모든 중생을 무여열반에 들게 하겠다"는 원력을 세우는 것은 근원적으로 무아의 세계이기 때문에 가능한 것이며, 세울 원력이 따로 있는 것이 아닙니다. 그래서 제도하되 제도할 중생의 실체는 하나도 없습니다[如是滅度無量無數無邊衆生 實無衆生 得滅度者]. "한없이 많은 중생인 것 같으나 참으로 중생이 없다[無量衆生 實無衆生]"는 말을 잘 음미해야 합니다.

보살의 특징 가운데 하나로 '원 없는 것이 원[無願而願]'이 있습니다. 보살은 완전한 깨달음에 이르러 열반에 들 수 있는 능력이 있지만, 다른 중생을 위해서 중생의 기운을 남겨 둡니다. 이것이 보살의 원으로, 이 원은 아상이 없는 원입니다. 아상이 없는 원으로 볼 때는 무원이고, 아상이 있는 중생 쪽에서 볼 때는 원이 됩니다. 보살들은 누구라도 무원이면서 원인 것을 한 점 남겨서 열반에 들지 않습니다. 그래서 아상·인상·중생상·수자상이 있으면 보살이 아닙니다[若菩薩 有我相人相衆生相壽者相 則非菩薩]. 보살은 아상·인상·중생상·수자상이 없지만, 실제로는 '누구나 다 멸도하겠다'는 원이 있어야 합니다.

반야의 삼종삼매는 공空·무상無相·무원無願입니다. 이때 공·무상·무원은 보살의 마음 씀씀이를 나타내는 말입니다. 삼매란 '자아라는 생각이 사라지는 체험'입니다. 예를 들어 몸의 감각이 없어지는 것은 몸삼매입니다. 어떤 때 몸이 굉장히 가벼워지는 것은 아상, 곧 업이 조금씩 줄어들면서 나타나는 삼매 체험입니다. 이 삼매가 완성되면 완전한 무아에 이르러 공의 세계가 드러납니다. "삼매를 체험하면서 '나'라는 생각이 일어나면 바른 삼매가 아닙니다." 삼매를 체험하는 것 같지만 바른 삼매로 들지 않고 중생의 업으로 남게 됩니다. 중생의 업이 나타난 삼독심으로 살지 않는 것이 삼매이기 때문입니다.

그런데 무원의 원으로 사는 보살들이 '나'를 이야기할지라도 그 속에는 아상이 없기 때문에 중생의 업이 되지 않습니다. 삼매는 '나'라는 생각이 사라지는 것인데, '내가 사라진 것이 완성된 동시·전체의 느낌이 바로 공'입니다. 동시·전체 속에는 '너와 나'를 구별하는 것이 있을 수 없습니다. 우리의 삶은 '생명의 장'으로만 있으므로, 그 가운데 어느 하나도 없애야 할 대상이 아닙니다.

돌을 다 없애도 우리는 살 수 있을 것 같지만 그렇지 않습니다. 어떤 사람은 "점토 가운데는 살아 있는 생물체와 같이 자기 복제를 계속하는 것도 있다"고 합니다. 또 "돌이야말로 가장 의연한 자기표현"이라고도 합니다.

한생명의 장 속에 같이 있을 때 비로소 돌도 사라지고 나도 사라지므로, 공·무상이 됩니다. 지금까지는 원의 주체가 있는 중생의 원이었지만, 무아의 삶이 되어 원할 것이 없는 원인 보살의 원이 되었습니다. 그러나 부처님께서는 "보살은 모든 중생을 열반에 들게 하라"라고 말씀하십니다. 보살이란 바로 '나' 없는 사람이며 원 없는 사람입니다. '나' 없는 사람만이 '나' 있는 사람을 바꿀 수 있고, '원 없는 사람'만이 '원 있는 사람'의 원을 들어 줄 수 있습니다.

그런데 우리 개개인에게 모든 중생이란 무엇입니까? 한 사람 한 사람, '순간순간 일어나는 여러 가지 생각들'이 전부 중생입니다. 지금 이 순간 갖가지 중생의 성향들이 나타난 것을 말합니다. '한 사람 속에 많은 중생의 습성이 들어 있다는 것'은 그 시대의 역사성을 동시에 담고 있는 '공업共業'을 말합니다. '자기 인식인 별업別業'과 동시에 '사회 인식인 공업'이 서로 작용하면서 '자기 한정을 시키는 것이 중생의 갖가지 모습'입니다.

따라서 모든 중생들은 서로 대상이 될 뿐만 아니라, 자기 스스로 중생의 견해 속에 놓여 있게 됩니다. 그러므로 중생의 한정된 견해가 없어져 무아가 되는 순간, 동시에 다른 중생들도 제도가 되는 것입니다. 그것이 사홍서원에서 말하는 '자성중생自性衆生을 제도하는 것'입니다. 그런데 자성중생을 다 제도한 수행자들이 할 일은 곧 보살의 일로, '모든 중생을 번뇌가 다 없어진 열반에 들게 하는 것'입니다.

팔정도와 육바라밀

초기불교와 후기불교의 수행덕목에 팔정도와 육바라밀이 있습니다. 육바라밀의 첫째가 보시입니다. 그런데 '보시를 하되 보시한다는 마음 없이 하라'라고 합니다. 보시를 하되 보시한다는 생각 없이 하면 보시에 반야가 따르는 것입니다. 여기에서 '함이 없는 함[空]', 반야가 강조됩니다. 그냥 보시하는 것이 아니라 '모든 행동 속에 반야가 살아 있어야' 합니다. '보시하는 자'도 '보시한 물건'도 '보시받는 사람'도 전혀 없습니다. 이것은 공空 속에서 '함이 없는 함'이 생생하게 살아남을 말하는 것입니다.

생멸심生滅心은 반드시 서로 상대하는 데에서 생깁니다. 공간과 시간에 대한 분별로 한계를 설정해야만 우리는 생멸과 거래去來를 말할 수 있습니다. 생을 느끼는 순간 생만 느끼는 것이 아니라 반드시 멸을 동반하고 있습니다. 생이 현재라고 하면 멸은 과거나 미래를 동반하게 됩니다. 한 순간에 절대적인 삶이 되지 않으면 반드시 무엇과 상대한 삶이 됩니다. 따라서 현재도 과거나 미래를 동반한 현재가 되고, 과거도 현재나 미래를 상대하고 있습니다.

우리가 '시간을 느끼는 순간에는 현재의 시간뿐만 아니라 삼세가 항상 있게' 됩니다. 따라서 '법체항유 삼세실유法體恒有 三世實有'라는 말은 중생의 삶을 규정짓는 것으로서, 중생의 삶을 벗어나면 '법체항유'나 '삼세실유'라는 말은 의미가 없어집니다. 예를 들어 '가는 사람'이 있다면 '오는 것'과 '멈추는 것'을 상대하고 있기 때문에, 동시에 전체적인 삶 속으로 들어가지 못합니다. 보시하면서 하나의 장면을 이루지 못하고 '내가 무엇을 누구에게'라는 생각이 들어가는 순간, 관념의 삼세三世 속에 또는 생주이멸生住異滅 속에 들어가게 됩니다.

따라서 『반야경』에서 추구하고 있는 '침묵 속에 동시·전체가 되는 것'은, 상대하여 일어나는 삶에서는 이루어질 수 없습니다. 보시하면서 '보시한다'는 생각이 있거나, 또는 '보시받는 사람이 있다'고 생각하면, 그 사람은 보살행을 하는 것이 아닙니다. 곧 반야가 살아 있지 않은 것입니다.

팔정도의 첫머리에 정견正見과 정사유正思惟가 있습니다. 이것은 삼학三學 가운데 지혜를 말합니다. 지혜인 정견과 정사유를 팔정도에서 먼저 말하는 것은 '방향 설정이 무엇보다도 중요'하기 때문입니다. 그러나 누구나 이것을 쉽게 알 수 없습니다. 여기서 지혜의 세 종류가 나옵니다. 첫째, 학습[聞]입니다. 불교의 학습이란 '지금 우리의 삶을 바르게 보는 방법'을 배우는 것을 말합니다. 둘째, 사유[思]입니다. 학습된 내용을 비판적으로 사유판단하고 그 내용을 생각생각에서 잊지 않고 떠올리는 것입니다. 셋째, 수행[修]입니다. 배우고 생각한 것을 그대로 행동해 가는 것입니다.

이것이 정견과 정사유입니다. 지금 우리의 삶을 즉각 알아차리면, 지금까지의 자기 규정으로부터 자유로워지면서[正見] 함께 사는 아름다움으로 이끌어 줍니다[正思惟]. 그리하여 '지혜와 자비의 열림에서 하나 된 아름다운 활동, 보살의 삶'이 나타나게 됩니다. 지혜는 열린 마음으로, 유위법 속에서 사는 중생이 가장 중시해야만 합니다.

'보시[財施·法施·無畏施]한다'는 것은 '보시 속에서 반야가 살아나게 하는 것'입니다. 지혜를 닦아야만 보시가 이루어진다는 의미가 아닙니다. '적극적인 활동 속에 반야가 있게 하라, 중생의 삶 속에서 반야가 있게 하라'는 것입니다. 보시 가운데 포근한 마음을 나누는 무외시無畏施가 중요합니다. '포근한 마음'을 동반하지 않는 재물이나 말을 나누는 것은 진정한 재시나 법시가 아닙니다.

'포근한 마음'을 동반한다는 것은 '나'없는 마음으로 재물과 법문을 나누면서 우리 삶을 안온하게 하고, 나아가 함께 사는 아름다운 사회를 이루는 것입니다. '나'와 '너'의 분별을 떠나 빈 마음을 주기 때문입니다. 빈 마음인 포근한 마음을 나누면 구체적인 형상으로 규정할 수 없는 '함께하는 열린 장'만 있게 됩니다.

정견正見이란 '올바른 이해와 사랑과 자비'입니다. 그와 같이 되기 위해서는 '닫힌 삶[苦集]'과 '열린 삶[滅道]'을 잘 알아야 합니다. 고집멸도苦集滅道에서 고苦란 '삶에서의 자기 소외'입니다. '자기 소외로부터 느껴지는 갈등'이 고입니다. 자기 소외를 만드는 것은 집착입니다. '관계 속의 변화'인 삶 속에서 자기 모습만을 고집하는 의意의 분별이 자기 소외를 일으켜 고로 나타난 것입니다. 또 변화의 흐름인 연기 실상에서 보면 자기 모습을 지키려고 애쓰는 집착인 근본무명根本無明은, 애초부터 모순을 담고 있어서 이것이 고로 나타난 것이 소외된 삶입니다. '내가 가져야겠다, 내가 잘났다' 등의 생각은 모두 자기 소외의 표현입니다. 이러한 삶에서 벗어난 세계와 그 방법이 멸滅과 도道임을 잘 아는 것이 정견입니다.

자기 소외가 없는 삶에서는 집착이 일어나지 않는데, 집착은 윤회의 근원이기 때문입니다. 그런데 수행을 통해 자기 소외가 사라지면서 진실한 이해가 일어납니다. 진실한 이해를 사랑과 자비라고 합니다. 그래서 정견은 이해와 사랑과 자비가 됩니다. 이해와 사랑과 자비가 정견이기 때문에, 다른 것과 상대한 지혜를 중시하는 것 같지만 그렇지 않습니다. 이해는 '나와 너 사이의 벽이 허물어져 가는 것'입니다. 이와 같은 관계에서의 이해·사랑·자비이기 때문에, 지혜 계발[반야 수행]을 한다고 해서 적극적인 행동이 뒤처진다고 생각해서는 안 됩니다. 지혜는 반드시 '관계 속에서 행동으로 나타나게' 되어 있기 때문입니다.

그래서 팔정도나 육바라밀 등의 수행을 통해서 나타나는 활동은, '적극적인 행동에서 빔[空]'을 뜻합니다. 따라서 '팔정도를 닦으면 자기밖에 모르는 것이고 육바라밀을 닦으면 대승'이라는 견해는, 팔정도에 대한 올바른 이해가 아닙니다. 대소승을 나누는 것 자체가 아상·인상·중생상·수자상입니다. 요즘은 다종교 시대로서 종교마다 제각기 최고라고 주장하는데, 이것 또한 아상·인상·중생상·수자상입니다.

단지 포근한 마음만 있다

형상을 통한 사상四相뿐만 아니라 가르침을 통한 사상도 있습니다. 우리는 '최고라는 가르침' 속에 빠져서도 안 되지만, '내 것이 최고'라는 생각을 일으켜서도 안 됩니다. 내 것이 최고라는 생각을 일으키는 순간, 다른 것은 최고가 될 수 없습니다. 이 때문에 다른 것에 대해서 완전히 빈 마음인 포근한 생각을 일으킬 수 없게 됩니다. 부처님께서도 "나의 가르침만이 절대 유일한 최고 진리"라고 하지 않으셨습니다. "스스로의 삶에서 밝은 등불이 되라"라고 하셨습니다. 부처님을 따르는 것이 아니라, "삶에서 개인과 사회가 함께 온전한 아름다움을 이뤄야 한다"고 말씀하셨습니다.

부처님께 가면 모든 최고가 다 녹아납니다. 이렇게 '모든 최고가

다 녹는 것을 포근한 마음'이라고 합니다. 최고의 가르침 속에 내가 들어가면 안 됩니다. 불교는 최고의 가르침이 아니라 '모든 마음을 비워 버리는 포근한 마음일 뿐'입니다. 포근한 마음이 없으면 어느 것을 이해했다고 하더라도, 그것은 아상일 뿐이고 인상·중생상·수자상일 뿐입니다. 지금 이야기하고 있는 이것조차도 마음속에서 녹아야 합니다.

그래서 불교를 공부할 때, '불교주의'에 빠지는 것을 조심해야 합니다. 올바른 불교 공부란 '단지 포근한 마음만 있는' 것입니다. 포근한 마음이 나오면 깨어 있음[佛]의 삶이요, 포근한 마음이 나오지 않으면 깨어 있음[佛]의 삶이 아닙니다. 불교인이나 비불교인이나 누구에게라도 똑같이 포근한 마음이 나와야 합니다.

오늘날 우리는 최고 속에서 헤어나지 못하게 하는 주변 환경에 휩싸여 있습니다. 자신들만을 최고로 여기게 되면서 포근한 마음을 나누는 장이 없어진 것입니다. 육바라밀의 보시에서 반야까지 또는 팔정도의 정견正見에서 정정正定에 이르기까지, 불교의 가르침은 "지금까지 우리가 최고라고 지향하고 있던 생각들이 모두 허구인 것을 잘 알아라"라는 것입니다. 그것을 알지 못하면 포근한 마음이 일어날 수 없습니다. 지금까지 사랑이라는 것은 '우리끼리의 사랑'이 대부분이었습니다. 그것은 진정한 사랑이 아니라 '아상我相이 사랑을 가장하여 나타난 것'입니다. 그래서 자기를 비우는 포근한 마음이 없게 되면, 개인과 사회가 불안하고 힘들어집니다.

불교는 유론有論도 무론無論도 아니며, 유신론有神論·무신론無神

論·유심론唯心論·유물론唯物論도 아닙니다. 자아를 설정하고 "자아가 있다, 없다", "자아의 주체는 마음이다, 자아의 주체는 물질이다", "개아個我는 신에 의해서 존재하는 것이다, 개아는 물질에 의해서 있는 것이다"라고 하지 않습니다. 불교는 유론, 무론 등의 근거인 '자아' 자체가 없다고 하기 때문에 유론도 무론도 유심론도 유물론도 아닙니다. 불교란 '포근하고 빈 마음으로 함께 사는 것'이며, 함께 살기 위해서는 철저히 무無가 되어야 합니다.

어느 스님이 조주趙州 스님께 "개에게도 불성이 있습니까?"라고 묻습니다. 스님께서는 "없다[無]"고 대답합니다. "모든 중생에게 불성이 있다"고 부처님께서 말씀하셨지만 이 사람은 "사람에게도 불성이 없는 것 같거늘 개에게 불성이 있겠는가" 또는 "사람에게는 불성이 있지만 개에게도 있겠는가"라는 생각에서 그렇게 묻는 것입니다. 조주 스님께서 그것을 아시고 "없다"고 하십니다. 분별에는 분별만이 있을 뿐이기 때문입니다. 그래서 묻는 이가 "부처님께서 다 불성이 있다고 하셨는데 왜 없다고 하십니까?"라고 묻자, "네가 분별하기 때문이다"라고 친절하게 대답하십니다.

이 사람은 불성佛性이라는 말로 자기 한정을 하고 있습니다. 조주 스님께서 그 사람을 보니까 불성을 분별로써 살피고 있습니다. 이러한 분별이 생길 때는 전체적으로 불성이 없어집니다. '사람이 깨어 있을 때는 전체로 깨어있고' 미혹되어 있을 때는 전체로 미혹되어 있습니다. 동시에 전체로 깨어 있는 상태에서는 그런 질문이 나올 수 없습니다. 그런데 낱낱이 분별된 미혹에서 그런 질문이 나왔기 때문에 조주 스님께서 "없다"고 대답합니다.

이때의 무無는 뒷날의 무자無字 화두와는 다릅니다. 화두의 무는 '분별을 떠난 포근한 마음이 동시에 구현된 것'을 말합니다. 무無 속에 개도 녹아나고, 사람도 녹아나고, 불성도 녹아나 '일체가 함께 열리는 것'을 경험하여야만 불성이 무無 속에서 살아납니다. 이것을 무자 화두라고 합니다. 이때 화두는 '불성이 완전히 열린 세계'를 의미하기 때문에 무라는 화두 속에서 함께 사는 보살의 지혜가 열리게 됩니다.

● 육바라밀과 팔정도가 모두 대승 수행입니까?
그렇습니다. 불교에는 소승이 없습니다. 부처님의 가르침을 따르면 누구나 대소승의 분별을 떠난 보살의 삶만 있습니다.

● 아상・인상・중생상・수자상은 이름이 다른데 같은 뜻입니까?
이름은 다르지만 뜻은 같습니다.

# 4. 미묘한 활동은 얽매임이 없고 妙行無住分

"또한 수보리야, 보살은 대상[法]에 얽매임 없이 보시해야 한다. 곧 형색[色]에 얽매이지 않는 보시를 해야 하며, 소리·향·맛·접촉·마음의 대상[法]에 얽매이지 않는 보시를 해야 한다.

수보리야, 보살은 반드시 이와 같이 보시해야 하고 어떤 생각에도 얽매이지 않아야 한다. 왜냐하면 보살이 생각에 얽매이지 않고 보시하면 그 복덕을 헤아릴 수 없기 때문이다.

수보리야, 어떻게 생각하느냐, 동쪽 허공을 헤아릴 수 있겠느냐?"

"헤아릴 수 없습니다, 세존이시여."

"수보리야, 남쪽·서쪽·북쪽 허공과 그 사이 네 군데 허공과 위아래 허공을 헤아릴 수 있겠느냐?"

"헤아릴 수 없습니다, 세존이시여."

"수보리야, 보살이 생각에 얽매이지 않고 보시하는 복덕도 이와 같이 헤아릴 수 없다. 수보리야, 보살은 반드시 배운 대로 살아야 하느니라."

復次 須菩提 菩薩 於法應無所住 行於布施 所謂不住色布施 不住聲香味觸法布施 須菩提 菩薩 應如是布施 不住於相 何以故 若菩薩 不住相布施 其福德不可思量 須菩提 於意云何 東方虛空 可思

量不 不也 世尊 須菩提 南西北方四維上下虛空 可思量不 不也 世尊 須菩提 菩薩 無住相布施福德 亦復如是 不可思量 須菩提 菩薩 但應如所敎住

대상에 얽매이지 않아야 한다

『금강경』의 마지막 장에 "현상계의 조작된 법은 허깨비·물거품·그림자·이슬·번개와 같다. 반드시 이와 같이 봐야 한다[一切有爲法 如夢幻泡影 如露亦如電 應作如是觀]"라는 구절이 있습니다. 유위법은 '조작된 법, 제한된 법으로서 자기 한정'이라고 했습니다. 우리가 사물을 보는 순간 직관이 일어나고, 그 다음에 지각이 일어나며, 판단과 추리가 뒤따릅니다. 이 모든 것이 분별업의 자기표현이지만, 뒤로 갈수록 분별지分別知가 강하게 일어납니다. 분별은 자기 한정으로, 보는 것[分別]과 보여지는 것[所分別]으로 나누어집니다.

이와 같이 나누어서 알게 되는 분별지를 바탕으로 우리는 말을 합니다. 이것을 말의 허구[戱論]라고 합니다. 나눔[分別]을 통해서 아는 것은 말할 수 있는 것이고, 말할 수 있는 것은 허구를 바탕으로 합니다. 반대로 분별이 없어지게 되면, 말의 허구로부터 벗어나 일체지一切智가 됩니다. 유위법이란 이와 같이 '말에 의해서 나누어진 자기 한정을 갖고 있는 모든 것들'입니다. 물론 요즘은 누구라도 '말이 사물의 실체를 가리키고 있지 않다'는 것을 잘 알고 있습니다.

그러나 우리가 판단으로 아는 것과 그것이 삶에서 지혜로, 하나 된 삶으로 드러나는 것과는 다릅니다.

'대상에 얽매이지 않아야 한다[於法 應無所住]'에서 대상[法]이란 삶에서 '언어적 허구를 동반하여 나누어진 일체'입니다. 허구이기 때문에 본래 '무엇'이라고 말할 수 없는데, 그것을 '무엇'이라고 결정합니다. 이와 같이 '결정하는 것'을 '집착'이라고 하며 '허구'라고 합니다. 무엇이 있어서 집착하는 것이 아니라, 실제로는 있을 수 없는 것을 있는 것으로 여기기 때문에 집착이라고 합니다. 자기 한정인 집착을 떠나면 있을 수 없기 때문에 꿈과 그림자 등에 비유하고 있습니다.

유위법에는 색과 마음이 모두 들어 있습니다. 따라서 집착의 대상은 색도 되고 마음도 됩니다. 특히 우리의 마음은 무엇이 있어서 집착하는 것이 아니라, '마음의 속성 자체가 곧 집착'입니다. 따라서 마음을 특별히 '무엇'이라고 볼 것이 아니라, "집착이 일어나면 곧바로 유위법의 마음이 일어난 줄 알고, 집착이 없으면 유위법의 마음이 사라진 줄 알아야" 합니다.

지혜의 열림

'여시관如是觀'에서 관觀이란 "유위법이 일어나고 사라지는 것을 그대로 아는 것"입니다. 분별로 인한 언어적 허구로써 '희론의 세상이 일어나고 사라지는 것을 마음 없는 마음으로 아는 것'입니다. 그러면 저절로 '마음 없는 마음, 즉 무분별의 지혜'가 일어나게 됩니다. 왜냐하면 허구인 희론에 집착하는 것이 유위의 마음인데, 마음이 일어나든 사라지든 그냥 놔두면 저절로 유위법은 사라지기 때문입니다. 이와 같이 유위의 마음이 사라진 것을 '무심無心'이라고 하며, '지혜의 열림'이라고 합니다.

수행을 하는 데는 여러 가지 방법이 있습니다. 염불을 하는 것도 한 방법이요, 위빠사나를 하는 것도 한 방법이요, 화두를 하는 것도 한 방법이요, 그냥 앉아만 있는 것도 한 방법입니다. 아무것도 하지 않고 그냥 앉아 있습니다. 우리는 '앉아 있는 것이 무슨 공부일까'라고 생각하지만, 단지 앉아만 있어도 말의 허구로부터 자유로워진 사람들이 많이 나왔습니다. 앉아 있는 것 그대로 일체 분별로부터 떠나 있습니다. 그리고 분별을 떠난 앉음이 '삶의 곳곳에 배어나게 되는 것'이 앉음의 효용입니다.

마음[집착]이 일어나면 일어난 대로 마음이 사라지면 사라진 대로 그냥 놔두면, 자기 한계를 짓는 유위의 집착으로부터 벗어나게 됩니다. 유위의 집착으로부터 벗어나면, 분별된 대상이 사라지면서 분별하는 마음도 사라집니다. 이와 같이 대상과 마음이 사라지면서 일체가 되면 온전한 삶을 맛본 것입니다.

말에 의해서 분별된 대상이 마음의 자기 한정에 의해서 나타난 것임을 알게 되는 것을 '따뜻해졌다'고 합니다. 마음을 주시하고 있으면 마음이 평온해지는 동시에 몸이 따뜻해지면서 삶도 따뜻해집니다. 이와 같이 따뜻한 삶을 지혜가 생기는 것에 비유한 것입니다.

대상이 점점 사라져 갑니다. 그리고 대상이 일정한 실체를 가진 것이 아니라 마음의 한정에 의한 그림자임을 스스로 알게 됩니다. 마음이 자기 한계로써 대상을 '무엇'이라고 결정하는 것이 표상[想]입니다. 마음의 분별로써 대상이 '무엇'으로 나타나지만, 그와 같은 것은 실체가 없기 때문에 수행을 하면 모두 사라집니다. 유위법이 물거품처럼, 꿈처럼 일어나고 사라지는 것을 스스로 알게 됩니다.

따르지 않고 지켜보는 수행

이제는 의도적으로 수행을 합니다. 이때 행行이란 '분별의 상속'으로서 행이 아니라 분별을 따르지 않고 지켜보는 수행이라는 말입니다. 삶을 의도적으로 바꾸려는 것입니다. 분별[유위법]이 물거품이며, 그림자와 같은 것임을 의도적으로 생각생각으로 이어서 계속 관觀하는 것입니다. 이렇게 관하는 마음이 커지면 분별하려는 힘이 무분별의 힘[智慧]으로 바뀌면서, 마음에 의해서 결정된 자기 한정이 열리게 됩니다. 이와 같이 마음이 열리는 것을 얽매인 바가 없는 것[無所住]이라고 하고, 집착으로 자기 한계를 갖는 것을 얽매임[住]이라고 합니다.

"어떻게 살아야 합니까?"라는 수보리의 물음에 부처님께서는 "이제 어느 곳에도 얽매이지 말고 살아라[無所住]"라고 하십니다. 곧 "자기 한계를 갖지 말고 무심無心이 되어 살아라"라고 합니다. 왜냐하면 중생의 모든 법이란 자기 한계를 갖고 있는 유위법의 범주를 벗어나지 못하기 때문입니다. 법 자체가 한계를 가지고 있는 것이 아닙니다. '아我'와 '법'이라고 한정할 수 없는 것에 대하여 '아'와 '법'으로 한정하여 집착하는 그 자체가 중생의 마음입니다. 따라서 우리 마음에 의해서 한계지어진 것은 꿈과 같은 것일 수밖에 없습니다.

무심이 되면 '아我'와 '법'의 분별이 사라집니다. 관觀을 통해서 보면 한계지어진 것이 전혀 없음을 알게 됩니다. 법 자체는 얽매일 바가 없기 때문에 법에 얽매여 사는 것은 곧 꿈속에서 사는 것입니다. 법 자체에는 얽매일 만한 것이 없으나 마음이 스스로 얽매일 뿐입니다. 이 때문에 "대상에 얽매이지 않아야 한다[於法 應無所住]"란 말은 "순간순간 깨어 있어 집착에서 벗어나 자유롭게 살아라"라는 것입니다.

"보살은 어떻게 살아야 합니까?"라고 물었을 때, "보살은 모든 중생을 제도한다는 생각으로 살아라"라고 합니다. 이때 만일 보살이 무심으로 제도하는 것이 아니라, 어떤 형태나 내용을 갖춰서 제도한다면 모든 중생을 제도하는 것이 아닙니다. 보살은 중생을 제도하는 것이 보시입니다. '나' 없는 마음과 '원' 없는 원으로만 온전한 열림의 세계가 드러나며, 그렇게 하는 것이 보살의 길입니다. 그러므로 "보살은 대상에 얽매임 없이 보시해야 한다[於法 應無所住 行於布施]"는 것은 '무심으로 깨어 있는 보시행'을 말합니다. 보시를 행하는 주체가 있는 것이 아니라 '보시행 자체가 깨어 있음의 표현'인 것입니다.

사물을 보는 순간 사물과 더불어 하나가 되는 직관 상태를 지나

점점 분별이 일어납니다. 분별이란 "'나'와 색色과 성聲 등은 다르다"라는 자기 한계를 말합니다. 이러한 자기 한계를 갖는 것이 법화法化입니다. 모든 것을 한정시키는 집착된 마음에 의해서 색이 한정되는 것이 색법色法으로서, 색이 법화되는 것입니다.

이와 같이 법화된 형태로 사물을 보는 것이 얽매임[住相]입니다. 상相이란 유위법에 의해서 분별되고 집착된 자기 한계를 가지고 '이것이다, 저것이다'라고 결정된 것입니다. 이 상은 분별로써만 있기 때문에 꿈과 같고 물거품과 같습니다. '꿈과 같고 물거품과 같은 상에 얽매여 있는 것'이 우리의 삶이지만, 우리는 그것이 꿈이나 물거품인 줄 모르고 살아가고 있습니다. 이때 어법於法의 법法에는 색色·성聲·향香·미味·촉觸·법法이 다 들어가 있습니다[於法 應無所住 行於布施 所謂不住色布施 不主聲香味觸法布施].

매임 없는 보시

보시란 '자기 버리기'입니다. '자기 버리기'란 '법 버리기, 집착 버리기, 마음 버리기'입니다. 이와 같은 버림이 곧 보시로 바뀌게 됩니다. "보시가 이루어졌다"는 말은 '마음 버리기'가 이루어졌다는 말과 같습니다. 그러므로 "수보리야, 보살은 반드시 무심無心으로 상相에 얽매이지 말고 보시해야만 한다[須菩提 菩薩 應如是布施 不住於相]"고 합니다. 분별된 상에 집착하지 않고 흐르는 물이 주변에 따라 그 모양을 같이하듯[不住於相] 해야 합니다. 색법화色法化되고 성법화聲

法化되고 법법화法法化되어 있는 모든 것[住相]으로부터 벗어나 보시하는 것[不住相布施]입니다.

보살이 얽매임 없는 보시를 하면 복덕을 헤아릴 수 없습니다[若菩薩不住相布施 其福德不可思量]. 이 말을 그대로만 들으면 "보살이 상에 얽매이지 않고 보시하면 그 공덕이 한량없기 때문에" 한량없는 복덕을 얻기 위해서 보살이 보시를 하는 것처럼 들립니다. 또 "보살이 만약에 보시하면"이란 말은 보시하지 않는 보살도 있는 것처럼 들릴 수도 있지만, 사실은 그렇지 않습니다. 육바라밀을 행하지 않으면 보살이 아니기 때문입니다. 따라서 여기서 약若은 분별하는 보시[유위 보시]와 얽매임 없는 보시[무주상 보시]를 말하면서, '대상에 얽매이지 않는 보시를 강조'하는 것입니다. 보살은 어떤 형태로든지 보시하고 있기 때문입니다.

『금강경』에서 말하는 복덕福德이란 '자기 열림과 사회 열림'을 말합니다. '나'에 대해서 열리고 사회에 대해서 열려 있기 때문에, 복덕 자체가 바로 얽매이지 않는 것이 됩니다. 복이란 무엇인가 얻어질 바가 있는 것이 아닙니다. 마음 가운데 맺혀 있던 찬 기운이 모두 풀어져 "몸과 마음에 따뜻한 기운이 넘쳐나는 자기 열림이 복"입니다. 나아가 자기뿐만 아니라 "사회와 더불어 함께 열리는 것이 덕"입니다.

바꿔 말하면 복덕이 완성되면 그 자체로 '우주와 더불어 하나 된 삶'이 됩니다. 그래서 복덕은 얻을 대상이 아니라 삶의 진솔한 모습입니다. 여기서 보살이 '무주상 보시를 하고 있는 삶 자체가 한량없는 열린 세계'이기 때문에, 그것을 달리 말하면 복덕이 된다는 것입니다. 따라서 보살은 헤아릴 수 없는 복덕을 얻기 위해서 얽매임 없는 보시를 하는 것이 아닙니다. 자기 한정으로 나타난 집착이 다 사라진 마음으로 사는 보살의 모습이 저절로 얽매임 없는 보시를 하는 것입니다.

삼매 속에 일어난 무아의 자기표현

"수보리야, 동쪽 허공을 헤아릴 수 있겠느냐?"에서 '동쪽 허공'과 '헤아린다'는 말은 서로 상대합니다 '헤아림'이란 '법의 한정이 나타난 것'입니다. '법은 생각의 대상이면서 동시에 사유 그 자체'입니다. 법이란 색법·성법·법법 등으로 법화된 모든 것입니다. 그런데 허공은 자기 한계를 가지고 있지 않기 때문에, 한계를 갖는 대상만을 가지고 알아차리는 사유로는 한계를 넘는 허공을 사유할 수 없습니다. 곧 허공을 한정짓지 않으면 허공을 사유할 수 없습니다.

그러나 허공 자체는 어떤 한계 속으로 들어올 수 없기 때문에 색·성·향·미·촉·법 등으로 드러난 것을 제외한 것으로 사유합니다. 따라서 '허공을 사유한다'는 것은 허공 자체를 알지 못하면서도 '허공을 아는 것처럼 여기는 것'입니다. 이것과 마찬가지로 색법도 사유할 수가 없는데, 사유로서는 빈 모습인 색 자체를 알지 못하기 때문입니다. 그러면서도 무엇을 색이라 결정짓고, 그것을 색이라고 합니다. 앞에서 말한 사상四相이 모두 그렇습니다.

'나'라는 생각이 일어나고 사라집니다. '나'라는 이름에 맞는 어떤 궁극적인 실체를 상정한 것이 아상我相으로, 이것은 생각이 하는 주된 일입니다. 이와 같은 사유 일반은 모두 한계를 갖게 됩니다. 그런데 사방의 허공은 '공간의 열림'을 말하고 있기 때문에, 한계를 가진 사유로는 도저히 알 수가 없습니다.

마찬가지로 보살이 얽매임 없는 보시를 하는 것은 한계를 가지지 않습니다. '한계를 가지지 않는다'는 것은 '내가 사라진다'는 말입니다. '나'가 사라진 것을 '삼매'라고 하는데, 삼매 속에서 이루어진 행동은 한계를 갖고 있지 않습니다. 이와 같이 '수행자의 복덕'이란 한계를 갖지 않는 '삼매 속에서 일어난 무아의 자기표현'입니다.

보살은 배운 대로 살아야 한다

"수보리야, 보살은 배운 대로 살아야 한다"고 합니다. 이 말을 들으면 '가르치는 자'와 '가르친 법'과 '배우는 자'가 따로 있는 것으로 생각하기 쉽습니다. 그러나 부처님도 없고, 부처님 법도 없고, '나'도 없는 것이 여기에서 가르친 바입니다. 부처님의 가르침이 있는 것이 아니라 부처님의 가르침이 완전히 사라져 그 가르침 그대로 내가 됐을 때, 바로 부처님께서 가르친 바대로 사는 것[住]입니다. 이때 주住는 무주無住의 주, 부주不住의 주, 무소주無所住의 주가 됩니다. 그와 같은 분이 보살입니다. 왜냐하면 보살은 한량없는 공덕을 짓는 이를 말하기 때문에, 만일 사유 일반의 한계 속에 있게 되면 보살이 아닙니다.

곧 보살은 함이 없이 행하는 것입니다. 지장 보살은 모든 중생들의 고통이 다 없어지는 순간까지 항상 그 곁에 있는 분입니다. 모든 중생이 괴로움으로부터 벗어날 그 날까지 한량없는 마음으로 중생 편에 있는 것은 '나'가 없어졌기에 가능한 것입니다. 지혜에서 한계가 없는 분은 문수 보살이요, 행동에서 한계가 없는 분은 보현 보살입니다. 그것은 부처님의 여러 덕목 가운데 하나를 들어서 보현 보살이나, 문수 보살이나, 지장 보살로 말하는 것입니다.

바꿔 말하면 '한량 없는 어려움의 끝에 서겠다'는 원력으로 어려움의 한계를 벗어나면, 바로 지장 보살과 더불어 같이 있게 됩니다. "'마음을 항상 열겠다' 그래서 어떠한 것에도 화내거나 욕심내지 않겠다"고 하면 문수 보살이 자신에게서 살아납니다. 늘 자비행을 하면 보현 보살과 더불어 같이 있는 것입니다. 이것은 생각으로 헤아릴 수 없는 것으로, 모든 한계와 집착을 떠난 것입니다.

5. 이치에 맞게 참되게 보나니 如理實見分

"수보리야, 어떻게 생각하느냐, 몸의 모양[身相]으로 여래를 볼 수 있겠느냐?"

"그렇지 않습니다, 세존이시여. 몸의 모양으로 여래를 볼 수 없습니다. 왜냐하면 여래께서 말씀하신 몸의 모양이란 몸의 모양이 아니기[非相] 때문입니다."

부처님께서 수보리에게 말씀하셨습니다.

"존재하는 모든 모양[諸相]이란 다 허망하다. 만약 모든 모양이 모양 아님을[非相] 본다면 여래를 보리라."

須菩提 於意云何 可以身相 見如來不 不也 世尊 不可以身相 得見如來 何以故 如來所說身相 卽非身相 佛告 須菩提 凡所有相 皆是虛妄 若見諸相 非相 則見如來

여래란 삶의 열린 모습

눈으로 사물을 파악하는 것은 우리가 살아가는 데 중요한 비중을 차지합니다. 그러나 보시하면서 부처가 보이거나 중생이 보이면 안 됩니다. 그래서 부처님께서 "너는 중생을 위해서 보시한다고 하는데, 나를 볼 때에 여래로 보이느냐?"라고 묻습니다.

지금까지는 눈이 열려서 중생을 중생으로 보지 않았지만, 여래를 형색形色으로 보기 시작하면 한계를 가진 눈이 된다는 것입니다. 여래를 보는 것은 한계를 떠난 눈입니다. '있는 그대로의 세계, 직관이 일어나기 전의 하나 됨의 세계'를 여래라고 부릅니다. 이 세계는 일체 법화가 일어나지 않아 집착할 대상이 없습니다. 그런데 일체 중생을 떠난 여래의 특정한 모습을 본다면, 보시를 제대로 하고 있는 것이 아닙니다. 이것은 중생들을 올바르게 제도할 수 있는 눈이 없는 것입니다. 그러므로 중생뿐만 아니라 여래까지도 보이지 않아야 합니다.

일체 중생의 종류에 난생·태생·습생·화생·유색有色·무색無色·유상有想·무상無想 등이 있으며, 이들은 각기 신상身相을 가지고 있습니다. 그런데 '여래는 중생과 다른 신상을 가진다'는 생각은 여래를 올바르게 보는 것이 아닙니다. 중생의 눈과 생각에 의하여 여래에게 신상이 있다고 한다면 여래를 중생에 포함시키는 것입니다. 여래가 중생의 신상처럼 한계를 갖는다면 여래가 아니기 때문입니다.

그런데 신상身相의 견해를 떠나면 어디서나 여래를 볼 수 있게 됩니다. '삶이란 열려 있는 상태'이기 때문에 어디에 어떤 모습으로 있든지 간에 늘 여래입니다. '여래란 늘 삶의 열린 모습, 곧 무심無心으로' 있습니다. 그러므로 일체 중생을 제도한다는 마음은 곧 무심이어야 합니다. 여래는 무심으로서 '나와 사회의 열림인 복과 덕'을 함께 갖추고 있습니다.

인식의 결과는 항상 '나와 나의 소유가 상속'되는 것이므로 인식을 '자기 한정'이라고 했습니다. 이 자기 한정에는 '개체 상속인 자증분自證分의 자기 한정'과, '시대와 역사의 한정인 증자증분證自證分의 사회 한정'이 어울려 있습니다. '자기 한정과 사회 한정으로부터 자유로운 것이 여래'입니다. 이 때문에 "누구를 제도해서 복덕을 구하려고 하거나 여래를 한정된 몸으로 보려고 해서는 안 된다"는 것입니다. 할 수 없이 몸이라고 말하지만 형색에 구애되는 생각을 가지고 아는 몸이 아니라는 것입니다[如來所說身相 卽非身相].

즉비卽非라는 말은 "A는 곧 A가 아니다"라는 말이 아니라, "즉각 열려 있음" 곧 '깨어 있음'을 뜻합니다. 깨어 있게 되면 마음의 자기 한정이 일어나더라도 순간적으로 사라지기 때문에, 계속적으로 자기를 한정짓지 않습니다. 곧 자기 한정이 이어지지 않습니다.

일어나면 일어난 대로 사라지면 사라진 대로, 오면 오는 대로 가면 가는 대로 놔두는 것이 즉비卽非입니다. 이것이 지혜로서 '마음의 열림'입니다. 지금 '몸의 모양'에 대한 말을 듣는 순간, 마음 가운데 '몸의 모양'이라는 한계를 지으면 즉비가 아닙니다. 말을 듣는 순간 그 말에서도 자유로워져야 즉비가 됩니다.

빈 마음인 무심이 되어 사는 것

지금 이야기하는 모든 법을 깨어 있음 속에서 일어나고 사라지는 법으로 봐야지, 만일에 그것을 특별한 형태로 한계짓기 시작하면 소유하는 집착심이 됩니다. 소유의 마음이 되면 깨어 있음의 무심이 아닙니다. 무심이란 형태의 마음이 있는 것이 아니라, '오면 온 대로 가면 간 대로 명확하게 알아차리는 것'이 무심입니다. 무소유의 마음입니다[無所有心].

그래서 부처님께서는 수보리에게 "생각에 의해서 나누어진 삶이란 허망한 것이니, 만약 모든 일에 생명의 하나 됨으로 있게 되면 곧 여래의 삶이다[凡所有相 皆是虛妄 若見諸相非相 則見如來]"라고 말씀하십니다. 여래가 따로 있는 것이 아니라, '빈 마음인 무심이 되어 오고 가는 대로 사는 것' 자체가 여래를 보고 있는 것이며 여래의 삶이란 말입니다.

따라서 여래를 몸의 모양에서 찾을 것도 아니요, 모양 없음에서 찾을 것도 아니요, 말에서 찾을 것도 아니요, 말을 떠난 데서 찾을 것도 아니요. 마음이거나 마음이 아닌 것에서, 마음의 특수한 상태에서 찾을 것도 아닙니다. 서로 말하거나 사물을 보면서 '나는 나, 너는 너'라는 생각이 사라져 그 순간 그대로 하나가 되면 여래를 보는 것입니다. 허망한 분별이 사라지면서 여래의 삶이 드러납니다.

따라서 여래와 여래의 법에 대해서 마음 가운데 무엇이라고 결정 짓게 되면, 즉비即非 곧 모든 모양이 모양 아님[諸相非相]을 알지 못해 여래를 볼 수 없습니다. 우리의 생각에 의해서 조작된 모든 모양이란 '무엇인가 특별한 실체가 저마다 사물에 있다[有相]거나 없다[無相]'고 하는 것입니다. 곧 모양 있음과 모양 없음이 마음에 의해 조작된 것임을 사무치게 아는 것이 즉비卽非로 여래를 보는 것입니다. 이 말은 조작으로 모양 짓는 생각이 일어나면 즉각 아님을 알아차리는 힘[卽非]으로 조작하는 마음이 사라지게 되어, 봄 그 자체로 여래가 되는 것이며, "삶이 열려서 나와 너가 없는 무아를 체험했다"는 말입니다. "낱낱의 상相으로 보면 무아이지만, 함께 있는 상태로 보면 공空"이 됩니다. 열림, 함께 함으로는 공이요, 한 개별 형태로는 무아입니다. 무아는 공과 더불어 제 빛을 드러냅니다. 무아이기 때문에 특정한 상으로는 제 모습을 나타낼 수 없으므로 무상無相 입니다.

무아와 무상을 동반한 공의 열림에서는 모든 수행자들이 원願을 가질 수가 없습니다. 만일에 원을 가진다면 열림이 아닙니다. 원 그대로 공성空性이므로 원을 가질 수 없으니 허공을 쥘 수 없는 것과 같습니다. 공·무상·무원입니다. 무아란 '내가 없음'일 뿐만 아니라 '삶의 따뜻한 열림, 복덕'을 뜻합니다.

존재하는 모든 모양[凡所有相]에서 '존재하는 것'이란 집착하는 마음에 의한 한정된 특성으로 갖게[所有] 된 것입니다. 상相 자체가 형태를 갖는 것이 아니라 사유의 대상으로 보는 마음의 집착에 의해서 독립된 상이 있다고 여긴 것이 '존재하는 모든 모양[凡所有相]'입니다. 이와 같이 상 자체에는 상이 없지만 인식된 자기 한계가 상을 상으로 독립시킵니다. 이때 상은 사유에 의해서 분별된 것에 지나지 않기 때문에 분별하는 마음[能]이 사라지면 분별된 상[所]도 저절로 사라지게 됩니다.

완전한 열림인 여래 속에 있게 되다

수행을 하면 몸과 마음의 벽이 엷어지면서 따뜻한[煖] 교류가 일어납니다. '따뜻함'이란 집착된 마음은 아직 있지만, 소유인 상이 사라져 '상과 더불어 따뜻한 기운이 일어나기 시작한 것'을 말합니다. 원래 상에는 상이 없지만, 집착하고 한정하고 사유하는 마음에 의해서 상이 상이 됨을 확실히 알게 됩니다. 그러면서 무아 체험에 대한 수행이 막바지에 이르면서 따뜻한 교류가 정점에 이르는 것을 꼭대기[頂]라고 합니다. 마치 나무를 문질러 불꽃이 일어나기 직전과 같습니다.

　이 따뜻함, 벽이 없는 데서 형성된 지혜를 인忍이라고 합니다. 아직까지 초지初地의 완전한 무아 체험에 의한 자기 열림을 경험하지 못했지만, 일체상에 대하여 분별심에 의한 자기 한계를 짓지 않도록 막고 있는 상태이기 때문에 인이라고 합니다. 세간법으로서 최고인 법[世第一法]은 견도로 들어가는 마지막 한 순간입니다. 세제일법을 넘어 초지로 들어가 '완전한 무아 체험'을 했을 때 비로소 '지혜가 열리게' 됩니다.

　무생법인無生法忍이란 '생멸이 없는 법을 아는 지혜'를 말합니다.

'생겨난다'는 말은 '법을 있는 그대로 보지 못하고 소멸과 상대한 것'입니다. '생과 멸을 상대해서 생법生法이나 멸법滅法이라고 분별하는 것'이 우리의 마음입니다. 그러나 마음 가운데 어느 한 법도 '이것'이라고 결정하지 않는다면 법이 있는 그대로 보입니다. 법화된 법이 없기 때문에 고정된 법이 사라집니다. 곧 생하는 법이 없기 때문에 멸하는 법도 없습니다. 이러한 무생무멸無生無滅의 지혜가 일어난 상태를 무생법인이라고 합니다.

이와 같이 집착하는 마음에 의해서 갖고 있는 분별된 상[凡所有相]은 수행에 의해 사라집니다. 상이 사라지면서 드러나는 것이 공이며 반야입니다. 공·무상·무원은 반야의 삼종삼매이므로 공도 반야요, 무상도 반야요, 무원도 반야입니다. 이것이 '무릇 마음에 의해서 갖게 된 모든 모양은 다 허망한 것[凡所有相 皆是虛妄]'이라는 말입니다. 마음의 소유에 의해서 사유의 대상으로 결정된 결과, 일체의 모든 법들이 만들어집니다. '이들이 모두 꿈과 같고, 물거품과 같고, 허깨비와 같음을 확실히 아는 것이 비상非相'입니다. 그 순간 무엇을 보고 있어도 여래를 보고 있는 것이니, 곧 '완전한 열림인 여래 속에 스스로 있게' 됩니다. 무엇이 여래가 된다는 것이 아니라 '열림 자체가 여래이므로 스스로 여래로 있다'는 말입니다. 여래가 따로 있어서 여래를 보는 것이 아닙니다.

"참으로 복덕을 얻기 위해서 공부를 해라, 이걸 하면 좋은 일이 있으니까 해라"라고 하면, 사람들이 한 번 해 보겠다는 생각을 합니다. 그러나 "너도 없고 나도 없는 것이야말로 한량없는 복이다"라고 한다면, "그 말을 듣고 누가 공부를 하겠습니까?"라고 묻자, 부처님께서 "그런 말 하지 마라[莫作是說]"라고 하시는 대목이 다음 대목입니다.

6. 바른 믿음은 드물고 正信希有分

수보리 장로가 부처님께 여쭈었습니다.

"세존이시여, 뒷날 중생이 이와 같이 말씀하신 가르침을 듣고 참으로 믿는 마음을 낼 사람이 흔하겠습니까?"

부처님께서 수보리에게 말씀하셨습니다.

"그런 말 하지 마라. 여래께서 열반에 드신 후 500년 뒤에도 계율을 잘 지키며 복을 닦는 이들이 있어, 이 경의 가르침에 신심을 낼 것이며 진실이라 여길 것이다. 이 사람들은 한 분 부처님, 두 분 부처님, 세 분, 네 분, 다섯 분 부처님께 선근을 심은 것만이 아니라, 헤아릴 수 없는 부처님께 이미 온갖 선근을 심은 이들이다. 이들은 이 경전의 가르침을 듣고 오롯하게 한 생각에 이르러 청정한 신심을 낼 것이 틀림없음을 알지어다.

수보리야, 여래께서는 이 모든 것을 다 아시고 다 보시니, 이들 중생들은 헤아릴 수 없이 많은 복덕을 받을 것이다. 왜냐하면 이 모든 중생들은 아상·인상·중생상·수자상이 없으며, 존재로서의 실체가 있다는 생각[法相]도 없으며, 비존재非存在로서의 실체가 있다는 생각[非法相]도 없기 때문이다.

왜냐하면 중생들이 마음에 생각[相]을 갖게 되면, 곧 아상·인상·중생상·수자상에 집착하는 것이 되기 때문이다. 법상法相을 갖게 되더라도 아상·인상·중생상·수자상에 집착하는 것이 되며, 비법상非法相을 갖게 되더라도 아상·인상·중생상·수자상에 집착하는 것이 되기 때문이다.

　이렇기 때문에 존재로서의 실체가 있다는 생각[法相]을 가져서도 안 되고, 비존재로서의 실체가 있다는 생각[非法相]을 가져서도 안 된다. 이러한 뜻에서 여래께서는 늘 말씀하셨다. '너희들 비구는 내가 설한 법이 뗏목과 같은 비유인 줄 알아라. 법도 오히려 버릴 것인데 하물며 법 아닌 것을 버리지 않겠느냐.'"

須菩提 白佛言 世尊 頗有衆生 得聞如是言說章句 生實信不 佛告須菩提 莫作是說 如來滅後後五百歲 有持戒修福者 於此章句 能生信心 以此爲實 當知是人 不於一佛二佛三四五佛而種善根 已於無量千萬佛所 種諸善根 聞是章句乃至 一念 生淨信者 須菩提 如來 悉知悉見是諸衆生 得如是無量福德 何以故 是諸衆生 無復我相人相衆生相壽者相 無法相亦無非法相 何以故 是諸衆生 若心取相 則爲着我人衆生壽者 何以故 若取法相 則着我人衆生壽者 若取非法相 卽着我人衆生壽者 是故 不應取法 不應取非法 以是義故 如來常說 汝等比丘 知我說法 如筏喩者 法尙應捨 何況非法

삶 전체가 부처님 모습

'나도 없고 너도 없는 데에 한량없는 복이 있다'는 것을 참으로 알고 귀의하는 사람이 있을 것이라고 하십니다. 삶의 흐름은 항상 여래로 있기 때문에 부처님께서 가신 지 오래 되었다 할지라도, 마음을 비우기만 하면 곧바로 무량한 복덕과 더불어 같이 하게 됩니다. 이 때문에 부처님과 여래께서 돌아가신 지 500년이 지날지라도 신심信心이 생기게 되는 것입니다.

500년이라는 시간은 참으로 묘한 시간입니다. 불교시대사를 크게 나누면 대략 500년을 전후하여 새로운 물결이 일어나 부처님의 가르침이 융성해집니다. 그 변화의 시대에 새로운 운동이 일어나지 않는 부파는 점점 힘이 약해져 사라지고, 시대의 흐름을 이끄는 부파는 다음 500년을 새롭게 준비하게 됩니다. 곧 기존 가르침의 형태가 틀 속에 완전히 갇혀 제 힘을 상실하는 주기가 500년인 듯 합니다.

"지금은 부처님도 계시고 공부 분위기가 익었으니까 공부가 될 만하지만, 먼 훗날 이와 같은 말을 듣고 누가 공부하려고 하겠습니까?"하고 수보리가 묻자 부처님은 "그런 말 하지 마라"라고 하십니다. 그때가 되더라도 부처님의 기운을 아는 이들이 수없이 많이 나타나 새로운 운동으로 부처님의 가르침을 펼 것이니까 걱정하지 말라고 하신 것입니다.

어느 시대에나 '지금 이대로 모든 것이 부처'임을 볼 수 있는 사람이 있기 때문에, 부처님께서 열반에 드신 후 각 시대마다 많은 선지식들의 새로운 불교 운동이 일어났습니다.

일불이불삼사오불천만불소一佛二佛三四五佛千萬佛所란 한 분 부처님, 두 분 부처님 등이라고 할 수도 있겠습니다. 그러나 앞에서 말했듯이 모든 상이 상이 아님을 보는 순간, 스스로 여래가 되어 있어서 나무를 보아도 여래로 같이 있고, 돌을 보아도 여래로 같이 있고, 사람을 보아도 여래로 같이 있습니다. 항상 여래인 생명 속에 같이 있습니다. '나'는 사라지고 여래의 삶으로 같이 있어서 모든 것들이 부처님이 되어 있습니다.

따라서 일불이불삼사오불一佛二佛三四五佛이란 한 분 부처님, 두 분 부처님 등이라고 할 수도 있겠지만, 『반야경』에서 말하는 '복덕과 지혜가 열린 상태에서 함께 하는 모든 것들은 부처님으로서 있다'는 뜻입니다. '삶 자체가 부처님의 모습'이므로 '하는 일마다 부처님 세상에서 선근을 심는다'고 합니다.

모든 모양에는 실체가 없고

모든 모양에는 실체가 없고 조건에 의하여 잠시 나타나는 모습만 있습니다. 만일 실체가 현상의 이면에 따로 있다면, 다음과 같은 것이 성립될 것입니다. 사람이 가고 있을 때는 '사람'과 '움직이는 동작'이 있습니다. 움직이는 동작도 하나의 법이고 사람도 하나의 법입니다. 이 두 개의 법은 서로 상대하고 있습니다.

법과 법이 서로 유일한 실체를 가지고 있다면, 사람은 사람대로 '가는 것'은 '가는 것'대로 분리될 수 있습니다. 그래서 '사람이 간다'는 말은 조건에 의하여 '사람'과 '가는 법'이 만났을 때를 말하지만, 어떤 때는 만나지 않아도 '가는 동작'의 법만 있을 수 있습니다. 이것은 분별된 자아에 대한 연속된 견해일 뿐입니다. 그래서 뒷날 생生·주住·이異·멸滅이 각각 다른 실체를 갖는다고 했을 때 '생은 무엇으로 가능한가'라는 문제만으로도 크게 비판받게 됩니다.

'계를 지키며 복을 닦는 것[持戒修福]'에서 계율을 지킨다는 말은 어떤 뜻입니까? 사람과 동작을 나누어 사람 법은 사람 법대로 동작 법은 동작 법대로 있다면, 각기 자기 실체를 갖기 때문에 사람이 동작에 대해서 문제 삼을 필요가 없습니다. 사람과 동작은 다른 실체이기 때문에 동작이 사람을 의지할 필요도 없습니다. 그래서 '동시·전체'라는 말이 필요가 없습니다. 누구라도 '자기 자신만 잘 살면' 되는 것입니다.

그런데 불법에는 사람과 동작을 나누는 법이 없습니다. 가는 자인 거자去者와 가는 동작인 거법去法이 한 움직임이듯이, 사람과 사람, 사람과 우주가 그대로 한생명이라고 봅니다. 따라서 '계를 지킨다'는 것은 자기 한 사람의 문제가 아닙니다. 우리는 누구나 연기 실상에서의 생명이므로 계를 지키지 않으면 온전한 삶을 살 수 없습니다. 따라서 삶을 온전하게 하는 방법 중 하나가 계를 지키는 것입니다.

우리 업이란 분별에 의한 나눔으로 이루어진 것이라고 했습니다. 나눔으로 이루어진 업은 지속적으로 나누려는 경향만을 나타냅니다.

바른 믿음은 드물고 119

그래서 '나 혼자 잘 살면 되고, 우리 집안만 잘 살면 된다'고 생각하기 때문에, 삶에서 소외되어 괴롭게 됩니다.

그러한 개인과 사회에서는 올바른 삶을 이루지 못하기 때문에 업을 바꾸는 행동이 필요합니다. 업을 바꾼다는 것은, '개체만의 삶, 나만의 것'으로 된 마음이 허깨비와 같음을 확실히 알아차리고 이 마음을 비워 '더불어 함께 참된 삶을 이루는 것'을 말합니다.

우리가 살고 있는 곳은 욕계입니다. 욕계는 '나와 나만의 것만을 이루려는 삶들이 모여 있는 곳'입니다. '나와 나만의 것'을 키우려고 하면 불안과 소외도 커집니다. 이러한 삶은 사회업의 분별인 공업共業과 개인 업의 분별인 별업別業으로 이루어집니다. 이 때문에 우리가 칭찬하거나 헐뜯는 소리에 쉽게 흔들리는 것이 자신뿐만 아니라 사회의 불안을 일으키는 원인도 되므로 스스로 마음을 잘 다스려야만 합니다. 마음이 들뜨면 상相이 나타난 것이고, 마음을 다스려 고요하면 공空이 드러난 것입니다. '공은 온전한 삶의 모습'입니다.

따라서 '계율을 지킨다'는 것은 '나와 사회에 대한 장엄이며 불안과 소외를 없앤 공동의 삶으로 가는 것'을 뜻합니다. 이러한 공동의 삶이 '정토'이며 아름다움과 착함과 성스러움이 드러난 사회를 뜻합니다.

그래서 『반야심경』에서는 "가자, 가자, 깨달음의 열린 세계로, 함께 사는 아름다움으로. 아! 찬연한 빈 삶이여!"라는 주문을 생각 생각마다 이어가라고 합니다. 불안과 소외가 다 없어진 아름다운 정토는 염불을 통해서만 가는 세계가 아닙니다. '나만으로 된 마음을 비우면 바로 드러나는 세계'입니다. 방법은 여러 가지입니다.

계율을 지키고 복을 닦는 것

아름다움과 착함과 성스러움이 어울려서 함께 사는 세계는 성스러움[聖]이 선善과 미美와 어울려 있는 것이며, 선이 성·미와, 미가 성·선과 늘 어울려 있습니다. 아름다움이 아름다움인 것은 성스러움과 착함이 같이 있을 때입니다. 즉 '함께 사는 모습이 아름다움'인 것입니다. 선도 마찬가지입니다. 이와 같이 되어 불안과 소외가 없어진 정토의 세계를 복된 세계라고 합니다. 불안과 소외로 이루어진 '나와 나만의 것'을 추구하려는 것을 막아서, 함께 사는 아름다움, 성스러움과 아름다움과 착함의 세계를 닦는 것이 바로 '계율을 지키고 복을 닦는 것'입니다.

계율을 지키고 복을 닦는 것은 '마음을 버리는 것'입니다. '나를 버리는 것, 나만의 세계를 버리는 것'입니다. 이것은 앞에서 말한 거자去者와 거법去法을 따로 분리시켜 생각하는 '나'를 버리는 것을 말합니다. '함께 사는 아름다움'으로 나를 삼은 사람은 언제 어디서나 부처님의 말씀과 함께 사는 것이며 스스로 깨달음의 말을 합니다. 따라서 이들은 "'나' 없는 데에 참으로 복이 있다"는 것을 꿰뚫어 아는 이들입니다.

이와 같이 계율을 지키고 복을 닦는[持戒修福] 자는 '나 없는 나가 복이며, 상相이 아닌 상[非相]이 참된 상'인 줄 알게 되어 부처님 말씀을 믿게 됩니다. 현재의 삶에서 부처님의 가르침이 여실히 드러남으로써 신심을 낼 수 있습니다. 사람과 동작이 서로 나눠져 '동작은 동작대로, 사람은 사람대로'라는 것은 우리의 생각 속에서만 가능합니다. 그러나 실제로는 이와 같은 일이 일어날 수 없습니다. 사람과 동작이 총체적으로 움직이면서 동시에 주변과 같이 영향을 주고받기 때문입니다. 개개로 보면 상이지만 일상이 전체적으로 드러난 것으로 보면 상이 아닌 상[非相]입니다.

따라서 '상相과 비상非相'은 늘 같이 흘러가면서 나타납니다. 부처님께서 말과 법을 부정하신 것은 사람과 동작, 사람과 사람을 구별하는 분별을 부정하신 것이지, 우리의 삶 자체를 부정하신 것이 아닙니다. 더불어 함께 살면 소외됨이 없어서 따뜻함과 편안함과 안온함을 느낍니다. 부처님 법은 무아 체험과 더불어 '함께하는 삶'이 드러나는 것입니다. 그러므로 부처님 법을 듣고 논리적 이해로만 끝나는 것은 중요한 것이 아닙니다. 무아 체험이 그대로 삶에서 드러나는 것이 신심이기 때문에, 따로 낼 신심이 있는 것이 아니라 삶이 곧 신심이 됩니다.

소외가 없는 삶은 우리를 안온하고 편안하게 합니다. 이러한 삶을 '깨달음의 삶, 열린 삶'이라고 합니다. 깨달음으로 사는 분 옆에 가면 불안과 두려움이 사라집니다. 마치 어린이가 부모님 품에서 따뜻하고 포근함을 느끼는 것과 같습니다. 이와 같이 '나'를 비운 분들은 다른 이들에게 따뜻한 삶의 기운을 보내 주며, 이분들의 삶에는 '나'가 사라진 삶에 대한 믿음만 있습니다. 여기서 신信이란 일반적인 종교의 '믿음'이 아니라 '공空의 체험을 통해서 삶에서 따뜻함을 맛보는 것'을 뜻합니다.

계를 지키고 복을 닦게 되면, '나와 나만의 것'을 추구하는 힘은 점점 줄어들고, '함께하는 삶'은 커지기 때문에 불안과 소외가 없어집니다. 불안과 소외가 없어지면서 삶이 윤택해지는 것을 신信이라고 합니다. 왜냐하면 '신은 무아를 통해서 드러나게' 되기 때문입니다. '나와 나만의 것'을 추구하게 되면 '나'만 많이 가지고 '나'만 크는 삶을 만들게 됩니다. 그런데 '나'가 사라지면서 동시에 '함께 사는 아름다움'을 이루게 되면, 비로소 삶에서 믿음이 생깁니다.

스스로 나 없는 삶을 이루는 것

연기 실상으로 사는 것이 바른 삶이라는 가르침을 확실히 알고 믿는다[於此章句 能生信心]는 말은 무슨 뜻입니까? '나와 나의 것'이 없음을 알게 되면서, 모든 모양은 모양이 아니며 맑고 아름다운 모습으로만 있음을 맛봅니다. 이때 느끼는 감동이 '이 가르침에 신심을 일으킨다'는 말입니다. 누가 나로 하여금 신심을 내게 하는 것이 아닙니다. '나 없는 삶'의 기운을 맛보고는 환희심이 일어나서 '스스로 나 없는 삶을 이루는 것'을 '신심을 낸다'고 합니다. 다른 이를 보고 신심을 내기도 합니다만, 참된 신심은 스스로 우러나야만 합니다. 소외가 사라지고 환희심이 일어나는 곳에서 저절로 신심이 생깁니다.

왜냐하면 "만약 모든 모양이 모양 아님을 본다면 여래를 보리라[若見諸相非相 卽見如來]"는 가르침을 듣고 그것이 자신의 삶에서 온전하게 드러나야만 참된 믿음이기 때문입니다. 이때 비로소 그 가르침을 참된 가르침으로 여깁니다[以卽爲實]. 나·너로 구별된 참됨이 아니라 '너·나가 사라진 세계의 참됨'입니다. 이 가르침은 신심·무아·열림·따뜻함 등으로 말할 수 있습니다. '함께 사는 아름다움을 참된 삶'이라고 합니다.

따라서 이런 사람들은 일상에서 '나와 나의 것'만을 고집하지 않기 때문에, 돌이나 풀 한 포기에 이르기까지 '온전히 함께하는 열린 삶'을 이루게 됩니다. 부처님 세계, 정토입니다. 깨달음으로 있을 때 일불이불一佛二佛부터 천만억 부처님을 전부 다 믿고 따르며 기쁨을 나누는 것입니다.

'상相에서 상 아님으로 가는 행동이 선善'입니다. 선은 진眞과 미美를 같이 포함하고 있고, 성聖을 담고 있습니다. 선한 세계는 불佛의 세계로 향하는 모습입니다. 부처님을 믿고 따르고 부처님 가르침대로 사는 것이 선입니다. 선은 반드시 진과 미를 동반해서 '마음을 비우는 것, 즉 무심[聖]이 되는 것'입니다. 여기서 '선근을 심는다'란 말은 심을 선근이 따로 있는 것이 아니라 '선 자체가 바로 무심이 되어 있는 상태'를 의미합니다.

그래서 '무심으로 사는 사람은 일념一念으로 맑은 신심을 낸다'고 합니다. 일념은 '한 가지 마음, 한 가지 생각'이라는 말이 아니라, "찰나마다 깨어 있어서 '아我'와 '법'의 나눔이 없는 상태"를 말하며 팔정도의 정념正念에 해당됩니다. 예를 들면 걸어가고 있을 때에는 걸어가고 있는 상태를 총체적으로 자각하기 때문에, '나'와 '걸어감'과 '대상' 등으로 나누어 보는 마음이 일어나지 않습니다. 몸과 마음에서 일어나고 사라지는 것을 명확히 알아차려 평온으로 있지 못하면, 지금 여기의 생생한 삶이 사라져 버린 죽은 삶이 됩니다. 따라서 '전체적으로 지금 여기를 알아차리는 것을 일념, 곧 정념으로 사는 것'이라고 합니다.

그러므로 '어떤 생각이나 법이나 그밖에 다른 것에 마음을 집중하는 것'은 완성된 정념이 아닙니다. '지금 여기에서 열림을 향하는 착한 행동'의 바탕이 정념이며 일념입니다. 그래서 걸어갈 때 '걸어감'이 되어야 합니다. 걷는 자와 걸어가는 동작이 일치되어 가는 것, 그래서 궁극적으로 동작과 사람을 나눌 수 없는 것, '자기 전 존재가 동작 속에 그대로 다 드러나는 것이 염念'입니다. 그러므로 일념一念이란 하나 된 전 존재로서 자기가 드러남이고, 이것이 다음 찰나에 이어지는 것을 말합니다. '전후 찰나에서 자기의 전 존재가 동시에 드러나 있는 것'을 하나 됨[一]의 깨어 있음[念]이라고 합니다.

모든 부처님과 더불어 하나 되어 사는 모습

상이 상 아님 속에서 '모든 부처님과 더불어 하나 되어 사는 모습'을 정신淨信이라고 합니다. 스스로 그렇게 사는 것이 부처님의 가르침입니다. 이때는 일념一念이 곧 정신이 됩니다. 일념을 기반으로 해서

정淨에 이르는 것이 아니라, 일념에 이르게 되면 곧바로 삶 속에 진선미의 성스러움이 일어나기 때문에 일념이 바로 정신이 됩니다. '여래께서는 모든 것을 다 아신다[悉知悉見]'는 이유도 여기 있습니다. 여래는 '함께 사는 삶에서 열림'을 표현하는 말입니다. 여기서 '다 안다'는 것은 낱낱의 사상事象에 대한 앎을 말하는 것이 아니라 '삶의 전체를 동시에 꿰뚫고 있는 앎'을 뜻합니다. 자기 한정이 사라졌기 때문에 '막힘 없는 무량한 지혜가 일념에 다 드러난 것'입니다.

여래는 특별한 존재가 아니라 '전체로서 온전한 삶을 사는 분'입니다. 일체 그대로의 세계가 비교가 끊어진 무량한 여래의 앎이기 때문에 여래의 지혜인 반야공관을 수행한 사람들은 누구라도 정신淨信에 이르러 무량한 복덕을 얻습니다. 이때 '얻는다'는 말은 얻음[得]과 얻지 않음[非得]을 뛰어넘는 얻음[得]입니다. '무량한 복덕을 얻는다'란 상대를 벗어난 세계로서, 할 수 없이 득得과 비득非得이라는 말로 표현하지만, 무엇인가 얻을 것이 있다는 뜻이 아닙니다. 이와 같이 득이란 일상의 언어 표현으로는 한계를 갖지만 내용상 실체를 갖지 않는 득입니다.

정신淨信, 곧 무심의 무량한 앎에 이른 중생들은 사상四相이 없으며 '존재로서의 실체가 있다는 생각[法相]'이나 '비존재로서의 실체가 있다는 생각[非法相]'도 없습니다[何以故 是諸衆生 無復我相人相衆生相壽者相 無法相亦無非法相]. 모양[相]이란 분별하여 그것을 실체로 여기는, 법화에 의해 나누어진 모든 생각[相]입니다. 가는 사람과 가는 동작이 따로 있다고 여기는 것이 존재로서의 실체가 있다는 생각[法

相입니다. 가는 사람도 없고 가는 동작도 없다고 하면 비존재로서의 실체가 있다는 생각[非法相]입니다. 어떤 사람은 가는 사람과 가는 동작이 따로 있다고 말하고, 어떤 사람은 가는 사람도 없고 가는 동작도 없다고 합니다.

더 나아가서 비유비무非有非無, 비비유비비무非非有非非無라고도 합니다. 그렇지만 어느 경우도 주어는 거자去者나 거법去法입니다. 거자나 거법을 세운 것 자체가 잘못된 전제이기 때문에 유有니 무無니 비유비무非有非無니 비비유비비무非非有非非無라는 술어 역시 잘못된 표현입니다. 이들은 '아我'와 '법'을 세운 후에 그것이 존재로서 있다거나[有] 또는 비존재로 있다[無]고 말합니다. 곧 법 자체가 이미 유와 무를 떠나 있음을 알지 못한 것입니다. 유라 해도 맞지 않고 무라 해도 맞지 않는 것이 우리들의 삶으로서, 단지 유무를 떠난 불佛의 세계만 있을 뿐입니다. 우리 삶에서 독립된 실체의 유무를 말하지만, 사실 '분별된 실체는 없고 공空으로서의 삶'만 있습니다.

유무의 주체가 이미 아상·인상·중생상·수자상의 다른 표현이므로, 술부인 유무도 사상四相의 범주에 들게 됩니다. 따라서 분별하는 생각을 가지고 살아가는 사람들은 선을 행한다고 해도 반야공관般若空觀에서 말하는 선근을 심는, 정신淨信을 내는 사람이 아닙니다[何以故 是諸衆生 若心取相 卽爲着我人衆生壽者 何以故 若取法相 卽着我人衆生壽者].

이런 까닭에 존재로서 실체가 있다는 생각[法相]을 가져서도 안 되고 비존재로서 실체가 있다는 생각[非法相]을 가져서도 안 된다[是

바른 믿음은 드물고 127

故 不應取法 不應取非法]고 합니다. "한 생각이 떠오르면 떠오른 대로 그냥 놔두라"고 합니다. 이때 '떠오른 대로 놔두라'는 뜻은 일상에서 가스 불을 꺼야 하는데 그것을 끄지 말라는 말이 아닙니다. 이것은 가스를 잠그는 것과 같은 일상생활을 부정하는 것이 아닙니다. 우리의 삶을 지켜보면 모든 것이 변하고 있습니다. 변하지 않는 실체로서 법이 있는 것은 아니지만, 순간순간 변하면서도 저마다 모습을 드러내는 것은 없는 것도 아닙니다. 이 때문에 법이 있다[有]거나 없다[無]는 생각을 해서는 안 됩니다. 순간순간 변화하는 삶 속에서 유론有論이나 무론無論은 모두 '나'를 중심으로 나누어진 생각에 의해서 변하지 않는 절대적인 것이 있다고 보는 태도입니다. 이것은 생각이 갖는 속성인 분별을 통한 알음알이입니다.

설법도 뗏목인 줄 알아라

이때 비구라는 말이 나옵니다. 출가인[比丘]들이 지향하는 삶은 보살의 삶입니다. "보살의 삶을 지향하는 출가자나 재가자는 부처님 법도 취하지 마라"고 여래께서는 늘 말씀하십니다. 그 당시 시대 상황에 따라 중생의 병과 근기에 맞춰 부처님 법문으로 알맞게 처방하셨기 때문에 중생의 병이 사라지면 처방도 필요 없다고 말씀하십니다[以是義故 如來常說 汝等比丘 知我說法 如筏喩者 法尙應捨 何況非法].

보통 설법을 듣고 알아차리는 것은 다른 것과 비교하는 아법我法을 통해서 아는 것입니다. 처음에는 부처님께서 침묵으로 모든 것을 보여주셨습니다. 그러나 대중에게 분별심이 일어나 마음이 흔들렸기 때문에 대중을 위해서 아법을 통한 일상으로 말씀하셨습니다. 그러므로 "그 설법은 병이 나으면 소용없는 약인 줄 알아라"라고 강조하십니다.

우리가 사는 욕계는 '나와 나의 소유[욕심]'를 중심으로 이루어진 세계이기 때문에 욕계에서 일상으로 쓰고 있는 아我나 법法을 통하여 부처님께서 말씀하십니다. 아我나 법을 떠나야 하지만, 아我나 법으로써 말씀하지 않으면 중생들이 이해하지 못하기 때문입니다.

그래서 부처님께서는 "아는 것도 뗏목인 줄 알아라, 나도 뗏목인 줄 알아라, 설법도 뗏목인 줄 알아라"라고 강조하십니다. 설법을 통해서 무엇인가 이해했던 것조차 뗏목인 줄 알아야 합니다. '앎과 법을 버리지 못하면 늘 중생과 부처가 나눠진 세계에 살게' 됩니다. 부처님께서는 '중생과 부처의 나눔이 없는 세계'를 말씀하시는데 그것을 듣는 사람이 중생과 부처를 나누면, 부처님의 말씀을 이해하지 못한 것입니다. 만일 이해했다고 하더라도 그것은 나눔을 통한 욕계의 이해에 지나지 않습니다. 나의 설법을 뗏목의 비유인 줄 알아라. 뗏목으로 건넌 세계, 비유를 통해 이해된 세계인 불법佛法도 버려야 하는데 뗏목이나 비유를 가져서야 되겠느냐法尚應捨 何況非法고 하십니다. 부처님의 말씀인 법도 오히려 버려야 하거늘, 망상에 의해서 성립된 유위법은 더 말할 것도 없다고 합니다.

법과 비법을 떠나 있는 그대로 살아감

이러한 삶을 가장 적극적으로 나타내는 것이 바로 선禪입니다. 어느 스님이 깨달음으로 사는 노스님과 몇 년간 같이 살았지만, 노스님은 법이 무엇인지 법이 아닌 것이 무엇인지 아무 말도 하지 않습니다. 그대로 살아갑니다. 참다 못한 제자가 "불법佛法을 배우러 왔는데 왜 불법에 대하여 한 마디도 하지 않습니까?"라고 하면, "무슨 소리를 하느냐, 나는 네가 오는 날부터 지금까지 불법을 보여 주지 않은 적이 없다"라고 합니다. 참된 스승들은 가르침 없는 곳에서 자기의 전 존재를 드러내, 법과 비법을 떠난 삶을 우리에게 보여 줍니다. 이와 같이 '법과 비법을 떠나 있는 그대로 살아감'을 보여 주는 것이 선입니다. 여기에서 선종禪宗이 『금강경』을 중시하는 이유가 드러납니다.

반야공관의 '빈 마음으로 지켜본다'는 것은 '상相에서 상相을 떠나는 것'이며, '생각으로 안다'는 것은 '마음이 상 아닌 것을 상으로 갖고 있는 것'입니다. 왜냐하면 마음은 유위법으로 분별된 상만을 취하는 특징이 있기 때문입니다. 마음이 따로 상을 취하는 것이 아니라 우리의 '마음 자체가 분별된 상들의 모임'입니다.

그래서 부처님께서 '상을 떠나라'고 하시면 곧 '상에 상대한 비상非相을 생각'하게 됩니다. 마음에서는 '상을 떠났다'면서 비상을 상으로 취하게 됩니다. 상을 떠나면 비상을 취하고, 비상을 떠나면 상을 취하는 것이 우리의 마음입니다. 그런 마음으로는 절대로 상과 비상을 뛰어넘는 것을 경험할 수 없습니다. 무심無心이 되어야 합니다. 불佛과 비불非佛이라고 하는 분별상을 갖게 되면, 부처님께 공양을 드린다 하더라도 그것은 분별상을 더하는 것에 지나지 않습니다.

연기 실상에서는 누구나 다 최고

그래서 중국의 어떤 선사는 부처님께서 '천상천하 유아독존'이라고 말씀하실 때, 자신이 그때 있었더라면 부처님을 열반에 들게 했을 것이라고 말합니다. 왜냐하면 그 말을 듣고 부처상을 특별상으로서 취하기 때문입니다. 과학적 진리나 세속적 진리는 시대에 따라 바뀌기 때문에 '유아독존'이라는 생각을 할 수가 없습니다. 그러나 종교적인 이념으로 "나만이 최고다, 우리의 가르침만이 최고다"라는 사고에 빠져 들어가면 헤어날 줄 모르게 됩니다. 그래서 부처님일지라도 중생들을 혼란케 하면 아니 계신 것만 못하다고 강조한 것입니다. 그것이 무심無心에 대한 표현입니다. 우리의 마음에 부처님을 특별상으로 모시지 않는 것이 중요합니다.

'천상천하 유아독존'이라는 말을 부처님 한 사람만이 최고라고 이해해서는 안 됩니다. 부처님이란 말은 '우주의 생명이 그대로 드러난 한생명'의 온전한 표현입니다. 연기 실상에서는 누구나 다 최고로서, 비교나 상대를 떠난 참된 자기 모습이 모든 생명과 더불어 살아나기 때문입니다. 따라서 석가모니 한 분뿐만 아니라 중생 전체가 한생명으로서 모두 부처님입니다.

그러나 중생의 분별하는 마음은 그 말을 듣고 부처님과 중생, 부처님의 가르침과 다른 가르침 등으로 끊임없이 나눕니다. 끊임없이 이러한 분별에 빠지면 중생에서 벗어날 기약이 없습니다. '천상천하 유아독존'이란 말은 중생 모두에 대한 절대적 긍정인 동시에 중생에게 독약이 되기도 합니다. 그것은 부처님만이 홀로 귀한 존재라는 생각을 내기 쉽게 하기 때문입니다. 그러므로 부처님조차 버려야 한다고 합니다. 부처님조차 버려야 하거늘 다른 것은 더 말할 필요가 없습니다.

본래 있던 깨달음이 드러나는 것일 뿐

이와 같이 중생의 분별하는 마음으로는 절대로 무심無心에 이를 수 없습니다. 마음이 성숙되어서 무심이 되는 것이 아니라 곧바로 마음을 놓아야 무심이 됩니다. 이것이 바로 '들여다보기[觀]'이며 '염념'입니다. 정념 수행을 쭉 하고 있으면 바로 무심이 됩니다. 여기서 마음이 성숙되어 무심이 되는 것이 아닌 것에 주의해야 합니다. 정념 수행을 한다고 마음을 '깨달음으로 성숙'시키는 것이 아닙니다. 왜냐하면 마음이 성숙되어 깨달음이 오는 것이 아니기 때문입니다.

정념이 살아 있는 순간은 현행 분별을 떠나기 때문에 그 영향력으로 '다음 찰나에 분별하는 힘이 줄어들게' 됩니다. 중생의 마음 작용은 늘 분별일 뿐입니다. 정념의 영향력이 점점 커지는 것을 점漸으로 이야기할 수 있습니다. 그러나 이 수행 과정을 점이라 하지만, 정념이 살아 있는 순간에는 분별이 사라졌으므로 돈頓입니다. 따라서 돈의 힘이 증가되어[漸] 완전한 무심에 이르러 다시는 분별심의 작용이 없게 되는 것이 돈오頓悟입니다.

그러므로 점오漸悟를 마음이 성숙되는 과정으로 보아서는 안 됩니다. 깨달음은 마음이 성숙되는 것이 아닙니다. 점차적인 깨달음이란 분별력이 줄어드는 것, 곧 마음의 오염이 엷어지는 것입니다. 그러나 엷은 오염이라 하더라도 오염일 수밖에 없습니다. 그러므로 점차적인 깨달음에 의해서 깨달음이 완성되는 것이 아니라, '오염이 사라지면서 본래 있던 깨달음이 드러나는 것'일 뿐입니다. 그러나 오염된 마음이 줄어드는 것은 깨달음이 드러나는 바탕이 되므로 점차적인 깨달음[漸悟]이라고도 합니다.

불법은 무심에 이르게 하는 것

생각과 대상의 일체가 떠오른 것까지가 오온 중에서 색수상色受想입니다. 이렇게 떠오른 색수상에 대하여 갖고 싶으면 좋아하는 마음[愛]을 내고[取], 갖기 싫으면 싫은 마음[非愛]을 내는[取] 것이 취애取愛, 취비애取非愛입니다. 취取하는 것을 중생의 행行이라고 하며, 마음 지켜보기를 하여 취하지 않는 것[非取]을 행을 닦는 것[修行]이라고 합니다.

색수상色受想이 떠오른 순간 아무것도 취하지 않고 내버려 둡니다. 마음이 취하는 행동을 하지 않게 되면 무심無心으로 흘러가게 되어 있습니다. 이것이 정념正念입니다. '정념으로 일념이 되었다'는 것은 '전 찰나와 후 찰나가 무심 하나로 되었다'는 말입니다. 전후 찰나에 무심으로 일념이 된 것을 '깨어 있음[佛]'이라고 합니다.

이와 같은 무심을 강조하기 위해서 『사십이장경』에서는 무심도인無心道人에게 공양하는 것이 천백 억 부처님을 공양하는 것보다 더 낫다고 합니다. 마음은 반드시 상을 취하도록 되어 있습니다. 따라서 상을 취하지 않으려면, 즉각 무심이 되어야만 합니다. 즉각 비취非取가 되어야만 합니다. 여기서 말하는 취애取愛나 취비애取非愛가 아니어야 합니다. 즉각 비취가 되면 곧바로 무심이 되고, 이를 정념正念 혹은 일념一念이라고 합니다.

이와 같이 비취인 무심의 흐름 속에서는 아인중생수자我人衆生壽者가 있을 수 없습니다. 마찬가지로 법상法相이나 비법상非法相도 없습니다. 법상과 비법상은 '상의 내용을 어떻게 취하느냐'라는 마음가짐의 차이가 있을 뿐이며, 근원적으로는 생로병사의 윤회 속으로 들어가게 됩니다.

'불법佛法은 무심에 이르게 하는 것'이기 때문에, 만일에 불법을 듣고도 무심이 아니면 곧 상을 취하는 마음이 있는 것[有心取相]입니다. 그러면 아무리 불법을 말해도, 그것은 거자去者와 거법去法과 같은 유무에 대한 논쟁에 지나지 않습니다. 불법은 누구라도 곧바로 무심이 되도록 가르치기 때문에 '부처님의 가르침대로 산다'는 말은 '무심으로 있는 분'을 말합니다. 우리는 '무심으로 있는 분'에게서 따뜻함을 느낍니다. 그런 분은 다른 이들을 늘 따뜻하고 안온하게 하는 동시에 저마다의 삶이 잘 살아나게 합니다.

어떤 스님이 공부를 아주 잘하고 있어서 한 노보살님이 환희심을 내서 한동안 뒷바라지를 하였습니다. 어느 날 이제는 공부가 다 되었다고 생각하여 딸을 시켜 스님의 무릎에 앉게 하여 "기분이 어떻습니까?"하고 묻게 합니다. 이에 그 스님은 "마치 바위에 고목이 앉아 있는 것 같다"고 대답합니다. 그 말을 들은 노보살님은 스님이 공부하고 있는 토굴을 불질러 버립니다.

왜냐하면 이 스님은 무생물과 같은 감각의 지멸止滅을 깨달음으로 삼고 있었기 때문입니다. 이때 무심은 유有에 상대되는 무無일 뿐입니다. 그러나 앞서의 무심이란 유무의 무를 말하는 것이 아닙니다.

● 설법만 뗏목이라고 아는 것입니까, 아니면 부처님과 설법을 다 같이 뗏목이라고 아는 것입니까?

먼저 설법이 뗏목임을 뜻하지만, 설법이 아니라 부처님까지도 뗏목으로 알아야 합니다. 중생과 다른 특별상으로서 부처님을 생각하면 안 됩니다. '동시·함께 된 일자一者'라는 의미에서 부처님을 보아야 합니다.

● 가행위加行位란 무엇입니까?

공부하다 보면 정신 집중이 된 상태에서 앎의 장이 이전과 다른 것을 경험하게 됩니다. 예를 들어, 형태가 없어지거나 달라지기도 하고, 형태는 있으나 감각은 사라지기도 합니다. 이때 '대상이란 항상 같은 상태로 존재하지 않는다'는 것을 알아차립니다. 그전까지 우리는 늘 '저것은 저것이다'라고 결정했습니다. 이러한 결정된 인식 태도가 우리의 마음인 집착입니다. 집중과 깨어 있음으로 집착이 엷어지면서 앎의 장이 바뀌고, 이것이 영향을 남겨서 갈수록 수행이 잘 되어 가는 단계를 가행위라고 합니다. 이때가 되면 저절로 공부가 익어 가므로 힘이 들지 않습니다. 그러다가 견도에 이르게 되는데 그 전까지가 가행위입니다. 이 단계를 난煖·정頂·인忍·세제일법世第一法의 네 단계로 나눕니다.

● 공空이란 무엇입니까?
공부해 가다 보면 대상이 사라지면서 대상을 보고 있는 '나'조차도 사라집니다. 그러면서 '대상과 내가 완전히 열림'을 경험하게 됩니다. 이것은 공에 대한 체험으로서 수행을 통해서 드러나는 하나의 현상입니다. 그러다가 수행이 깊어져서 어느 한계를 넘으면 완전한 불佛의 세계, 공空의 세계가 드러납니다. 여기서 '깊다'는 말은 '잠복된 분별 종자의 기운이 바뀌는 것'을 말합니다.

중생의 삶을 흔히 탐·진·치라고 말합니다. 여기에 비해서 수행자의 삶은 삼독심이 사라지는 것을 말합니다. 이 삼독심이 사라지는 것이 공의 세계로서 '함께 사는 따뜻한 마음'입니다. 수행이 익어감에 따라 자기에게 좋은 것을 가지려는 탐심과 자기에게 싫은 것을 밀어내는 진심이 사라집니다. 그러면서 우리의 삶이 온삶으로 같이 있는 것을 알게 되는 것을 지혜라고 합니다. 이때 치심이 다스려진 것이며, 이와 같은 삶을 공이라고 합니다. 공이란 '빈 마음, 빈 삶'이며 '함께 사는 아름다움'이란 이러한 공의 세계가 드러난 것입니다.

● '의意의 상속'과 '지계수복'이란 무슨 뜻입니까?

의식으로 사는 사람들은 누구나 다 '나'밖에 모르게 되어 있습니다. '나'의 한계는 저마다 다를 수 있지만, '나'라는 범주를 벗어나지 않습니다. '의식이 의식을 상속한다'는 말은 '나밖에 모르는 것이 다음으로 이어진다'는 말입니다. 이러한 결과는 삶의 소외를 불러오고, 소외는 고苦를 동반합니다. 반대로 고의 자각을 통해서 올바로 삶을 보는 눈이 생깁니다. 이것이 사성제四聖諦에서 '고苦의 참된 가르침[苦聖諦]'이 제일 먼저 나오는 이유 중 하나입니다.

사회나 개인 문제의 근원에는 '나'를 계속 이어가려는 의意가 있습니다. 따라서 의를 다스리지 않으면, 삶에서 고를 동반한 소외로부터 벗어날 수 없습니다. 의를 어떻게 다스릴 것인가? 의의 자기표현인 신身·구口·의意 삼업三業을 다스리는 것이 계戒·정定·혜慧 삼학三學입니다. '삼학은 나밖에 모르는 영역을 허무는 것'입니다. 그러면서 소외가 없어지고 고가 없어지는 것을 복福이라고 합니다. 곧 '삼학을 닦으면 저절로 복을 닦는 것'입니다.

지금까지 우리는 삶의 전면에 나타난 의意의 한정된 '나'를 살찌우는 것을 복으로 알았습니다. 왜냐하면 자신의 삶을 돌아볼 여유가 없어서 고苦인 삶의 속성을 바꾸려 하지 않기 때문입니다. 의의 대상인 '아我'나 '법'은 허상이므로 삶의 진실에 접근할 수 없습니다. 반조返照한다는 것은 의意 자체를 돌이켜 보는 것입니다.

의意는 끊임없이 대상을 만들면서 자기를 나투기 때문에 대상을 보지 않으면 동시에 의의 작용도 사라지게 됩니다. 의가 없어지게 됩니다. 반조하면서 의를 보려고 하면 의는 없어지게 되어 있습니다.

이것을 『반야심경』에서는 조견照見이라고 합니다.

공간은 대상으로 인식되지 않지만, 우리는 공간을 인식합니다. 의식이 '공간이란 무엇'이라고 결정하는 순간, 한정된 공간이 보입니다. 마찬가지로 의식이 과거·현재·미래라고 결정하는 순간, 한정된 시간이 보입니다. 시간과 공간뿐만 아니라 일정한 형태로써 색色·성聲·향香·미味·촉觸·법法을 보는 인식 태도도 마찬가지입니다. 수행은 거기에서 벗어나는 것으로, 이를 반조返照라고 합니다. 『금강경』에서는 '즉비卽非'라고 하여 '지금 여기에서 즉각 마음[意] 비우기'를 말하고 있습니다.

우리는 과거로부터 흘러온 현재의 어떤 순간에 살고 있는 것이 아닙니다. 시간과 공간 등은 우리의 의意에 의해서 결정된 것으로 의의 자기표현이기 때문에, 결정하고 있는 것 자체가 공空임을 반조하게 되면 시공에서 벗어나 자유로워집니다. 지계수복持戒修福이란 '의를 조견해서 공의 세계를 경험하면서 드러나는 삶'입니다. 공의 세계를 경험하여 의가 거짓인 줄 알기 시작하면, 즉 의가 허깨비인 줄 알게 되면 의는 사라지기 시작합니다. 일체의 유위법은 의로부터 생기는데, 의가 허깨비인 줄 알게 되면서 유위법이 사라지게 됩니다. '허깨비를 허깨비로 볼 줄 아는 것을 지혜'라고 합니다.

7. 얻을 것도 없고 설할 것도 없고 無得無說分

"수보리야, 어떻게 생각하느냐, 여래께서 위없는 바른 깨달음을 얻었으며, 여래께서 설할 바 법이 있겠느냐?"

수보리 장로가 대답하였습니다.

"제가 부처님께서 설하신 법의 뜻을 이해하기로는 위없는 바른 깨달음이라고 할 결정된 법은 없으며, 또한 여래께서 설하실 결정된 법도 없습니다. 왜냐하면 여래께서 설할 바 법은 모두 인식[取, 知]할 수도 없으며, 설할 수도 없으며, 법도 아니며 법 아닌 것도 아니기 때문입니다. 이런 까닭에 모든 현인과 성인은 모두 조작 없는 법[無爲法]으로 차별하고 (법을 알고 설하고) 있습니다."

須菩提 於意云何 如來 得阿耨多羅三藐三菩提耶 如來有所說法耶 須菩提言 如我解佛所說義 無有定法 名阿耨多羅三藐三菩提 亦無有定法 如來可說 何以故 如來所說法 皆不可取 不可說 非法非非法 所以者何 一切賢聖 皆以無爲法 而有差別

하나 됨의 열린 세계

"수보리야, 여래께서 아뇩다라삼먁삼보리를 얻었겠느냐? 여래께서 설할 법이 있겠느냐?"라고 묻고 있습니다. "제가 부처님 법을 이해한 바로는 없습니다"라고 대답합니다. 이때 이해란 '단순한 이해'가 아니라 정견正見으로, '무심無心의 삶을 사는 것'을 말합니다. 곧 "제가 부처님께서 설하신 법의 뜻을 이해한 바"라는 말은 '제가 체험한 무심 속에서 이해한 바'라는 말입니다. 이때 이해란 마음으로 무엇인가를 비교해서 아는 것이 아닙니다.

"위없는 바른 깨달음이라고 할 결정된 법은 없습니다[無有定法名阿耨多羅三藐三菩提]"에서 결정된 법[定法]이란 실체와 같은 말입니다. 결정된 법이기 때문에 다른 것과는 완전히 다릅니다. '무유정법無有定法이란 결정된 실체가 없는 것'으로, 바로 공空의 세계를 말합니다. '하나 됨의 열린 세계'를 부처님께서는 '아뇩다라삼먁삼보리, 곧 위없는 바른 깨달음'이라고 하셨습니다. 또 여래께서는 '하나 됨의 열린 세계'를 설하셨으니 '하나 됨의 열린 세계를 사는 분이 여래'이기 때문입니다.

'하나 됨의 열린 세계'를 경험한 사람만이 '정해진 법이 없다'는 것을 말할 수 있습니다. '하나 됨의 열린 세계'란 결정되거나 실체가 있다는 생각으로 알 수 있는 유위법을 떠난 세계를 말합니다. '하나 됨의 열린 세계'는 비교나 유무를 떠나 있기 때문에 알 수도 없고, 말할 수도 없습니다. 여기서 취取와 설상說相이 곧 분별인 것을 알 수 있습니다.

일념의 아름다움 속에 있다

마음을 비워서 일념이 된 사람은 취애取愛나 취비애取非愛가 일어나지 않지만, 중생인 이상 취착取着하는 마음이 일어납니다. 이 순간 일어나는 마음을 그대로 지켜만 보면, 의지로써 다음 찰나에 취착取着을 상속하지 않기 때문에 취착하는 마음이 점점 사라져갑니다. 그렇다고 이 사람의 삶이 일상에서 멍하니 있는 것이 아닙니다. '나'를 중심으로 한 자아의 삶은 사라졌지만, '함께하는 열림'으로서 삶은 있습니다. 이와 같이 '일념 가운데 함께 사는 아름다움이 일상에서 일어나는 것'을 성인과 현인께서는 낱낱이 알고 설해 주시는 것입니다[而有差別].

여기에는 자의식만으로 한정된 세계를 떠나 '전체상의 세계와 함께하는 낱낱의 안온한 삶'이 있으니 이를 무위법無爲法이라고 합니다. 자아를 중심으로 무엇인가를 취하는 것이 사라진 것입니다. 통찰력으로써 자아 중심적 사고에 바탕을 둔 수상受想의 뿌리가 모두 사라진 것입니다. 그래서 우리를 '일념의 아름다움 속에 있게' 합니다. 무위법은 자아 중심적인 사고에서 벗어난 '동시에 함께하는 아름다움의 세계'입니다. 이러한 '빛나는 마음이 가지가지로 있는 것'을 성인과 현인들께서 낱낱이 보여 주고 있습니다[一切賢聖 皆以無爲法 而有差別].

● 무유정법 명아뇩다라삼먁삼보리에서 아뇩다라삼먁삼보리라고 부르는 일정한 법이 없다고 볼 것인지, 아니면 무유정법無有定法을 아뇩다라삼먁삼보리라고 부르는 것인지요?

아뇩다라삼먁삼보리란 무상정등정각無上正等正覺으로 '상하가 없되[無上] 저마다의 모습을 잃지 않고[正等] 항상 깨어 있는[正覺] 삶'을 나타내는 말입니다. 상하가 없으므로 어느 하나가 기준이 될 수 없으며, 각자의 모습을 잃지 않으므로 어느 하나가 대표가 될 수 없고, 항상 깨어 있어 삶을 그대로 보기 때문에 무상無常·무아無我의 모습을 잃지 않아 무유정법입니다. 여기에 비추어 보면 '무유정법이 아뇩다라삼먁삼보리'라고 할 수 있으며, 또 무유정법이란 말 자체에 스스로 제 모습을 가지고 있지 않으므로 '아뇩다라삼먁삼보리라고 결정된 법은 없다'고 해도 됩니다.

　사실 무상정등정각은 할 수 없이 붙여진 이름으로, 말의 한계를 벗어난 세계를 나타내는 자기 부정을 동반한 말입니다. 무상정등정각이라는 말도 온전한 불佛의 세계를 나타내는 알맞은 표현이 아닙니다. 이는 무상·무아·공 등의 다른 이름으로서 내용상 이미 정체성을 띠지 않습니다.

● 일념이란 무엇입니까?
수행이 깊어 '전후 찰나에 전체가 무심無心으로 있는 것'을 일념이라고 합니다. 곧 무위법으로 늘 전체의 삶을 살아가고 있는 것을 말합니다.

● 현성賢聖이란 무엇입니까?

현인賢人과 성인聖人을 말합니다. 나누는 기준에 따라 현성의 범위가 달라집니다. '무아無我에 대한 체험[見道]을 중심'으로 수도에 들어가는 분들을 성인으로 볼 때, 그 전까지 부처님의 가르침을 바르게 이해하고 부처님께 완전히 귀의하여 정념正念 수행을 하는 분이 현인입니다.

그러다 수행이 깊어져 가행위에 이르면서 다음 네 가지 과정을 지나 견도에 듭니다. 먼저 대상이 공空한 줄 아는 것이 난煖입니다. 난의 수행이 점점 깊어져서 '대상'이 완전히 사라지고 '나'까지 사라지는 상태에 이르는 것이 정頂입니다. 그 다음에 '대상과 나'가 사라져 드러나는 공의 지혜를 지켜가는 것이 인忍입니다. 위 세 과정을 거친 수행의 힘으로 견도見道에 들어가는 마지막 한 순간이 세제일법世第一法입니다.

이와 같이 완전히 귀의하는 믿음으로부터 대상과 '나'가 공함을 체험하여 지혜가 점점 익어져서 견도하기 전까지가 현賢입니다. 세제일법 이후는 견도로서 그때부터는 성인입니다. 견도 이전은 반야 수행을 통해서 형성된 '공의 지혜가 확고히 굳어지는 단계'를 말합니다. 또는 부처님만 성인이고 그 전은 현인이라고 해도 관계없습니다.

그러나 '현성의 기준을 어디에 둘 것인가'라는 문제보다도 성인들의 수행은 궁극적으로 '공의 세계를 자기 삶 속에서 드러나게 하는 것'임을 아는 것이 더 중요합니다. 순간순간 '나와 나의 것'을 중심으로 일어나는 생각들이 사라진 것이 성인들의 삶입니다. 살아가면서

'나'가 일어나는 것을 잘 지켜보아 '나'를 비우면 곧 현인과 성인의 삶을 체험하는 것입니다.

◉ 염념불리심念念不離心이란 무슨 의미입니까?

염념은 '생각생각으로[意識] 이어진다'는 말입니다. 생각생각에 앞 찰나에도 부처님을 생각하고, 뒤 찰나에도 부처님을 생각하면 마음에 욕계의 수상受想이 떠오를 틈이 없습니다. 한 찰나의 의식에는 한 가지 생각밖에 있을 수 없으니, 한 찰나에 안식眼識과 이식耳識과 비식鼻識 같은 것은 동시에 일어날 수 있지만, 인식 내용이 같은 식에 동시에 일어나지는 않기 때문입니다.

그래서 전후 찰나의 마음마음마다 부처님을 계속 생각하면, 번뇌로부터 저절로 멀어지게 됩니다. 번뇌의 마음이 사라지는 것을 수행이라고 합니다. 통찰력이 번뇌를 멸해서 염념에 부처님의 가르침이 살아나게 됩니다. 공空을 체득해서 '동시에 전체가 된다'는 것은 '자기 열림을 염념으로 이어간다'는 말입니다.

◉ 복덕福德이란 무엇입니까?

복덕이란 '자기 열림과 사회 열림'을 말합니다. 따라서 '복을 닦는다'는 말은 재물[財]·이성[色]·음식[食]·명예[名]·목숨[壽]에 대한 복을 뜻하는 것이 아니라 '자신이 열린 세계를 닦는 것'을 의미합니다. '따뜻하고 안온한 열린 마음으로써 함께 사는 것'이 피부로 더 느껴지기 때문에 복을 닦는다고 합니다. 곧 소외되거나 불안한 마음이 없는 무아無我의 삶을 살아가는 것을 말합니다.

8. 법에 의지해서 나오니 依法出生分

"수보리야, 어떻게 생각하느냐, 만약 어떤 사람이 한량없는 세계인 삼천대천세계를 가득 채운 일곱 가지 보배로 보시한다면 이 사람이 받을 복덕이 많겠느냐?"

수보리 장로가 대답하였습니다. "대단히 많습니다, 세존이시여. 왜냐하면 이 복덕은 곧 복덕의 성품이 아니기 때문입니다. 이런 까닭에 여래께서 복덕이 많다고 하셨습니다."

"만약 어떤 사람이 이 경에 있는 사구게 등을 받아 지녀 다른 사람을 위하여 설명한다면 이 복은 (삼천대천세계를 가득 채운) 일곱 가지 보배로 보시하는 것보다 뛰어나리라. 왜냐하면 수보리야, 모든 부처님과 부처님들의 위없는 깨달음이 모두 이 경으로부터 나왔기 때문이다. 수보리야, (법의 실체가 없는 연기 실상이 불법이므로) 불법도 곧 불법이 아니다."

須菩提 於意云何 若人 滿三千大千世界七寶 以用布施 是人 所得福德 寧爲多不 須菩提言 甚多 世尊 何以故 是福德 卽非福德性 是故 如來說 福德多 若復有人 於此經中 受持 乃至 四句偈等 爲他人說 其福勝彼 何以故 須菩提 一切諸佛 及諸佛阿耨多羅三藐三菩提法 皆從此經出 須菩提 所謂佛法者 卽非佛法

삼천 대천 세계가 곧 중생의 업

부처님께서 수보리에게 "삼천대천세계를 가득 채운 일곱 가지 보배로 보시하는 사람의 복덕이 많겠느냐?"라고 물으십니다. 수보리가 "그 복덕은 복덕성이 아닌 까닭에 참으로 많습니다"라고 대답합니다. 『카오스』라는 책을 보면 "뉴욕에서 태풍이 일어나는 원인은 북경에서 나비가 나풀거리기 때문"이라고 합니다. 부처님께서는 "마음이 움직이면 현상이 움직인다"고 하십니다. 마음이 움직이면 세계도 움직이는 변화 속에 있습니다. 잠시도 쉬지 않는 '중생들의 마음이 어떻게 움직이는가'에 따라서 세계도 끊임없이 변화하고 있습니다. 그래서 잠시도 쉬지 않고 분별하는 중생의 마음은 마치 길들이지 않은 야생마와 같다고 했습니다.

과학에서 우주란 '세계에서 가장 큰 천체 망원경이나 위성으로 관찰이 가능한 세계'입니다. 불교의 우주란 삼천대천세계로서 '삼매를 통해서 체험된 세계'를 말하므로 쉽게 이해할 수 없습니다. 그러나 이 모든 세계는 잠시도 쉬지 않는 성주괴공成住壞空의 변화 속에 있습니다. 헤아릴 수 없는 크기인 삼천대천세계의 하나하나 세계는 중생의 의지의 흐름을 동반한 대기의 움직임으로부터 처음 생긴다고 합니다.

이러한 세계 가운데 예를 들어, 허블 망원경으로 관측이 가능한 것을 하나의 세계라고 합시다. 이 세계가 천 개 모이면 소천 세계라고 합니다. 이 소천 세계가 천 개 모이면 중천 세계라고 합니다. 중천

세계가 다시 천 개 모이면 대천 세계라고 합니다. 이와 같이 십억 개의 세계가 모여 있는 것이 삼천대천세계입니다. 소천·중천·대천 이라고 하여 삼천입니다. 십억 개의 세계가 모여 있다고 말하지만 사실은 한량없는 세계를 말합니다.

　십억 개나 되는 모든 세계가 잠시도 쉬지 않고 성주괴공成住壞空의 과정에 있는 것은 잠시도 쉬지 않는 중생들의 업에 의해서 입니다. 중생의 의식 흐름은 본래 분별의 움직임이기 때문에 이것이 북경의 나비뿐만 아니라 태양계, 나아가 삼천대천세계 전부를 움직이는 것입니다. 바꿔 말하면 '삼천대천세계가 곧 중생의 업이 나타난 것'입니다.

동시·전체의 삶으로 보시하기

그렇게 해서 형성된 "이 어마어마한 세계를 전부 덮을 일곱 가지 보배로 보시를 하면, 그 보시공덕이 크겠는가, 작겠는가?"라고 묻습니다. 그 말을 듣고 수보리는 "크다"고 대답합니다. 수보리가 "크다"고 한 것은 복덕의 성품이 아니기[無福德性] 때문이라고 합니다. 복덕이 밖으로 드러나는 것이 복덕의 모양[福德相]입니다. 그리고 이 상相이 상이게 하는 변하지 않는 절대적인 것을 성性이라고 합니다.

　성性과 상相의 관계에 대해서 여러 가지 이야기가 있습니다만, 일반적으로 성은 본질이고 상은 현상으로서 이 상은 성이 드러난 것이라고 합니다. 그러면서 성은 변하지 않고 상은 변한다고 합니다.

그런데 변하지 않는 성으로부터 변하는 상이 나왔다면 옳지 않습니다. 성이 절대 불변이라면 거기에서 변화된 상이 나올 수 없기 때문입니다.

또 만일 성이 변해서 상으로 나타난다면 성이 불변한다는 말을 할 수가 없습니다. 따라서 성의 본성이 변하지 않는다면 상이 생길 수 없고, 상이 생긴다면 성이 불변한다는 말을 할 수가 없습니다. 이것이 '성상동이性相同異의 모순'으로 성상性相의 분별을 부정하는 것입니다. 원래 성과 상 자체는 실체가 없으며 연기 실상인 중도中道만 있을 뿐입니다. 이와 같이 성과 상은 따로 세울 수도 없으며 일체법에 저마다 성이 따로 있는 것도 아닙니다.

그러나 우리는 관계 속에서 서로 작용하고 있는 전체성은 보지 못하고 상은 상대로 성은 성대로 분별하고, 또 분별된 일체가 제각기 다른 성을 가지고 있다[四相]고 생각합니다. 이것은 삶을 제대로 보는 것이 아니며, 하나 됨의 세계 자체를 부정하는 것입니다. 따라서 저마다 분별된 특성으로서 복덕성을 염두에 둔다면, 삼천대천세계를 가득 차게 보시하더라도 진정한 보시가 아닙니다.

그러나 보시를 해도 복덕을 받을 '나'가 없다는 것을 아는 사람은 복덕성이 없이 보시했기 때문에 복덕이 많다고 합니다. 이때에는 상과 상, 상과 성이 일체가 된 한 흐름으로 작용하여, '동시·전체의 삶으로 보시'하기 때문에 '많다[多]'고 합니다. 개별적 실체가 없는 것을 확실히 아는 무아의 체험에서 드러나는 자신과 사회에 대한 열림을 '복덕이 많다'고 합니다. 그러나 이와 같이 많은 복덕도 이 경에 나오는 사구게四句偈 등을 수지受持하여 다른 사람을 위해서 설하는 복보다는 적다고 합니다.

밝게 빛나는 마음

『금강경오가해』의 서문을 보면, 백암 성총 스님이 "나에게 한 권의 경이 있는데 종이나 먹으로 쓰여진 것이 아니다. 펴 보면 한 글자도 없지만, 항상 대광명을 발한다[我有一卷經 不因紙墨書 展開無一字 常放大光明]."고 했습니다. 『반야경』에서는 빈 모습[空相]으로 사는 우리의 삶을 '밝게 빛나는 마음'이라고 했습니다. 이 시의 대광명大光明이 바로 밝게 빛나는 마음입니다 그리고 '밝게 빛나는 마음'이 곧 『금강경』입니다.

 삶을 투철하게 지켜봐서 '나'가 사라지게 되면, 그 가운데는 '밝게 빛나는 마음'만 있습니다. 이때는 보이는 '대상'과 보는 '나'가 사라진 하나 됨 속에서 밝게 빛나는 마음으로 있습니다. 이와 같이 사는 사람은 '복덕이 많다'고 하는데 '밝게 빛나는 마음'은 전체성 속에서 작용하고 있기 때문입니다. 밖으로 드러난 분별된 상相의 모습으로는 '밝게 빛나는 마음'과 비교할 수 없기 때문에, 이 경[밝게 빛나는 마음 곧 자신의 금강경]의 사구게四句偈 등이 복덕이 많다고 하는 것입니다.

 이것은 우리 마음 가운데 있는 분별의 세계가 사라져 '밝게 빛나는 모습'이 드러난 것입니다. 이것은 곧 '만약 모양이 모양 아님을 본다면 곧 여래를 보리라[若見諸相非相 卽見如來]'라는 가르침으로, 말로 나타낼 수 있는 모양을 떠난 '밝게 빛나는 마음'을 뜻합니다. 육바라밀의 하나하나는 나머지 다섯 바라밀을 동반해야만 그 덕목이 살아납니다. 그러므로 육바라밀의 일체 덕목을 다 함유하고 있는 '밝게 빛나는 마음'이 살아 있을 때, 우리는 비로소 『금강경』의 사구게 등을 수지受持하는 것입니다.

즉비를 동반해 열림으로 가다

『금강경』에서 받아 지닌다[受持]는 말은 곧 받아지니는 것이 아닙니다[卽非受持]. 『금강경』에서 쓰는 말은 '즉비卽非'가 그 안에 담겨 있는 말입니다. '수보리'는 '즉비수보리'요, '어의운하'는 '즉비어의운하'요, '약인若人'도 '즉비약인'이 되어야만 비로소 『금강경』의 뜻이 살아나게 됩니다. '사구게 등을 수지한다'는 말은 일체의 모든 행동, 색·수·상·행·식의 작용이 있는 곳마다 '항상 즉비를 동반해서 열림으로 가는 것'을 뜻합니다.

그러므로 "『금강경』의 어떤 구절을 알고 있다"는 말은 즉비가 들어 있는 말이 아닙니다. 즉비가 들어 있지 않은 말은 번뇌만을 일으키게 됩니다. 이때는 "『금강경』의 한 구절이라도 다른 이를 위해서 설하는 것이 무엇보다도 뛰어나다[爲他人說 其福勝彼]"라는 말을 할 수 없습니다. 왜냐하면 '다른 사람을 위해서 설한다'고 하면, 거기에는 '나도 있고 다른 사람도 있기' 때문입니다. 아我와 법法이 있는 사회는 『금강경』에서 말하는 반야의 '밝게 빛나는 마음'을 전혀 알 수 없습니다. '다른 사람을 위해서 설하는 것이 곧 다른 사람을 위해서 설하는 것이 아니어야만[爲他人說 卽非爲他人說]' 나도 없고 너도 없는 가운데 다른 사람이 됩니다.

여기서 '다른 사람'이란 무위법無爲法인 '어울림의 표현으로서 다른 사람'이 되는 것입니다. 곧 단순한 인식 대상으로서 '나와 너'가 아니라, '너가 없으면 내가 없는 관계로서 너가 되어야만' 합니다. 자타가 하나로 열려 있기 때문에 '복덕을 지혜와 자비'라고 합니다. '지혜는 열림'이요, '자비는 중생의 병에 따른 열림에서 나오는 낱낱의 행동'입니다. 복은 '지혜와 자비의 다른 모습'이기 때문에 가장 뛰어난 것입니다. 삼천대천세계 전체를 일곱 가지 보배로 가득 차게 보시하는 것보다도 뛰어난 공덕입니다.

자기 버리기

보시에 재시財施·법시法施·무외시無畏施의 세 가지가 있습니다. 다른 사람들에게 보시하는 사람들은 많지만, 보시한다는 생각 없이 보시하거나 자기 자신에게 보시하는 사람은 드뭅니다. 사회 환경의 역할도 크겠지만 키가 크고 작음에, 코가 높고 낮음에, 병이 있고 없음에 관계없이 '자신의 삶 자체를 고맙게 생각하는 마음을 일으키는 것'이 자신에게 하는 보시입니다. 시施는 '자기 버리기'가 따르므로 보시를 하면 저절로 '자기 버리기'가 이루어집니다. 자기 주변에 보이는 풀 한 포기, 돌멩이 하나라도 예사롭게 보지 않고 감사하고 고마운 마음으로 살면서 이웃과 나누는 것이 『금강경』에서 말하는 재시財施입니다.

　이와 같이 '자기 버리기'가 이루어져 '이웃과 더불어 하나 된 삶'으로 사는 것을 법시法施라고 합니다. 하나 된 마음의 법시가 이루어지면 자신과 이웃에 대하여 두려운 마음이 생기지 않아 포근한 마음으로 감싸게 됩니다. 이와 같이 '포근한 마음을 나누고 포근한 마음으로 감싸는 것'을 무외시無畏施라고 합니다.

　자신의 병과 죽음에 대해서까지도 참으로 포근한 마음이 일어나면 만나는 사람이나 대상에게 보시가 이어집니다. 자신에게 참된 재시·법시·무외시가 일어나면서 '자기 버리기'가 이루어져 '이웃과 더불어 동시에 함께 사는 세계'로 가게 됩니다. 이것이 자비와 지혜이며 수지受持입니다. 수지란 "즉비卽非와 '자기 버리기'를 통하여 자비와 지혜로 사는 것"을 말합니다. 그러나 '자기 버리기'가 이루어지지 않고 즉비가 아니라면 자기 한계를 벗어나지 못합니다.

'나'와 '돌'이 함께 한생명의 장을 이루기 때문에 '나'와 '돌'을 나누어서 '나에게만 불법佛法이 있고, 돌 속에는 불법이 없다'고 생각하지 않습니다. 이때 비로소 불법이 살아납니다. 불법이 불법이 아닐 때 불법은 하나 됨 속에서 참으로 살아납니다. 불법이 아니라는[非佛法] 말도 어떤 것을 부정하는 것이 아닌 것과 같이, 불법이라는 것[佛法]도 어느 것을 긍정하는 것이 아닙니다. 즉비卽非를 통해 긍정과 부정을 떠난 데서 드러난 '하나 된 열린 세계'에서는, 지혜와 자비 속에서 비불법非佛法이나 불법이 동시에 함께 살아납니다. 이때 긍정으로 보이는 불법과 부정으로 보이는 비불법이 동시에 사라지고, '불법과 비불법이 하나로 녹아난 것이 깨어 있는 삶'입니다.

분별에 의한 생각이 일어나고 사라지는 것[念起念滅]을 생사라고 합니다. 이때 염念이란, 예를 들어 불법과 비불법으로 나눈 생각이 일어난 것을 말합니다. 불법과 비불법으로 분별이 일어나면[念起] 태어남이 되고, 분별이 사라지면[念滅] 죽음이 됩니다. 이것은 불법과 비불법으로 서로 상대하여 분별하는 것이므로 '깨어 있는 삶'이 아닙니다. 이와 같이 나누어진 모습으로 일어나고 사라지는 생각을 생生과 사死라고 합니다.

생과 사를 상대해서 분별하는 생각을 떠나 그대로 전체가 된 삶의 모습이 '지혜와 자비'입니다. 본래 전체로서 하나 됨 속에 낱낱으로 있는 삶이지만, 우리가 생과 사를 나눔으로써 실제로는 없는 생사가 일어나게 된 것입니다. '정념'은 '일어나고 사라짐을 지켜만 보는 것'이고, '생사'는 '생각이 일어나고 사라지는 가운데 탐심이나 진심을 쫓아가는 것'입니다.

한 생각이 일어나고 사라짐을 지켜봄으로써 탐심과 진심이 없어지면, 자연스럽게 재시·법시·무외시가 일어납니다. 이때 곧바로 긍정과 부정을 뛰어넘는 세계 속에 있게 됩니다. 즉비卽非란 긍정과 부정을 뛰어넘어 참으로 우리 삶을 일깨워 주는 바탕이 됩니다. 이것이 '지켜보기'입니다. 이를 통해서 생과 사로 분별하는 마음이 일어난 즉시 알아차리면, 탐진치가 쉬게 되면서 즉각 자유로워집니다. 곧 즉비를 통해 불법으로부터도 자유로워집니다. 이때 비로소 불법도 살고 비불법도 살게 됩니다. 여기서 '불법자 즉비불법佛法者 卽非佛法'이란 '즉비를 통해서 두 가지가 함께 살아나는 것'입니다. 이것을 위없는 바른 깨달음[阿耨多羅三藐三菩提法]이라고 합니다. '깨달음이 모두 이 경으로부터 나왔다'는 것은 '정념正念으로부터, 즉비로부터 나왔다'는 것을 말합니다.

9. 하나 된 모습에는 모습조차 없고 —相無相分

"수보리야, 어떻게 생각하느냐, 수다원이 '나는 수다원과를 얻었다'는 생각을 하겠느냐?"

수보리 장로가 대답하였습니다.

"그렇지 않습니다, 세존이시여. 왜냐하면 수다원을 실상의 평안한 흐름에 든 사람[入流]이라고는 하나, 참으로 들어갈 곳이 없으니 형색·소리·냄새·맛·접촉되는 것·마음의 대상, 그 어디에도 들어가지 않는 사람을 수다원이라고 하기 때문입니다."

"수보리야, 어떻게 생각하느냐, 사다함이 '나는 사다함과를 얻었다'는 생각을 하겠느냐?"

수보리 장로가 대답하였습니다.

"그렇지 않습니다, 세존이시여. 왜냐하면 사다함은 다시 한 번 인간 세상에 태어나 깨달을 사람[一往來]이라고는 하나, 참으로 가고 옴이 없는 사람을 사다함이라고 하기 때문입니다."

"수보리야, 어떻게 생각하느냐, 아나함이 '나는 아나함과를 얻었다'는 생각을 하겠느냐?"

수보리 장로가 대답하였습니다.

"그렇지 않습니다, 세존이시여. 왜냐하면 아나함은 욕계에는 다시 태어나지 않는다[不來]고는 하나, 참으로 다시 태어나지 않는 것도 없는 사람을 아나함이라고 하기 때문입니다."

"수보리야, 어떻게 생각하느냐, 아라한이 '나는 아라한도를 얻었다'는 생각을 하겠느냐?"

수보리 장로가 대답하였습니다.

"그렇지 않습니다, 세존이시여. 왜냐하면 아라한이라고는 하나, 참으로 아라한이라고 할 어떤 실체도 없기 때문입니다. 세존이시여, 만약 아라한이 '나는 아라한도를 얻었다'고 생각한다면, 곧 아상·인상·중생상·수자상에 집착하는 것입니다.

세존이시여, 부처님께서 저를 '다툼 없는 삼매[無諍三昧]를 얻은 사람 가운데 가장 뛰어나다'고 말씀하시니, 이는 욕망을 떠난 데는 으뜸가는 아라한일 것입니다. 그러나 저는 '욕망을 떠난 아라한이다'라고 생각하지 않습니다. 세존이시여, 제가 만약 '아라한도를 얻었다'고 생각한다면, 세존께서 '수보리는 다툼을 떠난 고요한 삶[阿蘭那行]을 즐기는 사람'이라고 하지 않으셨을 것입니다. 그러나 제가 참으로 행하는 바가 없기 때문에 저를 '다툼을 떠난 고요한 삶을 즐기는 사람'이라고 하시는 것입니다."

須菩提 於意云何 須陀洹 能作是念 我得須陀洹果不 須菩提言
不也 世尊 何以故 須陀洹 名爲入流 而無所入 不入色聲香味觸法
是名須陀洹 須菩提 於意云何 斯陀含 能作是念 我得斯陀含果不
須菩提言 不也 世尊 何以故 斯陀含 名一往來 而實無往來 是名斯
陀含 須菩提 於意云何 阿那含 能作是念 我得阿那含果不 須菩提
言 不也 世尊 何以故 阿那含 名爲不來 而實無不來 是故 名阿那含

須菩提 於意云何 阿羅漢 能作是念 我得阿羅漢道不 須菩提言
不也 世尊 何以故 實無有法 名阿羅漢 世尊 若阿羅漢 作是念
我得阿羅漢道 卽爲着我人衆生壽者 世尊 佛說 我得無諍三昧人
中 最爲第一 是第一離欲阿羅漢 世尊 我不作是念 我是離欲阿羅
漢 世尊 我若作是念 我得阿羅漢道 世尊 則不說須菩提 是樂阿蘭
那行者 以須菩提實無所行 而名須菩提 是樂阿蘭那行

삶은 동시·함께의 흐름

첫머리에 부처님께서 "수다원과에 든 수행자가 수다원과를 얻었다고 생각하겠느냐"라고 묻습니다. 삶은 동시·함께의 흐름입니다. 이와 같이 '동시·함께의 흐름 속에 들어 있는 사람을 성인'이라고 합니다. 수다원 곧 입류는 '실상의 평안한 흐름에 든 사람'으로서 '성인의 삶 속에 들었다'는 것을 의미합니다. '동시·함께 하는 흐름으로 사는 성인' 가운데 첫 번째과[初果]가 수다원입니다.

　수다원이 되면, 첫째로 아상我相이 없어지면서 무아無我를 확실히 체험합니다.『팔천송반야경』에 보면, 아상·인상·중생상·수자상이라 하지 않고, 아견我見·인견人見·중생견衆生見·수자견壽者見이라고 하는 데에 주의를 기울여야 합니다. '아我 등은 존재하는 것이 아니라 우리의 견해에 의해서 있게 된다'는 뜻입니다. 다시 말하면 '사유에 의해서 형성된다'는 것입니다.

그런데 즉비卽非, 곧 정념正念이 살아 있으면 망념이 없어집니다. 망념은 '나와 너의 분별[치심]을 바탕으로 탐심과 진심을 일으키는 생각'인데, 즉비를 동반한 정념으로 그와 같은 망념이 사라집니다. 망념이 사라지면서 지금까지 '나'라고 하는 것, 또는 '나의 것'이라고 하는 것이 사라집니다. 그 상태에 들면 본래 '나'가 없다는 것을 경험하면서 '동시·함께하는 흐름'으로 들어갑니다. 지금까지 '나'라고 생각한 것이 허물어지면서 흐름의 무無 속으로 들어가게 됩니다. '나'만을 위한 생각이 저절로 사라지면서 지혜와 자비의 흐름 속으로 들어갑니다.

두 번째, 부처님과 가르침에 대한 신심이 생깁니다. 부처님께서는 "부처님의 가르침은 부처님의 가르침이 아니다[佛法者 卽非佛法]"라고 합니다. 지금까지는 부처님이 목표로 되어 있었습니다. '나'가 있었고, 수행을 통해서 깨달음[佛]이라고 하는 목표로 가겠다고 생각했습니다. 마음을 닦아[修心] 깨닫는다고 했습니다. 물론 마음을 닦는다는 말을 어떻게 해석하느냐에 따라 다르겠습니다만, 여기서는 '유위법으로 마음을 닦는다'는 말입니다.

자아의식을 버리지 않으면서 마음을 계속 닦으면 보통 사람보다 뛰어난 능력은 향상될 수도 있지만 무위無爲의 마음은 아닙니다. 마음의 집중력이 강해져 새로운 세계를 보면서 사람의 한계를 뛰어넘는 여러 가지를 경험할지라도 깨달음[佛]에는 이르지 못합니다. 왜냐하면 '깨달음은 무심無心을 통해서만' 일어나기 때문입니다.

곧 유위의 일체법, '나와 너를 나누는 일체의 작용이 사라진 곳',

불법佛法이 곧 불법이 아닌 곳에 깨달음이 드러납니다. '지혜와 자비가 하나 된 흐름에서만 무심의 세계, 깨달음의 세계가 열립니다.' 지금까지 우리 부처님, '나' 등의 어떤 한계, 또는 불법이라는 한계 속에서 무엇인가를 얻으려고 생각했던 것이 잘못된 것임을 알게 됩니다. 그에 따라 긍정과 부정을 동시에 지향한 즉비의 세계를 경험하면서 부처님 말씀에 대한 믿음이 형성됩니다.

세 번째, 삶이 동시에 함께임을 경험했기 때문에 '연기법을 이해'합니다. 이런 것에서 중생의 삶이 함께 살아납니다. 이와 같이 '아상我相이 없어지고, 신심이 생기며, 연기법을 밝게 깨달았을 때'를 입류라고 합니다. 중생을 뛰어넘는 곳에 '진실한 중생들의 삶이 있는 것을 아는 흐름에 들었다'는 뜻입니다.

그런데 『금강경』에서는 '들어갈 곳이 없다[而無所入]'고 했습니다. 만약 '마음을 닦아서 닦은 마음이 흐름 속에 들어갔다'고 하면, '흐름에 들지 않은 마음'과 '흐름'이 따로 있는 것이 됩니다. 그러면 흐름에 듦과 흐름에 들지 않음의 두 가지 법이 있게 되므로 옳지 않습니다. 따라서 '흐름에 들었다'는 말은 마음이 없거나 무無의 마음인 무심無心과 같이 '흐름에 들 바가 없는 것이 곧 흐름에 들었다'는 뜻입니다. 그래서 '들어갈 곳이 없다'고 합니다. 이때는 들어갈 마음도 없고[無能入], 들어갈 대상도 없습니다[無所入]. '능입能入도 없고 소입所入도 없어서 긍정과 부정이 동시에 사라진 세계'를 입류라고 합니다.

그때가 되면 색·성·향·미·촉·법에도 들지 않는다고 합니다. 소리로 있을 때는 소리로만 있고, 색으로 있을 때는 색으로만 있기 때문입니다. 한 순간마다 자기 전체가 표현되어 있기 때문에, 색을 보면서 성聲에 상대된 색을 보지 않습니다. 소리를 예로 들어 봅니다. '도'라는 소리가 있습니다. 피아노로 '도'를 치면 항상 '도'라고 생각합니다. 그런데 '도' 소리를 듣는 사람이 피아노에서 가까워지거나 멀어지면, '도'의 소리가 높아지거나 낮아집니다. 그것은 거리에 따라서 파장의 밀도가 달라지기 때문입니다. 따라서 '도'의 높이는 똑같을지 모르지만, 우리가 감각으로 느끼는 소리의 높낮이는 달라집니다.

이와 같이 소리를 듣는 장소를 조금만 옮겨도 '도'라는 소리가 달라지기 때문에 절대적인 '도'는 없는 것입니다. 단지 절대 공간이 설정되었을 때에만 절대적인 '도'가 있을 수 있습니다. 그래서 우리 음악인 판소리와 서양 음악인 오케스트라의 연주회에서는 듣는 태도가 다릅니다. 서양은 절대 음인 '도'를 객석에서 고요히 들어야 늘 일정한 소리로 들을 수 있습니다. 그런데 우리 음악은 같이 신명나게 반응해야 흥취가 납니다. '도'가 청중과 같이 움직이는 것입니다. 올라가다가 꺾이고 꺾이면서 올라가는 그런 속에 '도'가 있기 때문에 관객과 더불어 함께하는 '도'입니다. 그러나 이것은 서로 다른 삶에 대한 긍정이지, 서양 음악이나 우리 음악의 어느 한쪽만 추켜세우는 것은 아닙니다.

입류에 들다

입류란 우리를 어떤 개념에도 고정시키지 않는 세계입니다. 삶도 고정시키지 않고 생각도 고정시키지 않기 때문에 색·성·향·미·촉·법, 예를 들면 '도'는 '도', '레'는 '레'라는 고정된 소리 속에 들어가지 않습니다. 빛을 예로 들어 봅시다. 손전등을 비추면서 멀리 가면 불빛이 점점 붉은 색을 띠고, 가까이 가면 갈수록 청색 쪽으로 변합니다. 멀고 가까움에 따라 불빛의 색상이 바뀌는 것입니다.

그런데 입류에 든 사람들은 바로 '도'가 '도'이면서, '도'의 높낮이와 함께 흘러가, 마루가 있고 골이 있는 '도' 속으로 같이 들어갑니다. 즉 파동의 흐름 속으로 들어갑니다. 고정된 '도'가 아니라 파동이 있는 '도' 속으로 들어갑니다. 자신이 스스로 파동이 되어 흥이 나서 함께 흐르므로, 파동도 없고 나도 없고 한바탕 신명나는 잔치만 있습니다. 함께 어울려서 춤추고 노래하는 한 장면만 있습니다. 이를 '색·성·향·미·촉·법에 들지 않는다'고 합니다.

이와 같이 사는 사람을 수다원이라고 합니다. 수다원[예류, 입류]은 이미 능입能入인 나도 없고 소입所入인 흐름도 없어서 흐름 하나로 일치되기 때문에, 흐름 속에 들어 있는 수다원은 "나는 수다원과를 얻었다[能作是念 我得須陀洹果]"고 생각하지 않습니다. 왜냐하면 '얻었다'고 하면 곧 결정된 색·성·향·미·촉·법 속으로 들어간 것이므로, 흐름 없는 흐름에 든 입류라고 말할 수 없기 때문입니다.

"사다함과에 든 수행자가 사다함과를 얻었다고 생각하겠느냐?"라고 묻고 있습니다[斯陀含 能作是念 我得斯陀含果不]. 사다함과의 근간도 '무아無我'입니다. 초과初果인 수다원에서 부처님에 이르기까지 근간은 무아입니다. 바꿔 말하면 즉비卽非가 순간순간 살아 있습니다. 긍정과 부정을 지향하는 것 가운데 아름다운 제 모습을 나투는 바탕을 갖추고 있습니다. 그래서 수다원과에만 들어가도 당연히 '수다원과에 들었다'는 생각이 없게 되니, '들어가는 주체나 얻는 주체인 아我가 없음을 여실히 체험했기' 때문입니다.

아직 수다원과 이상의 과果를 경험하지 못한 수행자들이라도 마음을 고요히 하고 앉아 있을 때 뇌파를 측정해 보면, 그 파장이 늘 일정하여 평소의 좋고 싫은 대상에 대하여 마음이 흔들리지 않음을 알게 됩니다. 곧 가만히 '자기 지켜보기'를 하고 있으면 파장이 고요히 흘러 탐심이나 진심이 일어나지 않기 때문입니다.

마음 지켜보기를 하여 생각이 일어나되 다음 찰나에 탐심과 진심으로 작용하지 않는 마음이 고요한 상태입니다. 그러나 수행을 하는 동안에는 무아가 되어 고요하지만, 일상에서는 고요함이 쉽게 사라져 버리고 맙니다. 탐심에 자기 자신을 잃게 되고 진심에 자기 자신을 잃게 됩니다. 어느 때는 '무아'가 되어 고요하지만, 어느 때는 탐심으로 '나'를 삼거나 진심으로 '나'를 삼습니다. 이것이 '무아'를 확실히 체험하지 못한 수행자의 수행입니다.

무아를 확실히 체험한 수행자는 늘 '자기 지켜보기'를 잃지 않아 '포근한 마음의 흐름이 지속'됩니다. 즉 즉비卽非가 연속해 일어납니다. 만남의 연속인 우리의 삶에서 좋거나 싫은 마음이 계속해서 일어나고 사라집니다. 입류 이상에 든 사람은 즉비의 깨어 있음이 언제나 살아 있기 때문에 탐심과 진심이 일어날 만한 대상을 만나더라도 '고요함 속에 깨어 있음'이 흩어지지 않습니다.

'나'를 나타내는 것이 탐심·진심·치심인데, '나'가 사라졌기 때문에 삼독심이 자리 잡을 근거가 사라진 것입니다. 그러나 지금까지 살아온 중생의 업종자까지 일시에 한꺼번에 끊어지지[頓斷] 않았기 때문에 탐심·진심·치심이 일어날 만한 대상들이 순간적으로 일어나지만, 곧바로 수행의 힘에 의해서 삼독심으로 작용하지 않고 사라지고 맙니다. 그러면서 점점 마음 깊숙이 있는 삼독심의 종자가 사라지다가 어느 한계를 지나면 불佛에 이르게 됩니다. 불에 이르기까지는 이와 같은 과정을 겪는데, 수다원을 지나서 부처에 이르기 전까지를 사다함·아나함이라고 합니다.

오지 않음도 없다

아나함도 편의상 오지 않음[不來]이라고 부르지만 오지 않음도 아닙니다. 왜냐하면 '나'가 있을 때 불래가 있지만, '나'가 사라지면 생이 전체로 되어 래來·불래不來가 없기 때문입니다. 편의상 일래과·불래과라고 부르지만 그분들의 삶의 태도는 일래도 아니고 불래도 아닙니다. 수다원은 칠래七來, 사다함은 일래一來, 아나함은 불래不來라고 합니다. 수다원과를 얻은 사람은 많아야 일곱 번 인간 세계를 왔다 갔다 하는 사이에 완전한 깨달음에 이르게 됩니다. 일래과는 한 번, 불래과는 인간 세상에 오지 않고 색계를 지나 곧바로 깨달음에 이르게 됩니다. 이와 같은 차이가 있습니다만, 모두 무아이므로 오고 갈 주체가 없기 때문에 래·불래도 없어서 아나함을 오지 않음도 없다[無不來]고 합니다.

"수보리야, 아라한이 아라한도를 얻었다고 생각하겠느냐?"라고 묻습니다. 앞에서는 수다원과·사다함과·아나함과라고 했는데 여기서는 '아라한도'라고 했습니다. 사과四果를 도道와 과果로 나누어 말하기도 합니다. 예를 들어 '무아에 대한 확실한 체험은 수다원도에 이른 것'입니다. 이 체험으로 우리는 삼매와 지혜의 세계를 동시에 맛보게 되는데, 이 단계를 과라고 합니다.

이 과果를 증명하는 방법 중 하나는 다음과 같습니다. 깨어 있음의 수행은 '지혜와 선정이 동시에' 이루어지는데, 이를 지관쌍운止觀雙運 또는 성적등지惺寂等持라고도 합니다. 우리가 수행을 하여 무아에 대한 체험이 확실하여 무아의 도道에 들었다고 생각할 수 있습니다. 그리고 우리의 삶이 '무아의 연기'라는 확실한 지혜도 생겼습니다. 그런데 그것이 "무아의 끝을 본 지혜인가, 아니면 유사한 체험인가?"는 과를 통해서 검증해야 합니다. 지혜와 선정은 동시에 이루어지기 때문에, 무아에 대한 확실한 지혜 체험은 거기에 걸맞는 선정 체험이 동반되어야 합니다. 왜냐하면 '선정력이 분명해야만 무아의 지혜를 잃지 않고 지킬 수 있기 때문[法忍]'입니다. 삼매는 무아라고 했습니다. '내가 사라지는 것이 삼매'입니다. 바꿔 말하면 '삼매 속에서 무아를 알아차리는 것은 지혜'이고, '무아 그 자체로 있는 것은 선정'입니다. 따라서 지혜나 선정이나 그 바탕에는 무아를 동반하고 있기 때문에 '선정을 통해서 무아에 대한 지혜를 확실히 지켜 가게' 됩니다.

검증 방법은 다음의 다섯 가지입니다. 그 전에는 이 다섯 가지가 공부하는 과정 가운데 경험되었지만, 이번에는 모두 의도적으로, 즉 원하는 대로 이루어져야 합니다.

첫 번째는 '오랜 시간 선정 속에 들겠다' 곧 '오랜 시간 무아 상태로 있겠다'고 생각하면서 '자기 지켜보기'를 쭉 하고 있으면, 어느 순간 무아의 삼매 속에 들어가 오랜 시간이 지나게 됩니다. 과果를 하나 맛본 것입니다. 두 번째는 '즉시 선정에 들겠다', '곧바로 무아 속에 들어가겠다'고 원합니다. 앉자마자, 걷자마자 또는 다른 일을 하다 말고 선정 속에, 무아 속에 들어가겠다고 생각하는 순간 삼매 속에 들어가면 또 과를 맛본 것입니다. 세 번째는 '삼매 속에 들었다가 몇 시간 지난 후에 깨어나겠다'고 원합니다. 그 원하는 시간에 삼매로부터 깨어나는 것입니다. 이것도 과를 맛보는 것입니다. 네 번째는 공부를 하되 '삼매 속에 들어가지 않겠다'고 원하면 들어가지 않는 것입니다. 다섯 번째는 '몇 분 간격으로 또는 몇 시간 간격으로 삼매 체험이 계속되기'를 원합니다. 그러면 저절로 원하는 시간만큼 삼매에 들고 깨어남을 뒤풀이할 수 있습니다. 이것이 다섯 번째 과입니다.

이와 같이 다섯 가지의 선정, 즉 삼매에 대한 무아 체험으로 지관止觀이 등지等持한, 성적惺寂이 함께 고루 갖춰진 세계에 들게 되면,

진실로 입류의 도과道果에 들어선 것입니다. 수다원에 이르고 나서는 지금까지 익혀 왔던 것은 접어 두고 새롭게 출발하겠다고 원을 세우면, 마치 처음 시작하는 것처럼 되면서 제2과를 닦아가는 것입니다. 마찬가지로 아라한까지도 이와 같은 검증으로 도道와 과果를 검증해서 완전한 깨달음에 이르게 됩니다. 공부를 검증하는 방법은 여러 가지가 있을 수 있습니다. 동정일여動靜一如부터 오매일여寤寐一如까지의 방법도 그 가운데 하나입니다.

위의 다섯 가지 선정으로써 검증하는 방법은 흔히 말하듯 선정으로 힘을 삼는 선정주의자의 공부를 말하는 것이 아닙니다. 견도見道 이후의 수행자의 삶은 오염된 생각이 두 찰나 이상 계속되지 않는 선정력과 함께 사는 삶으로서 '무아를 밝게 아는 공부 자체가 늘 살아 있는 것'을 말합니다. 망상을 제거하려 하지 않고[無瞋] 진실을 구하려고도 하지 않는[無貪] 것으로, 이는 연기 실상에 대해서 꿰뚫어 알고 있기[無癡] 때문입니다. 계·정·혜 삼학이 한 순간에 살아 있는 것이며 지혜·자비가 함께 원만해지는 것입니다. 이 다섯 가지 검증 방법은 다만 선정력만을 검증하는 것이 아님을 잘 알아야 합니다.

'나'도 얻을 과도 모두 공空함

여기서 '아라한도阿羅漢道'라고 할 때 도道는 과果까지 다 포함하고 있다고 보면 됩니다. 아라한이 '아라한도를 얻었다'고 생각한다면, 무아에 대한 삼매를 제대로 경험하지 못한 것이 됩니다. 사과四果의 성인은 모두 '무아 삼매'로 사과에 이르렀기 때문에, 얻을 '나[我]'도 얻을 과도 모두 공空함을 아는 지혜로 마음을 연 분들입니다.

왜냐하면 무아가 되어 동시에 함께 있기 때문에 들어가는 사람인 능입能入이나 들어가야 할 도道인 소입所入이 없기 때문입니다[實無有法 名阿羅漢]. 능입·소입이 있으면 유위법有爲法이 있게 됩니다. 자기 한정인 유有의 유위법 속에 중생의 마음이 늘 머물러 있는 이유는 유위법 속에 머물러 있지 않으면, 곧 자기를 세우지 않으면 사는 것 같지가 않기 때문입니다. 중생의 삶은 늘 누구와 비교하면서 자기 한정을 시켜야만 비로소 사는 것처럼 느끼기 때문입니다.

그런데 무아가 되면 이러한 자기 한정에서 벗어나므로 유위법도 사라지게 됩니다. '깨달음'은 '결정된 법이 없는 것'이라고 했습니다[無有定法]. 여기서는 아라한이라고 할 어떤 실체도 없다[實無有法 名阿羅漢]고 했습니다. 따라서 '수행자들이 무엇을 얻었다'고 한다면 능입·소입의 분별이 있는 것이므로, 곧바로 아我·인人·중생衆生·수자壽者의 사상四相에 집착한 것입니다. 이때는 업의 분별이 살아 있는데, 유위법인 업의 특성은 반드시 능소로 분별되어 있기 때문입니다. 그러므로 '무엇을 얻었다'고 한다면, 능득能得과 소득所得, 능입과 소입이라는 분별이 있는 것이며 그 바탕에는 반드시 자기 한정인 '나'를 세우고 있습니다. 이러한 것은 '자기 열림의 한없는 세계'를 경험하지 못한 것입니다.

다툼 없는 삼매

삼매는 참 많아서 백천삼매百千三昧라고 합니다. 여기서 나온 무쟁삼매無諍三昧에서 쟁諍은 다툼을 나타내는 쟁爭이라는 글자에 말[言]이 들어 있습니다. 의意의 대상은 법이며 말로써 한정된다고 했습니다. 쟁은 '말의 자기 한정에 의한 다툼'입니다. 자기 한정은 생각으로만 가능하며, 생각으로서 가능한 것들은 말로 표현됩니다. 그러므로 생각을 버리면[捨] 분별이 사라집니다.

'말의 분별이 사라진 곳'에 '무아의 열린 마음'이 나타나면서 곧바로 무쟁삼매 속으로 들어갑니다. '다툼이 없다'는 것은 무아, 곧 삼매의 여러 가지 이름 가운데 하나입니다. 말에 의한 사유의 한정은 아상 등의 사상四相으로 나타나며 사상이 사라진 무아는 '다툼 없는 삼매'로 드러납니다. 곧 '나'가 사라져 다툴 일이 없는 것이 무쟁삼매입니다.

'제일이욕아라한第一離欲阿羅漢'에서 제일第一이라는 말을 비교로서의 제일第一이라고 생각해서는 안 됩니다. 즉비卽非를 통해서 말의 한계를 벗어나 긍정과 부정을 넘어선 세계에서는 제일第一이나 제이第二의 상대적 비교가 있을 수 없습니다. 모두 다 하나 된 세계 속에 들어 있어서 자기 한계를 벗어나 있습니다.

그러나 중생 세계는 한 사람의 자기 한정뿐만 아니라 모든 중생의 자기 한정으로 이루어진 세계입니다. 곧 무위無爲의 삶을 사는 아라한의 삶에는 제일第一이나 제이第二가 없지만, 중생과 더불어 같이 사는 세계에서는 아라한의 삶을 제일第一이라고 합니다. 또한 수보리 장로를 다툼 없는 삼매를 얻은 사람 가운데 제일第一이라고 한 것도 수보리 장로가 이와 비교해서 제일第一, 제이第二라는 생각이 없기 때문입니다.

그때 '하고자 함을 떠난 아라한[離欲阿羅漢]'이란 중생의 의지 작용[行]이 완전히 사라진 것입니다. 중생업으로 '하고자 함[欲]'은 '나와 나의 소유'인 재물·이성·음식·명예·목숨을 키우는 것입니다. 그런데 '하고자 함을 떠났다[離欲]'는 것은 '삼보三寶에 귀의'하는 것입니다. 삼보에 완전히 귀의하게 되면 '나'는 없어지고 삼보의 빛이 스스로의 삶에서 저절로 일어나게 됩니다. 이때 삼보에서 부처님은 양족존兩足尊, 법은 이욕존離欲尊, 승은 중중존衆中尊을 가리킵니다. 양족兩足에서 양兩은 지혜와 자비이므로, 지혜와 자비로 가득 찬 삶이 '불'이 됩니다. 이욕은 무욕이므로, '욕심을 다 떠난 삶'이 '법'이 됩니다. 중중은 화和이므로, '나와 너의 편 가름이 사라진 삶'이 '승'이 됩니다. 불佛의 자기표현이 지혜와 자비이며, 법法의 자기표현이 무욕이며, 승僧의 자기표현이 화和입니다.

아라한이 되면 삼보의 삶이 완성됩니다. 지혜와 자비가 충만하기 때문에 지혜와 자비에 이르고자 하는 마음이 없고[佛: 지혜와 자비], '나'가 없어졌기 때문에 욕심을 채울 것이 없으며[法: 無欲], 더불어 함께 살고 있기 때문에 아름답게 빛나는 마음만 있는 것입니다[僧: 和]. '불법승 삼보가 함께 드러난 삶'을 '하고자 함을 떠난 아라한[離欲阿羅漢]'이라고 부릅니다. 아라한의 입장에서 보면 '이욕離欲이다,

이욕이 아니다'라는 말 자체가 필요 없습니다. 만약 '아라한도를 얻었다'고 생각하면, 곧 아라한이 아니며 이욕이 아닌 것입니다.

　이욕행이란 다툼을 떠난 고요한 삶[阿蘭那行]을 즐기는 것입니다. 아란나란 적정처寂靜處를 말합니다. 적정처 수행이란 세속과 떨어져 숲속에서 고요하게 혼자 공부하는 것입니다. 그런데 '산중에서 아란나행을 즐긴다'고 하지 않고, 아라한이 되면 참으로 '적정한 삶을 즐긴다'고 합니다. 왜냐하면 아라한의 삶은 삼독의 번뇌가 사라져 늘 고요함으로 있기 때문입니다. 그러므로 아라한이 있는 곳은 고요한 곳이나 소란한 곳이나, 산림 속이나 도시 속이나 관계없이 모든 곳이 '적정처'입니다.

나가 본래 없음을 밝게 아는 것

흔히 '일체가 다 괴로움인데 무슨 즐거움이 있느냐'라고 합니다. 괴로움의 원인은 중생계의 근원인 집착[我]입니다. 바꿔 말하면 "집착, 즉 '나'가 있으면 고苦의 세계"요, "'나'가 사라지면 고苦와 락樂을 동시에 떠난 적정寂靜의 세계"입니다. 따라서 중생계가 사라지면, 곧 '나'가 사라지면 고는 저절로 사라집니다. 이러한 삶이 열반으로서, 흔히 상락아정常樂我淨의 사덕四德으로 표현합니다. 열반은 적멸이라고 하며, 적멸이란 '나[我]가 본래 없음을 밝게 아는 것'입니다. 따라서 사덕도 '내가 본래 없음을 밝게 아는 데서 나타난 삶'을 뜻하는 것이지, 열반 아닌 것을 상대한 열반의 사덕이 아니니다. 왜냐하면 주어가 이미 '나'의 한계를 벗어나 있기 때문에 술어인 상常·락樂·아我·정淨도 열반의 고정된 요소라고 생각하면 안 됩니다.

여래장如來藏이나 불성佛性이라는 말도 마찬가지입니다. 불성은 곧 불성이 아니며[即非佛性] 불성과 비불성을 넘어선 상태의 불성을 말합니다. 마찬가지로 여래장도 여래장과 비여래장을 넘어선 것을 전제로 한 여래장입니다. 그런데 말이 가지고 있는 한계, 곧 자기 한정을 잊고 열반을 비열반과 상대하여 파악하게 되면, 중생의 안목으로 열반을 중생화시키는 것이 됩니다. 여기서 '아란나행阿蘭那行을 즐긴다'는 것은 '열반의 모습 속에 자기 자신을 그대로 나투는 것'입니다.

따라서 능행자能行者와 소행所行이 사라진 상태입니다[以須菩提實無所行]. 이때 소행이란 '자기표현'이고, 능행은 '표현하고 있는 표현자[能行者]'입니다. 능·소가 사라진 데서 일어난 적정한 행이 아란나행입니다. 능·소가 사라진 상태는 업業이 다한 것인데, 중생의 업은 능·소로 이루어져 있기 때문입니다. 따라서 소행인 자기표현은 물론 능행인 '나'도 사라졌기 때문에 '욕망을 떠난 아라한[離欲阿羅漢]은 다툼을 떠난 고요함 삶을 즐긴다'고 말합니다.

● 『열반경涅槃經』의 열반사덕涅槃四德에서 나오는 불성佛性이란 유위법有爲法의 불성입니까, 무위법無爲法의 불성입니까?

불성은 열반[깨달음]으로 드러나는 삶의 특성입니다. 아라한에 제일第

一, 제이第二라는 말을 붙일 수 없지만 중생에 상대해서 제일이라고 붙여 주었듯이 깨닫지 못한 사람을 상대해서 불성을 말합니다. 그러나 우리가 들을 때는 우리 업의 능·소로써 불성을 한계 짓기 때문에 불성을 제대로 이해한 것이 아니라 또 다른 분별을 더하게 됩니다.

수행으로 '일체의 자기 한계가 사라져야만 깨어 있음이 그대로 성性이며 상相'입니다. 이때 성과 상은 구별되는 것이 아닙니다. 불성佛性이나 불상佛相이나 같은 말로서 열반이 곧 불성의 현현이 됩니다. 중생의 안목으로 불성을 한계지어 이해할 경우 불성이 아상我相의 다른 말이 될 수 있습니다. 불성은 우리 삶의 근본인 '무아의 열림'을 말하며, 여기에는 유위·무위의 분별을 떠나 있습니다.

● 『금강경』에서는 법상法相을 설하지 않고 곧바로 아뇩다라삼먁삼보리를 설했다고 하는데요?

어느 경전이나 다 아뇩다라삼먁삼보리를 설합니다. 『반야경』시대는 반야를 통해서 즉각 자기표현을 하고, 『아함경』시대는 아함을 통해서 즉각 자기표현을 하고 있습니다. 그러나 흔히 아함과 반야般若를 듣는 대중과 그 시대 상황을 무시하고 단순 비교하여, 상근기, 하근기, 최고의 경전, 근본을 설하지 않는 경 등으로 말합니다.

이러한 교상판석教相判釋은 중국의 불교 종파들이 인도의 시대 상황에 어두웠고 또 자기 종파의 권위를 위해 자파自派의 소의所依 경전을 최고의 위치에 두었기 때문입니다. 지금까지도 이 영향을 벗어나지 못하는 경우가 많습니다. 그러나 지금에 이르러서는 경전의 성립 시기 및 그 배경 등이 분명하기 때문에 옛적의 교상판석에 너무 큰 의미를 두어서는 안 됩니다.

　각 경전은 그 시대의 중생이 앓고 있는 병에 따라 알맞은 중도中道의 처방을 내린 것이며, 그 약을 통해서 그 시대 중생의 병이 해소되었습니다. 곧 『아함경』은 아함을 통한 중도의 약, 『반야경』은 반야를 통한 중도의 약, 『화엄경』 등도 역시 거기에 맞는 중도의 약 처방이라는 점에서 동일합니다. 각 종파마다 자파만 정통이며 최고라는 주장은 나름대로 의미는 있지만, 그것에만 집착할 경우 그러한 주장은 설 땅이 없는 줄 분명히 알아야 합니다.

●『금강경』에서 말하는 것과 보살 52지는 어떤 관계입니까?
『반야경』에서는 '무아삼매無我三昧를 통해서 온전한 삶'을 말하면서 '즉비卽非를 동반한 즉각 열림'을 강조합니다. 『반야경』과 보살 52지를 설명하려는 경전의 취지는 서로 다릅니다. 각 경전마다 삶을 설명하는 방법이 다릅니다. 그래서 '중점을 어디에 두고 있는가'를 잘 파악해야 합니다. 『반야경』의 이야기를 다른 것과 상대해서 말하면 맞지 않습니다. 왜냐하면 부처님께서는 '어느 곳에서 누구를 상대로 어떻게 법을 설하느냐'에 따라 다르게 설법하셨기 때문입니다. 부처님께서 말씀하신 법은 일상의 삶을 떠나 따로 있는 것이 아니라 그때그때마다 모인 대중의 근기와 삶에 따라 설하신 것입니다. 여기서 근기라는 말이 나왔습니다만, 근기는 흔히 상근기·하근기로 분별하는데 사실 그렇지 않습니다. 중생업의 대강은 분별이지만 그것을 표현하는 방법은 저마다 다르기 때문에 거기에 맞춰 설법합니다. 이때의 설법은 모두 중생으로 하여금 분별을 떠나게 하는 것에서 동일합니다. 표현이 다르다고 해서 상근기 법문, 하근기 법문으로 나누어서는 안 됩니다.

◉ 아라한과 아뇩다라삼먁삼보리는 같은 것입니까?
그렇습니다. '능·소가 사라진 자기표현이 아뇩다라삼먁삼보리'입니다. 아라한은 아뇩다라삼먁삼보리로 자기표현을 하고 있습니다. 표현된 현상 자체가 동시에 전체로 있기 때문에 아뇩다라삼먁삼보리와 그것을 행하고 있는 아라한이 따로 있지 않습니다. '아라한은 순간순간 자기 자신을 아뇩다라삼먁삼보리로 드러내기' 때문입니다. 아라한이 드러내는 것이 아니라 '드러나 있는 것 그대로가 아라한'입니다. 따라서 무상정등정각無上正等正覺으로 드러날 소행所行이 없으며, 아뇩다라삼먁삼보리를 드러내는 능행자能行者인 아라한도 없습니다. 그래서 참으로 아라한이라고 할 어떠한 실체도 없다고 합니다.

◉ 그러면 '불성佛性이 있다, 없다'는 말도 맞지 않겠습니다.
그렇습니다. '있다, 없다'는 것 자체가 이미 업의 능·소로 판단된 말이기 때문입니다. 있다고 해도 없다고 해도 맞지 않고, 있는 것 같기도 하고 없는 것 같기도 하다고 해도 맞지 않습니다. 왜냐하면 그 모두는 계속 한계를 짓고 있기 때문입니다. '있다, 없다'를 곧바로 떠나야 합니다. 분별을 통한 이해가 동반되면 안 됩니다. 불성은 유·무, 유위·무위를 떠난 삶입니다.

10. 정토를 장엄함은 莊嚴淨土分

부처님께서 수보리 장로에게 말씀하셨습니다.

"수보리야, 어떻게 생각하느냐, 여래께서 옛날 연등불의 처소에 계실 적에 얻을 법이 있었겠느냐?"

"세존이시여, 여래께서 옛날 연등불의 처소에 계실 적에 참으로 얻을 법이 없었습니다."

"수보리야, 어떻게 생각하느냐, 보살이 부처님 나라를 장엄하겠느냐."

"그렇지 않습니다, 세존이시여. 왜냐하면 부처님 나라를 장엄하는 것이 곧 장엄하는 것이 아닌 것을 장엄한다고 하기 때문입니다."

"그렇기 때문에 수보리야, 모든 보살마하살은 반드시 이와 같이 (어디에도 얽매이지 않는) 청정한 마음을 내야 한다. 형색에 얽매이는 마음을 내서도 안 되고, 소리·향기·맛·접촉되는 것·마음의 대상 등에 얽매인 마음을 내서도 안 된다. 반드시 어디에도 얽매인 바 없이 마음을 내야 한다.

수보리야, 비유컨대 어떤 사람이 있는데 그 몸이 산의 왕인 수미산과 같이 크다고 하자. 수보리야, 어떻게 생각하느냐, 그 몸이 크겠느냐?"

수보리 장로가 대답하였습니다.

"대단히 큽니다. 왜냐하면 부처님께서는 (몸이) 몸이 아닌 것을 큰 몸이라고 말씀하시기 때문입니다."

佛告須菩提 於意云何 如來 昔在燃燈佛所 於法 有所得不 不也 世尊 如來 在燃燈佛所 於法實無所得 須菩提 於意云何 菩薩 莊嚴佛土不 不也 世尊 何以故 莊嚴佛土者 卽非莊嚴 是名莊嚴 是故 須菩提 諸菩薩摩訶薩 應如是生淸淨心 不應住色生心 不應 住聲香味觸法生心 應無所住而生其心 須菩提 譬如有人身如須 彌山王 於意云何 是身爲大不 須菩提言 甚大 世尊 何以故 佛說非 身 是名大身

즉각 마음 비움의 상태로 살아라

『금강경』을 읽다 보면 같은 문장 구조가 되풀이됩니다. 그것은 우리 의식의 흐름이 되풀이되는 분별의 연속이므로 이러한 구조화된 의식 에서 벗어나도록 하려는 배려 때문입니다. 구조화된 의식의 흐름을 깨기 위해서 '즉각[卽] 마음 비움[非]의 상태로 살아라'라는 것입니다. 그렇게 하지 않으면 우리는 구조화된 의식에서 벗어날 수 없습니다. 따라서 우리가 『금강경』에서 계속 되풀이되고 있는 말은 같은 말의 반복이 아니라 '빈 마음의 반복'임을 알아야 합니다. 그러므로 '아니 다'라고 말하는 순간이 '자기 열림'이 이루어지는 순간입니다.

우리 마음은 '어떤 때는 이렇게, 어떤 때는 저렇게' 끊임없이 일정한 모양을 가지고 나타납니다. 그래서 『금강경』에서는 때로는 긍정으로, 때로는 부정으로, 때로는 긍정과 부정을 다 넘어서 우리의 구조화된 의식을 깨뜨립니다. 그러한 의식이 깨지면 우리의 삶이 온전히 열리게 됩니다. 구조화된 의식 일반이 떠오르는 순간마다 금강의 지혜로 그 구조를 깨뜨리는 것이 『금강경』입니다.

이 경은 저 내면 깊은 곳, 즉 말을 떠난 곳에서 일어나는 부처님의 말씀입니다. 그러므로 의식 일반인 구조화된 분별로써 『금강경』을 알려고 하면 그 순간 『금강경』으로부터 멀어지게 됩니다. 지금 여기의 삶에서 순간순간 『금강경』이 살아 있는 말로 뛰쳐나와야만 비로소 『금강경』입니다.

자기 한정을 떠나 듣다

우리는 보통 의意의 자기 규정으로써 무엇인가를 알아차리게 됩니다. 그래서 부처님께서 수보리에게 "지금 하는 말에 대하여 너는 어떻게 생각하느냐[於意云何]"라고 계속 물으십니다. 이것은 "너는 너의 한정을 벗어나 내 소리를 듣느냐 아니면 너의 한정으로 내 소리를 듣느냐?"라고 묻는 것입니다. 바꾸어 말하면 "사지四智, 곧 성소작지成所作智·묘관찰지妙觀察智·평등성지平等性智·대원경지大圓鏡智로 내 소리를 듣느냐, 아니면 자기 한정으로 너의 소리를 듣느냐?"라고 묻는 것입니다. 그러자 수보리는 "부처님, 저는 자기 한정을 넘어서 사지의 맛을 본 사람입니다"라고 합니다. 이것이 어의운하於意云何에 실려 있는 뜻입니다.

따라서 '여래께서 과거에 연등불이 계시던 곳에 있을 때[如來 昔在燃燈佛所]'라는 말을 듣고 자기 한정으로 지금과 상대한 과거를 떠올리면 안 됩니다. 부처님께서 "수보리야, 어떻게 생각하느냐[於意云何]"라고 물으실 때에는, 중생이 이해할 수 있게끔 비교 한정어를 쓰십니다. 그러나 사실은 '구조화된 한정을 떠난 사지四智에서 말씀하심을 확실히 알아야 한다'고 일깨우면서 시작하는 것입니다.

사지四智에서는 과거가 과거가 아니라 '과거가 현재에 살아납니다.' 과거의 연등불이 지금 살아납니다. '과거'라는 말을 옛날 어떤 시대의 과거로 알아서는 안 됩니다. 왜냐하면 그때 이미 성소작지成所作智·묘관찰지妙觀察智·평등성지平等性智·대원경지大圓鏡智를 통해서 연등불과 만났으며, 그 만남의 마음은 '과거도 미래도 떠난 열림'으로 있기 때문입니다. 의식의 자기 한계에 의해 세워진 시간의 개념을 벗어났기 때문에, 옛날에 연등불의 처소에 있을 때 근본적으로 얻을 바가 없었던 것입니다. 과거는 물론 현재도 얻을 바가 없으며 미래에도 얻을 바가 없습니다. 왜냐하면 법에는 얻을 만한 실체가 없기 때문입니다[於法實無所得].

시방十方 세계에는 많은 부처님이 계시는데 연등불은 어떤 부처님이겠습니까? 『반야경』에서 말하는 '밝게 빛나는 마음'이란 '마음이 스스로 밝게 빛나는 것'을 뜻합니다. 무엇에 의해서 빛나는 것이 아니라 '스스로 등의 역할을 하는 것'입니다. 이 마음, '밝게 빛나는 마음'이 바로 연등불이 됩니다. 깨달음 자체가 '네 가지 지혜[四智]가 갖추어진 밝게 빛나는 마음'인 것입니다. 연등불로부터 수기를 받은 것이 아니라 '얻을 바도 없고 얻는 자도 없고 줄 바도 없는 깨달음 속에 늘 있다'는 말입니다. 늘 깨달음으로 있는 삶이기 때문에 과거라는 말을 썼지만, 이 '과거'는 바로 '밝게 빛나는 마음의 현재 표현'인 것입니다.

나를 비워 깨어 있는 상태에서 듣다

"수보리야, 너는 어떻게 생각하느냐? 여래께서 옛날 연등불이 계신 곳에서 얻을 법이 있었겠느냐?"라고 부처님께서 물으십니다. 여기서 얻는다는 것에는 반드시 의意가 개입됩니다. 그러나 나의 한계를 떠난 지혜 속에서는 '의'가 개입되지 않아 얻을 바가 없습니다. 이것을 수보리의 입을 통해서 다시 들려주고 있는 것입니다. "세존이시여, 없었습니다." 여래께서는 옛날 연등불이 계시던 곳에 있을 때 이미 법에 얻을 실체가 없음을 아셨습니다. 여래께서는 의의 자기 한정으로부터, 구조화된 마음으로부터 벗어나신 분이기 때문입니다. 옛날이나 지금이나 미래에나 '깨달은 분들'은 누구라도 '구조화된 마음으로부터 벗어난 분들'입니다.

　판단의 근거인 '나'를 비웠기 때문에 대상을 구조화시키지 않습니다. "참으로 얻을 바가 없습니다[實無所得]"라는 말은 "자기 한계를 벗어난 사람들에게는 대상도 사라지고 자신도 사라지기 때문에 얻을 바도 얻는 자도 없다"는 뜻입니다. 이것은 '있는 그대로 참다운 삶에서 나온 말'입니다. 참으로 '삼독의 소유가 사라진 세계'입니다.

"수보리야, 어떻게 생각하느냐?"라고 부처님께서 묻습니다. 이것은 '한 찰나라도 생각[意] 속에 빠지지 말고, 순간순간 자기 자신을 지켜보아야 한다'는 말입니다. 부처님께서 "어떻게 생각하느냐[於意云何]"라는 말을 한 번만 하셔도 되는데 계속 되풀이하시는 것은 의意인 '나'를 비워 깨어 있는 상태에서 들으라는 말입니다. 깨어 있는 상태를 벗어나게 되면 부처님 말씀을 제대로 이해할 수 없습니다. 이때는 자기의 한정된 이해로 부처님 말씀을 한정시켜 듣게 됩니다.

곧 장엄이 아니다

"보살이 부처님 나라를 장엄하겠느냐?"라고 묻고 있습니다. 마음[意]이 열리지 않으면 불보살佛菩薩과 장엄莊嚴이 따로 있어서 부처님 세계와 그곳을 장엄하는 갖가지가 저마다 있게 됩니다. 마음이 열려야 "곧 장엄이 아니다[卽非莊嚴]"라는 말을 할 수 있습니다. 수보리가 "제가 이해한 바로는 장엄할 부처님이나 장엄이 따로 없습니다"라고 합니다.

열린 마음[지혜]에서 나오는 활동[자비]에는 이미 '장엄할 불佛'이나 '장엄할 부처님 나라'나 '장엄이란 것'이 따로 있을 수 없습니다. 왜냐하면 지금 이대로 전체가 동시에 불佛이면서 장엄이기 때문입니다. 부처님의 나라를 장엄한다는 것[莊嚴佛土者]에서 장엄이란 곧 장엄이 아닌 것을 장엄이라 하기 때문입니다. 곧 장엄이 장엄이라는 모습으로 있지 않는 것입니다. 지혜와 자비 속에서 함께 우주적인 춤을 추는 것입니다. 이대로 척 앉아 있는 상태가 우주적인 춤 속에 들어 있기 때문에 우주를 찬탄하는 춤이나 부처님을 찬양하는 소리를 할 필요가 없습니다. 지금 이대로가 부처님의 세계이며 부처님의 나라를 장엄하는 것입니다.

서로를 잘 살게 하는 기운, 청정심

"수보리야, 모든 보살들은 반드시 이와 같이 청정한 마음으로 살아야만 한다. 형태에 한정되거나, 소리나 법法 등에 한정되어 살아서는 안 된다. 반드시 한정을 떠나서 살아야 한다[須菩提 諸菩薩摩訶薩 應如是生淸淨心 不應住色生心 不應住聲香味觸法生心]"고 했습니다. 여기에 '청정한 마음'이라는 말이 나옵니다. 전에 정淨을 말하면서 '성스럽고 아름답고 착함'이라고 했습니다. 청정淸淨도 그와 같이 '성스럽고 아름답고 착함'을 말합니다. 『금강경』에서 '성스럽고 아름답고 착함'이란 '구조화된 마음이 사라짐'을 의미합니다. '성스러움'은 '의意의 한정을 벗어난 마음'이고, '아름다움'은 '의의 한정을 벗어나서 드러난 장엄'입니다. 아름다운 모습으로 함께 사는 가운데 흐르는 '자비의 빛'이 성聖입니다. 열린 마음에서 함께 나투는 모습 가운데 '서로를 잘 살게 하는 기운이 청정심'입니다.

이미 자기 한계를 떠났기 때문에 청정심에는 대상으로서의 색色이 없습니다. 눈의 대상으로서 색이나 분별된 몸은 사라집니다. 마음과 몸을 나누어서 분별하는 분별심이 없습니다. 색에도 얽매이지 않고 소리와 법 등에도 얽매이지 않는 마음이 청정심입니다. '반드시 어디에도 얽매인 바 없이 마음을 써야 한다[應無所住而生其心]'란 '자기 한정인 의意의 작용이 일시에 쉬는 것'입니다. 육조 혜능 스님께서는 이 부분을 듣고 곧바로 분별의식인 의가 떨어져 나갔습니다. 즉비即非의 돈오입니다. 모든 행동과 마음 씀씀이에서 그대로 하나가 되었습니다.

마음과 대상을 나누지 않는 하나 됨 속에 청정심이 살아 있어서 '앎[깨어 있음]은 계속되나 분별은 없습니다.' '앎이 나의 앎이 아니라는 것'입니다. 우리는 일상에서 이러한 경험을 많이 하지만, 여기에 별로 의미를 두지 않습니다. 무엇인가를 알아차리고 이해하는 의식의 특별한 능력을 깨달음이라고 여기고 있는데, 이것은 무심無心이 아니라 자기 중심적 사고인 분별심이 일어나는 것입니다. 바로 무심이 되는 것이 제일 중요합니다. 마음의 특별한 능력을 키우려는 것은 궁극적으로 분별의식인 의意의 다른 표현들입니다.

얽매인 바 없이 마음을 써야 한다

보편적인 의식 상태에서는 경험되지 않는 것들이 선정을 통해서 일어나는데, 이것 역시 무심이 아닌 이상 의의 다른 표현들입니다.

예를 들어 뛰어난 것을 보거나 듣거나 맛보는 능력을 가지는 것은 마음이 특별한 상태로 고양된 것일 뿐 무심은 아닌 경우가 많습니다. 아무 능력도 없는 것 같지만, 하나 됨으로 사는 분이야말로 참된 도道에 든 분입니다. 특별한 능력이 있으면서 무심으로 사는 분도 계셨지만, 능력이 있는 것이 꼭 반드시 어디에도 얽매인 바 없이 마음을 쓰는[應無所住而生其心] 무심의 삶은 아닙니다.

'반드시 얽매인 바 없이 마음을 써야 한다[應無所住而生其心]'는 대목에서 야부冶父 스님은 다음과 같이 말씀하셨습니다.

깊은 산 절 고요한 밤 말없이 앉았더니　山堂靜夜坐無言
고요 밝음 예나 지금 스스로 그러한데　寂寂寥寥本自然
석가 노인 무슨 일로 평지풍파 일으키나　何事西風動林野
짝 잃은 기러기만 하늘에서 슬피 우네　一聲寒雁淚長天

"깊은 산 절 고요한 밤 말없이 앉았더니"에서 말없이[無言]란 말을 하지 않는다는 뜻이 아니라 '의意의 분별의식이 모두 사라졌다'는 뜻입니다. '의의 자기표현이 말이기 때문에 '말을 한다'는 것은 의를 계속적으로 표현하는 것입니다. '무언無言이란 무어無語, 무심無心이 된다'는 말로서 '그저 앉아 있다'는 뜻입니다. 화두를 드는 것도 아니고 관찰을 하는 것도 아니고, '그저 앉아서 자연과 더불어 하나가 되어' 있습니다. 일체의 마음을 떠나 있어 의가 작용하지 않습니다. 그 가운데 '빛나는 마음'이 온 세상에 펼쳐져 있는 것이 바로 '고요

밝음 예나 지금 스스로 그러한데'입니다.

무언無言의 세계는 본자연本自然입니다. 자연이라고 할 때, 한 개체가 자기의 능력만으로 외부의 영향 없이 스스로 살아간다고 생각할 수도 있습니다. 이렇게 생각하는 자연은 아상我相·법상法相과 같은 뜻입니다. 그래서 유식唯識에서는 무자연성無自然性이라는 말을 씁니다. 모든 개체는 다른 것의 도움이 없이 스스로 자기 생명을 나타낼 수 없다는 말입니다. 여기서 자연이란 '의意의 자기 한계로부터 벗어나 우주의 춤과 더불어 하나가 되어 있다'는 말입니다.

그래서 "석가 노인 무슨 일로 평지풍파 일으키나"라고 합니다. 공연히 불법佛法이 나타나 중생심으로 불법과 비불법으로 가르게 되고, 이러한 편 가르기에 의해서 서로 소외되어 짝을 잃고 슬피 우는 기러기 꼴이 되었습니다. 부처님 법도 부처님 법이 아니라는 것[佛法者 卽非佛法]을 항상 염두에 두어야 하는 까닭이 여기에 있습니다. 불법과 비불법을 떠나 전체로 함께 있어야 하는데, 한소리밖에 없으니 짝을 잃은 것입니다.

'짝 잃은 기러기'이므로 '추운 기러기[寒雁]'라고 표현합니다. 짝 잃은 기러기가 하늘에서 슬피 울고 있습니다. 짝 잃은 기러기는 불법도 될 수 있고 중생법도 될 수 있습니다. 삶 속에서 나·너로 서로 분리되면서 소외되어 짝을 잃었습니다. '짝을 잃었다'는 것은 본자연의 상태가 어그러져 우주적 춤사위가 흩어졌다는 것입니다. 불법을 이야기하면서 불법이 분리된 소외 속에 빠졌다는 말입니다.

의의 분별을 벗어난 세계

흔히 모든 것을 부정하는 것을 공空이라고 생각하는데 그렇지 않습니다. 이것은 '의意의 분별을 벗어난 세계'를 말합니다. 부처님께서 "몸이 수미산만하다면 이 몸은 크겠느냐"라고 물었을 때, "예, 참으로 큽니다" 하고 긍정을 합니다. '열린 마음, 곧 의意의 분별을 벗어났을 때 드러난 낱낱의 모습이야말로 아름답고 큰 모습'이라는 말입니다. 열린 마음의 자기표현이 미美입니다. 이때 '크다'는 것은 단순한 비교의 크다가 아니라, 가장 아름답게 자기를 나타낸 '열린 마음의 아름다운 큼'입니다.

이와 같이 부처님께서는 열린 마음에서 드러난 하나하나의 모습을 적극적으로 긍정하고 있습니다. 열린 마음에서 몸[身]이 긍정되고 있습니다. 몸이 아니라는 것[非身]은 몸에 의해 닫힌 마음을 부정하는 것입니다. 이에 근간이 되는 것은 '열린 마음인 지혜'입니다. "한계가 있는 마음으로 부처님 설법을 듣느냐, 또는 한계가 있는 마음을 떠나 부처님 설법을 듣느냐"에 따라서 부정과 긍정이 적절하게 나타납니다.

한계가 있는 마음으로 부처님 설법을 듣는다면, 듣는 사람은 물론 부처님조차도 설자리가 없습니다. '열린 마음'에서는 풀 한 포기 돌멩이 하나라도 다 살아납니다. 『금강경』은 '말을 떠난 말'로 자기의 전 존재가 동시에 드러나는 금강의 세계를 표현합니다. 『금강경』은 우리에게 어떤 말을 가르쳐 주는 것이 아닙니다. 그대로 열려서 자기의 전 존재가 동시에 드러나는, '말을 떠난 말'이 『금강경』입니다. 그래서 '말을 떠난 말'은 말을 떠난 데서 보면 성스러움 속에 들어 있고, 말로 나타난 것으로 보면 미美로 드러난 것입니다. 또한 『금강경』에는 저마다 나투는 모습에서 자기 자신의 긍정이 말 속에 그대로 나타납니다.

11. 조작 없는 복의 뛰어남은 無爲福勝分

"수보리야, 어떻게 생각하느냐, 갠지스 강의 모래 수만큼 많은 갠지스 강이 있다면, 이 모든 갠지스 강의 모래는 많겠느냐?"

수보리 장로가 대답하였습니다.

"대단히 많습니다, 세존이시여. 단지 모든 갠지스 강만 해도 수없이 많은데 하물며 그 모래이겠습니까?"

"수보리야, 내가 참으로 이야기하겠다. 만약 선남자 선여인이 이러한 갠지스 강의 모래 수만큼 많은 삼천대천세계를 가득 채운 일곱 가지 보배로 보시한다면, 그 복덕이 많겠느냐?"

수보리 장로가 대답하였습니다.

"참으로 많습니다, 세존이시여."

부처님께서 수보리 장로에게 말씀하셨습니다.

"만약 선남자 선여인이 이 경 가운데 사구게 등을 받아 지녀 다른 사람을 위해 설명한다면, 그 복덕은 위의 헤아릴 수 없는 일곱 가지 보배로 보시하는 복덕보다 훨씬 뛰어나다."

須菩提 如恒河中所有沙數 如是沙等恒河 於意云何 是諸恒河沙 寧爲多不 須菩提言 甚多 世尊 但諸恒河 尙多無數 何況其沙 須菩提 我今實言告汝 若有善男子善女人 以七寶滿爾所恒河沙

數 三千大千世界 以用布施 得福多不 須菩提言 甚多 世尊 佛告須
菩提 若善男子善女人 於此經中 乃至 受持四句偈等 爲他人說
而此福德 勝前福德

순간마다 끊임없이 깨어 있어라

"수보리야"라고 부르는 순간, "항하사 같은 많은 마음이 일어나는 순간마다 끊임없이 깨어 있어라"라는 말입니다. 우리에게는 '깨어 있음이 수보리'이기 때문입니다. 순간순간 깨어 있으면 항하사의 모래만큼 많은 마음 하나하나가 전부 살아나 모든 세계를 일곱 가지 보배로 공양하는 것보다 더 큰 보시가 됩니다. 따라서 선남자 선여인이 이 경 가운데 한 구절이라도 다른 사람을 위하여 설한다면 그 복은 다른 어떠한 복보다 훨씬 뛰어나다고 합니다. '참으로 열린 따뜻한 마음을 이웃과 나누면서 하나 됨의 세계에서 사는 것'은 대자연 자체가 되는 것입니다. 그러므로 이러한 삶은 어디에도 비교할 수가 없습니다.

12. 바른 가르침을 존중하기를 尊重正敎分

"그리고 또 수보리야, 이 경전의 사구게 등을 설명하는 모든 곳은 모든 세계의 하늘신과 인간 그리고 아수라 등이 모두 다 부처님·탑·절과 같이 공양할 곳임을 반드시 알아야 한다.

하물며 이 법문을 남김없이 받아 지녀 읽고 외울 수 있다면, 수보리야, 이 사람은 으뜸가는 드문 법을 성취한 사람이 틀림없다. 또한 이 경전이 있는 곳은 부처님과 존중받는 제자가 있는 곳과 같다."

復次須菩提 隨說是經 乃至 四句偈等 當知此處 一切世間天人阿修羅 皆應供養 如佛塔廟 何況有人 盡能受持讀誦 須菩提 當知是人 成就最上第一希有之法 若是經典所在之處 則爲有佛 若尊重弟子

부처로서 자기 삶을 나툰 곳

『금강경』의 가르침대로 살지 않으면서 다른 사람에게 『금강경』을 설한다면, 설하는 사람이나 듣는 사람이나 무엇인가 부족함을 느낍니다. 사구게四句偈 등을 전하려는 사람은 자신의 삶 속에 사구게의 가르침이 녹아 있어야만 비로소 『금강경』의 가르침을 다른 사람에게 전하는 것입니다.

여기서 '이 법문을 남김없이 받아 지녀 읽고 외울 수 있다[盡能受持讀誦]'는 것은 '경전의 가르침이 자기 몸 속에 완전히 녹아난 것'을 말합니다. 그런 사람은 으뜸가는 드문 법[最上第一希有之法]을 성취한 것입니다. 『금강경』의 가르침이 삶에 그대로 녹아나면서 더 이상 나눔이 없기 때문에 모든 것이 절대 긍정의 세계에 놓여 있습니다. 그것이 최상이고 제일이 된다는 말입니다. 따라서 『금강경』의 가르침이 자기 몸 속에 완전히 녹아난 사람들은 가장 희유한 법을 성취한 사람입니다.

그 다음 '경전이 있는 곳[是經典所在之處]'이란 단순히 '경전이 있는 장소'를 뜻하는 것이 아니라 '사구게 등을 전달하는 마음이 있는 곳'으로 보아야 합니다. 부처님 당시에는 경전을 문자로 쓰지 않고 외워서 입에서 입으로 전달했습니다. 그러므로 '경전이 있는 곳'이란 말은 '신·구·의 삼업이 경전의 말로 바뀌어서 나타난 곳'을 말합니다. 즉 수행자가 자기 몸과 말과 뜻을 열어서 '금강과 더불어 하나 된 세계로서 드러난 곳'입니다. 즉각 '불佛의 세계를 열어 보인 곳'입니다.

'경전이 있는 곳'은 어떤 처소를 말하는 것이 아니라 수행 그 자체를 말합니다. 수행이 깊어져 금강과 더불어 완전히 하나가 되면 곧바로 불佛이 되므로, 천만억불千萬億佛이라는 말이 나옵니다. 바꿔 말하면 한 개인이 불이 된 것이 아니라, 그 사람의 마음이 열리면서 본자연本自然의 전체적인 현상인 불과 더불어 하나가 된 것입니다. 나도 부처요 대상도 부처이요, 일체 모든 것이 부처가 됩니다. 그래서 '부처로서 자기 삶을 나툰 곳'이 곧바로 '경전이 있는 곳'입니다.

● 조신調身·조식調息·조심調心에 대하여 간단히 설명해 주십시오.
공부를 할 때 흔히 조신·조식·조심을 말합니다. 조신調身이란 무엇을 알려고 하거나 이루려고 하지도 않고, '앉아 있음 자체만을 알고 똑바로 앉아 있는 것'입니다. 호흡이 올바로 되든 되지 않든, 생각이 어떻게 흘러가든, 공부가 되든 되지 않든 그냥 내버려 두고 척 앉아 있는 것이 조신입니다. 이때 중요한 것은 '몸을 움직이지 않고 바위처럼 앉아 있는 모습을 명확히 자각하는 것'입니다. 한번 앉아서 천년을 지낼 듯이 그대로 있습니다.

앉는 방법도 자신에 맞게 자연스럽게 하되 앉는 순간부터 도저히 앉아 있을 수 없을 때까지 움직이지 않고 앉아 있어야 합니다. 이렇게 앉아 있으면 몸이 저절로 조화롭게 됩니다. 망상이 일어나면 일어난 대로 망상이 사라지면 사라진 대로 생각을 놓고 알기만 하면, 저절로 몸이 조화롭게 되면서 편안하고 가벼워지는 것을 조신이라고 합니다.

그저 앉아만 있으면 저절로 몸이 편안한 상태로 가면서 생각도 편안해집니다. 그러면서 점점 자각하는 것이 분명해 지는데, 이때부터 공부가 저절로 이루어지게 됩니다.

그러면 숨이 고르게 됩니다. 어떤 사람은 "호흡을 길게 내쉬어라, 짧게 내쉬어라"라고 하는데, 이것은 맞지 않습니다. 호흡이 가는 대로 내버려 두어야 합니다. 호흡을 길게 또는 짧게 쉬려고 하지 말고, 그저 앉아서 호흡하는 것만 보고 있습니다. 힘들면 호흡의 숫자를 세어도 됩니다. 그러면 어느 순간 저절로 몸과 마음의 기운이 바뀌면서 호흡이 고르고 깊어지게 되는데 이것이 조식調息입니다.

조심調心이란 몸과 호흡이 편안해지면서 생각도 편안해지는 것입니다. 이때는 생각을 한 곳에 집중시키려고 애쓰지 않아도 저절로 생각이 분명해집니다. 먼저 조심이 된 사람은 그 기운으로 몸과 호흡을 조화롭게 합니다. 그러므로 호흡·몸·생각 가운데 어느 한 곳에만 초점을 두지 않습니다. 이 세 가지가 저절로 조화가 되도록 척 앉아 참을 수 있을 때까지 움직이지 않아야 됩니다.

그러다가 더 이상 참지 못해 몸을 움직여야 할 상황이 오면, 움직이려고 하는 과정을 전부 알아차리면서 몸을 움직입니다. 막히거나 저린 기운이 풀리면 다시 앉아 있을 수도 있고, 일어나서 활동할 수도 있습니다. 활동하면서 잡다한 생각이 일어날 때에는 그 상태를 그대로 지켜보면 됩니다. 망상이 일어나지 않는 것만 공부가 아니라 '망상을 따라가지 않는 것도 공부'이기 때문입니다. 그러면서 움직임과 일체가 되면 움직임 속에 있더라도 움직임이 아닙니다. 이때에는 몸·호흡·마음의 세 가지가 조화롭게 되면서 의意의 작용이 사라져 분별된 말 속의 삶, 소외된 삶에서 벗어나 열반에 이르게 됩니다.

◉ 앉아 있으면 잠이 옵니다.
그러면 일어서 걸어야 됩니다. 잠이 많은 사람은 많이 움직여야 합니다. 산란심이 많은 사람이 들이쉬는 숨과 내쉬는 숨의 경계를 알아차리면서 숫자를 세는 것과 같습니다. 이것이 걸으면서 하는 선 곧 행선行禪으로, 잠도 깨고 분별 망상도 쉬게 됩니다. 그런 상태에서 또 앉고 또 잠이 오면 나와서 걷고, 이와 같이 바꾸어 가면서 공부해야 됩니다. 그래도 잠이 오면 어쩔 수 없이 자야 됩니다. 또 너무 세밀하게 관찰하려고 하면 쉽게 피곤해져서 도리어 잠에 빠지는 경우가 있습니다. 그래서 '전체적인 각성과 미세한 알아차림이 같이 있어야' 합니다. 더욱 중요한 것은 '세월의 무상에 대한 철저한 자각'과 '공부하지 않으면 안 된다는 의지가 있는지' 살펴야 합니다. 그냥 쉽게 하는 공부로써 무량한 세월을 지닌 업력을 이기기는 쉬운 일이 아닙니다.

13. 법답게 받아 지니니 如法受持分

이때 수보리 장로가 부처님께 여쭈었습니다.

"세존이시여, 이 경의 이름을 무엇이라고 해야 하며, 어떻게 받들어 지녀야 하겠습니까?"

부처님께서 수보리 장로에게 대답하셨습니다.

"이 경은 '금강반야바라밀'이라고 할 것이며, 이 이름으로 받들어 지녀야 할 것이다. 왜냐하면 부처님께서는 반야바라밀이 곧 반야바라밀이 아닌 것을 반야바라밀이라고 말씀하시기 때문이다. 수보리야, 어떻게 생각하느냐, 여래에 의해서 설해진 법이 있겠느냐?"

수보리 장로가 부처님께 대답하였습니다.

"세존이시여, 여래에 의해서 설해진 법은 없습니다."

"수보리야, 어떻게 생각하느냐, 삼천대천세계에 있는 티끌이 많겠느냐?"

수보리 장로가 대답하였습니다.

"대단히 많습니다, 세존이시여."

"수보리야, 모든 티끌이 곧 티끌이 아닌 것을 티끌이라고 하느니라. 여래께서는 세계가 곧 세계가 아닌 것을 세계라고 말씀하신다. 수보리야, 어떻게 생각하느냐, 삼십이상으로 여래를 볼 수 있겠느냐?"

"그렇지 않습니다, 세존이시여. 삼십이상으로 여래를 볼 수 없습니다. 왜냐하면 여래께서는 삼십이상이 곧 삼십이상이 아닌 것을 삼십이상이라고 말씀하시기 때문입니다."

"수보리야, 선남자 선여인이 갠지스 강의 모래만큼 많은 신명을 바쳐 보시하더라도, 어떤 사람이 이 경 가운데 있는 사구게 등을 받아 지녀 다른 사람을 위해 설한다면, 이 복은 갠지스 강의 모래만큼 많은 신명을 바쳐 보시한 복보다 많으니라."

爾時 須菩提白佛言 世尊 當何名此經 我等 云何奉持 佛告須菩提 是經 名爲金剛般若波羅蜜 以是名字 汝當奉持 所以者何 須菩提 佛說般若波羅蜜 卽非般若波羅蜜 是名般若波羅蜜 須菩提 於意云何 如來 有所說法不 須菩提白佛言 世尊 如來無所說 須菩提 於意云何 三千大千世界 所有微塵 是爲多不 須菩提言 甚多 世尊 須菩提 諸微塵 如來說非微塵 是名微塵 如來說 世界非世界 是名世界 須菩提 於意云何 可以三十二相 見如來不 不也 世尊 不可以三十二相 得見如來 何以故 如來說三十二相 卽是非相 是名三十二相 須菩提 若有善男子善女人 以恒河沙等身命布施 若復有人 於此經中 乃至 受持四句偈等 爲他人說 其福甚多

바라밀행

육바라밀에서 바라밀을 '도피안度彼岸' 또는 '완성'이라고 번역합니다. 전에는 도피안으로 많이 번역했는데 요즘은 완성이라는 말을 많이 씁니다. '육바라밀의 완성'은 바로 '반야[지혜]의 완성이며 자비의 실천'을 뜻합니다. '나'만의 세계가 사라지면서 열린 마음이 '반야'이며, 열린 마음으로 하는 활동이 '자비'입니다.

인욕바라밀에서 인욕忍辱이란 욕됨을 참는다는 것입니다. 보통 우리는 끊임없이 '나'를 중심으로 한 삶의 장을 형성하기 때문에 탐심이나 진심을 참을 수가 없습니다. 그런데 수행을 하여 '나'가 사라지면 탐심이나 진심도 사라집니다. '나'가 사라지면서 참을 것도 사라지기 때문에, 인욕이란 '나를 버리는 데에서 작용하는 지혜'의 다른 말입니다. '나'와 '참음의 분별'이 일어나지 않게 지켜보는 작용이 반야입니다. 참음과 더불어 상응하는 '나'라는 마음이 일어나지 않으면, 아상我相이 없는 것입니다.

'마음 작용의 하나하나마다 나[我], 곧 의意의 작용이 있느냐, 없느냐'에 따라서 '열반으로 가고 있느냐, 아니냐'가 결정됩니다. 한 생각을 일으키거나 한 동작을 할 때마다 '"나'가 나오는가, 나오지 않는가"를 지켜봅니다. '나'가 드러나면 바라밀행을 하지 않는 것이며, '나'가 드러나 있지 않으면 바라밀행을 하고 있는 것입니다. 바라밀행은 피안에 이르는 길이면서 삶을 완성시키는 길입니다.

'나'의 일어남을 명확히 보아서, 거기에 따라가지 않는 것이 육바라밀입니다. '나'가 있으면 반드시 '나와 나의 소유'를 키워 가기 때문에 참된 바라밀이 일어날 수 없습니다. 이 때문에 재시·법시·무외시가 '나 버리기'와 같이 일어나야 참된 보시바라밀입니다. 계율이란 '나'의 일어남을 방지하여 나와 나의 소유를 키우는 것을 막는 것이며, 이로 말미암아 소외 없는 삶을 살게 되는 것이 지계바라밀입니다.

생각생각마다 걸음걸음마다 자신을 밝게 들여다보아서 '나와 나만의 것'이라는 생각이 이어지지 않는 것이 정진바라밀입니다. 오랫동안 참선을 했더라도 그 가운데 근원적으로 '나'를 없애는 작용이 없으면 참된 정진이 아닙니다. 선정이란 '나'가 사라진 상태를 말합니다. '나'가 사라진 무아의 상태가 선정으로서 순간순간 삶 속에서 온전히 깨어 있는 것입니다. 삶을 명확히 알아차리면서도 그 가운데 '내가 없는 앎의 작용'이 있는 것, 즉 '무아로 앎의 작용이 있는 것을 반야'라고 합니다.

여기에서 알 수 있듯이 육바라밀 모두에 근원적으로 '내가 사라져 가는 작용'이 있는 것입니다. 만일 한 생각에 '나'가 일어나면 그 순간은 바라밀행이 아닙니다. 삶 속에서 앎이 일어나되 무아를 동반한 앎으로서 늘 깨어 있어야 나머지 다섯 바라밀도 완성됩니다. '나'가 사라져 무無가 확인되는 바라밀로, 순간순간 앎이 살아나 있는 것을 '금강반야바라밀'이라고 합니다.

모양이 모양 아님을 보다

"만약 모든 모양이 모양 아님을 본다면 곧 여래를 보리라[若見諸相非相 卽見如來]"라는 대목이 있었습니다. '나'만의 세계는 사라지고[非] 봄[見]만으로 드러난 앎, 보는 자도 보이는 대상도 봄 하나로 녹아난 것이 곧[卽] 여래가 드러난 것입니다. '대상을 모양으로 보지 않고 봄으로만 있게 되면 곧바로 여래의 법신이 드러나게 된다'는 말입니다. 모든 모양을 모양으로 보는 것은 바른 봄이 아니며, 모든 모양은 모양 아님을 보는 것이 바른 봄임을 알 때 앎 그대로가 여래입니다.

"삼십이상으로 여래를 볼 수 있겠느냐?"라고 묻는 대목이 나옵니다. 만약 '삼십이상으로 여래를 본다'고 하면 곧바로 상相을 갖게 됩니다. 상을 갖게 되는 순간 법신을 잃어버리게 되면서 아름다운 자기 창조력도 잃어버리게 됩니다. 상을 보게 되면서 마음의 열림이 사라지게 됩니다. 즉 삼십이상을 '여래가 가지고 있는 특징적인 상'이라고 한다면, 그 순간 진실로 살아 있는 법신·보신·화신을 잃어버리게 됩니다. 그래서 수보리가 "삼십이상으로 여래를 보지 않는다"고 대답합니다. '완성된 육바라밀은 삼신의 드러남'이며, '삼신은 곧바로 모든 모양[諸相]이 모양 아님[非相]을 표현'하고 있기 때문입니다. 모든 모양에는 모양 아님이 모양이 되기도 하니 모양과 모양 아님을 모두 여의어야만 '모양 아님[非相]'을 표현한다고 할 수 있습니다.

부처님께서 지금까지 말씀하신 것을 '금강반야바라밀'로 부르라고 하십니다. 금강반야바라밀에서 '금강'은 '자기 확인'이라고 했습니다. 바꿔 말하면 '스스로 삶을 지켜보게 되면 그 삶 속에 육바라밀이 다 살아 있음을 보게 된다'는 말입니다. 육바라밀은 반야바라밀을 통해서 자기 모습을 나타냅니다. '금강은 삶 속에 부처님의 모습이 그대로 나타나 그 빛을 잃지 않고 항상 여여如如하게 사는 것'을 뜻합니다.

반야바라밀 자체가 빈 모습

그 다음에 금강반야바라밀이라는 이름으로 받들어 지녀야 할 것이라는 대목이 나옵니다. '순간순간 금강반야바라밀로 생각하고 말하고 행동하면서 살아가는 것'이 받들어 지니는 것[汝當奉持]입니다. 경전을 읽고 외우며 받들어 지니는 것은 한 생각마다 모든 모양을 모양 아닌 것으로 바르게 보아 그것이 삶 속에 그대로 드러난 것입니다. '신·구·의 삼업에 항상 금강반야바라밀이 살아 있어야 한다'는 것입니다. 그렇게 되면 반야바라밀이 곧 반야바라밀이 아닌[非] 반야바라밀이 됩니다[是].

『금강경』은 반야공관의 빈 마음으로 우리의 삶을 전체적으로 드러내 보입니다. 여기서 '부처님께서 설하신 바라밀[佛說般若波羅密]'이 '곧 바라밀이 아니다[卽非般若波羅密]'라고 하여 '반야바라밀 자체가 빈 모습'임을 나타내고 있습니다. 즉비卽非로써 차별상을 떠나 일체의 상相이 상이 아님을 보는 빈 모습·빈 마음이 반야바라밀입니다.

따라서 반야바라밀이라고도 이름할 수 없는 반야바라밀이란 중생의 아견我見으로 나누어진 '모든 상이 상이 아닌 빈 마음의 하나 됨으로 드러난 것'을 말합니다. 다른 것과 상대된 반야바라밀의 세계가 아니라 '빈 모양의 하나 됨이 바로 반야바라밀'입니다. 이것이 '반야바라밀 즉비반야바라밀 시명반야바라밀'이라는 대목입니다.

완전한 열림이 되지 못한 사람들은 계속해서 육바라밀을 닦아야 합니다. 끊임없이 바라밀 수행을 하면, 현행 분별이 사라지면서 업을 짓지 않아 지혜가 열립니다. 부처님께서 "어떻게 생각하느냐[於意云何]"라고 묻는 대목은 '빈 마음의 하나 됨 속에서 너 자신을 나타내고 있느냐'라는 뜻입니다. 곧 '반야의 열림으로 있느냐, 아니면 의意의 분별 속에 떨어졌느냐'라고 다시 묻는 것입니다. 이때 수보리의 대답은 곧 지혜의 열림을 뜻하며 본래 우리 삶인 '반야의 드러남 속에 나누어진 모든 모양[諸相]의 법은 없다'는 것을 밝게 아는 것을 말합니다. 여기서는 중생의 법과 부처의 법을 나눌 수 없기 때문에 여래께서도 따로 설할 법이 없습니다[無所說].

여기서 이름[名]에 대하여 다시 한번 짚고 넘어갑시다. 이름이란 '마음[분별심]에 의해서 만들어진 것'으로서 『금강경』이란 이름도 곧바로 의意의 분별에 의해서 한정된 것입니다. 그러나 『금강경』의 가르침은 '빈 마음으로 밝게 알아차리는 반야 지혜'로서, 여기에는 어떤 분별도 들어설 자리가 없는 살아 있는 말입니다. 그래서 "반야바라밀이 곧 반야바라밀이 아닌 것을 반야바라밀이라고 한다."라고 합니다.

그러므로 우리 일상에서 『금강경』의 가르침이 살아나야 합니다. 일상에서 법신·보신·화신이 살아나야만 비로소 부처님의 가르침이 드러나기 때문입니다. 그래서 이름에 맞는 형이상학적인 실체가 있다는 집착에 매인 삶이 아니라 '즉비即非로써 생생한 삶의 말이 되어야' 합니다. '설하긴 설하되 설한 바가 없는 것'이 반야의 삶입니다. 반야의 삶은 순간마다 생생하게 살아 있어서, 두 찰나에 걸친 실체를 갖고 있지 않음을 여실히 아는 것입니다.

『금강경』의 가르침을 즉비即非로써 알아들어야 하는데, 이야기를 듣는 순간 무엇인가 분별하여 결정하는 생각이 일어납니다. 말 속에 분별하여 결정하는 생각이 들어 있지 않을 때 이를 '설하는 바가 없이 설한다'고 합니다. 분별을 떠나 의意의 규정에서 벗어나게 하기 때문에 부처님 설법은 '말씀은 하시되 말씀하신 바가 없다'고 합니다.

부처님께서 수보리에게 "삼천대천세계에 있는 티끌이 많겠느냐?"고 물으십니다. 삼천대천세계가 아무리 크다 해도 비교에 의한 크고 작음일 때에는 크고 작다는 한정된 관계가 이루어집니다. 이러한 크고 작음의 비교를 떠날 때에만 온삶으로 있는 것입니다. "많습니다"라는 대답도 마찬가지입니다. 전체가 하나 된 삶이라면 많고 적음의 구별을 떠나 있습니다. 앞에서 시간과 공간은 '나'의 한정으로 이해한 것이지, 시간과 공간은 이해될 수 없다고 했던 것과 같습니다.

이 때문에 '세계'나 '많음' 등의 말은 즉각 즉비即非를 통해서 보아야만 삶의 순간순간 만남이 '법신·보신·화신의 열림'으로만 있게 됩니다. 순간순간 삶 속에서 자기 자신을 적극 표현하는 아름다운 세계가 세계 아닌 세계[非世界]입니다. 특별하게 아름다운 세계가 있는 것이 아니라 '순간순간 자기표현이 그대로 드러난 세계'가 비세계인 동시에 삼신三身으로 잘 표현된 아름다운 세계입니다.

삼십이상으로 여래를 볼 수 없다

여기서는 삼십이상으로 여래를 볼 수 있겠느냐는 물음에 삼십이상으로 여래를 볼 수 없다[不可以三十二相 見如來]고 했습니다. 그러나 스물여섯 번째 대목에서는 삼십이상으로 여래를 볼 수 있느냐는 물음에 "그렇습니다[如是如是]"라고 대답합니다. 삼십이상으로 여래를 볼 수 있다는 뜻입니다. 그때까지 부처님의 말씀의 흐름을 보면 "아닙니다. 삼십이상으로 보지 않습니다. 여래께서 말씀하신 삼십이상이 곧 삼십이상이 아닌 것을 삼십이상이라고 하기 때문입니다"라고 해야 할 것입니다. 그런데 거기서는 "그렇습니다"라고 합니다.

　『금강경』의 한역본은 구마라집, 현장, 의정 스님 등이 번역한 여섯 본이 있습니다. 그 가운데 그와 같이 번역되어 있는 것은 구마라집 번역본뿐입니다. 나머지 다섯 본에는 다 "아닙니다. 삼십이상으로 여래를 보지 못합니다"라고 되어 있습니다. 그러나 구마라집본에서 "그렇습니다[如是如是]"라고 한 것도 다른 번역본에서 "그렇지 않습니다"라고 한 부정의 '여시여시如是如是'로 보아야 합니다. 왜냐하면 그 뒤 문장이 곧바로 "그렇지 않습니다"로 이어지기 때문입니다. "제가 부처님의 가르침을 이해하기로는 삼십이상으로 여래를 볼 수 없습니다[如我解佛所說義 不應以三十二相]"라고 합니다. 따라서 '여시여시'라는 대목은 곧 즉비卽非로 보는 것이라고 알아야 합니다.

형색으로 여래를 볼 수 없다

스물여섯 번째 대목에 "형색으로 나를 보려 하거나 음성으로 나를 구하려 하면, 이 사람들은 잘못된 길을 가는 것이니 여래를 볼 수 없으리라[若以色見我 以音聲求我 是人行邪道 不能見如來]"라는 대목이 있습니다.

우리는 색과 형상으로 사물을 구별합니다. 그런데 마음을 닦으면 조건이 바뀌어 지금까지와 다른 색과 모양으로 사물을 보게 됩니다. 마음 집중을 통해서 지혜 계발이 될수록 다른 만남과 하나 된 자기를 표현하게 됩니다. 조건이 다른 만남마다 자기표현을 달리하게 됩니다. 그런데 의意의 자기 한정으로는 한정된 형상과 소리 등만 알 수 있습니다. 그것 이외에 다른 것도 동시에 부처님의 나투심임을 알지 못합니다. 그러므로 색과 형상으로 여래를 보려면 여래를 볼 수 없습니다. 예를 들어 "백인이냐 흑인이냐 황색인이냐", "남자냐 여자냐", "사람이냐 사람 아닌 것이냐"로 나누어서 여래를 보려고 해서는 안 됩니다.

여기서 『법화경』의 "여성을 버려야 부처가 될 수 있다"는 것에

대하여 이야기해 봅시다. 먼저 부처님 당시뿐만 아니라『반야경』,
『법화경』의 성립 이후에도 인도 사회는 여성과 천민을 인격체로
보지 않았습니다. 왜 그랬을까요? 이들은 힘이 약했기 때문입니다.
또 '업의 일반적인 표현'이 '나와 나의 소유'라면, '업의 성性 표현'을
'여성'으로 비유한 것으로 볼 수 있습니다. 이는 모든 인간은 '어머
니의 잉태를 통해서 업의 분화가 이루어지기' 때문입니다. 이것도
힘이 약한 여성이 갖는 시대적인 한계로 볼 수 있습니다.

 이것은 사회 일반을 지배하고 있는 중자증분의 공업共業으로,
업의 분별을 뛰어넘는 데 남녀 모두에게 장애가 되고 있었습니다.
곧 남성에게도 여성과 동시에 하나 됨을 볼 수 없게 하니, 여성에게는
더 말할 필요도 없습니다. 따라서 우리는 그와 같이 분별된 남녀를
버리지 않고는 연기의 깨달은 삶을 바랄 수 없습니다. "여성을 버려야
부처가 된다"는『법화경』의 말은 수행자 모두에게 해당되는 말입니
다. 인간 세상을 이루는 것이 업이기 때문에 여성이든 남성이든
수행을 하지 않는 한 업에서 벗어날 수 없습니다.

 『금강경』이나『법화경』의 가르침은 '분별업을 떠나는 곳에 여래가
드러난다'는 것을 때로는 빈 마음으로, 때로는 다른 비유로 나타내고
있습니다.『법화경』에서 "여성을 버려야 부처가 된다"는 말은 인종
과 남녀의 차별을 말하는 것이 아닙니다. 이것은 공업共業과 별업別業
이 갖는 굴레를 벗어날 것을 분명하게 표현한 것임을 잘 알아야
합니다. 열림이란 동시에 함께 사는 삶이며 동시에 함께 사는 전체로
서, 열림만이 여래의 모습이므로 개별적인 실체는 법신이 아닙니다.

'개별 아我에서 법신의 모습을 본다'는 것은 있을 수 없습니다.

금강도 떠나라

마찬가지로 어느 특정한 경전의 가르침만 통해서 여래를 보게 되는 것도 아닙니다. 어느 경전만이 최고의 가르침이라고 주장한다면 화엄도 잃고, 법화도 잃고, 금강도 잃어 바른 가르침을 듣고 바른 삶을 살 수 없게 됩니다. 금강이나 법화나 화엄의 가르침은 반드시 '금강을 떠나라, 법화를 떠나라, 화엄을 떠나라'라는 뜻을 가지고 있습니다. 삶의 생생한 모습은 어느 특정한 경전에만 표현되는 것이 아닙니다. '삶의 다양한 표현이 다양한 경전으로 나타난 것'입니다.

 삶의 생생한 모습이 법신이기 때문에, 만일 "어떤 경전만이 가장 큰 가르침이고, 나머지 경전은 그렇지 않다"고 한다면, 법신을 법신이 아니게 한정시킨 것입니다. 한정된 가르침[음성]만으로 부처를 보려는 사람들은 다 잘못된 길을 가고 있습니다. 잘못된 길이란 사상四相으로 대표되는 갖가지 견해를 갖고 사는 것입니다. '동시·전체가 함께 가는 열림'을 가르치지 않으면 전부 바른 길이 아닙니다.

 "나만 '밝게 빛나는 마음'이 있다"고 생각하면 안 됩니다.『반야경』에서 말하는 밝게 빛나는 마음이 나의 속에만 들어 있다고 생각하면 잘못된 것입니다. 밝게 빛나는 마음이란 '마음을 열어 대상과 하나 된 생명의 장'을 말합니다. 따라서 밝게 빛나는 마음을 나의 속에 감추어진 것, 나만이 갖고 있는 것으로 안다면 이들은 잘못된 길을 가는 것이며 여래를 볼 수 없습니다. 여래란 '지금 여기 삶에 동시에 전체로 열려 있는 것'을 말합니다.

그러므로 어떤 특이한 현상을 가지고 여래를 보려면 여래를 볼 수 없습니다. 그것이 '삼십이상으로 여래를 보려고 하느냐'는 대목입니다. 여래께서 설하는 삼십이상이란 법신의 열림 가운데 자기표현인 화신으로, 상 아닌 가운데 상을 나툰 것입니다. 하나 된 생명의 장에서 가림 없는 빛으로 나투는 저마다의 모습이 삼십이상입니다.

자기 한계를 극복해서 열림으로 산다

『금강경』의 사구게를 수지하는 것이 항하의 모래만큼 많은 신명身命을 바쳐 보시하는 공덕보다 크다[善男子善女人 以恒河沙等身命布施 若復有人 於此經中 乃至 受持四句偈等 爲他人說 其福甚多]고 합니다. 분별된 개개의 생명을 이야기하면서 생生과 명命을 나누는데, 자기 복제로 살아감을 생이라고 하고 자아의식을 동반한 것을 명이라고 합니다. 식물을 해치려고 하면 식물이 두려워합니다. 식물이 두려워하는 것은 변화에 대한 반응으로서 '자아의식'을 동반한 두려움은 아닙니다. 그러나 인간 등은 '자아의식' 곧 '나'라는 자기중심적인 사고로 살아가고 있습니다. '자아의식'은 형이상학적인 보편적인 실재를 상정하여 세워진 것으로, 이에 의해서 인간은 서로 '절대적인 타자'로 존재하게 됩니다. 이것은 법계의 온전한 일상一相으로서의 온생명이 아니라 분열된 자아의식으로서의 생명입니다.

여기서 항하의 모래만큼 많은 신명을 바쳐 보시한다는 말이 나옵니다. 불법佛法이 너무 좋아 부처님을 바라보기만 해도 마음이 흐뭇합니다. 그래서 가지고 있는 것 가운데 가장 귀중한 나의 신명으로 보시한다는 말입니다. 그러나 신명을 보시한다는 생각으로 보시하는 것은 나의 신명이 없음을 알지 못하고 보시하는 것입니다. 따라서 이와 같은 보시는 아무리 많더라도 자기 한계를 갖게 되며, 자기 한계를 갖는 모든 행동은 반드시 결과도 한계를 갖게 됩니다. 이와 같은 것을 유위법이라고 합니다.

여기서 '신명을 바친다'는 것은 세세생생에 부처님과 중생을 위해서 모든 것을 바쳤지만 '항상 자기 한계를 동반한 업의 자기표현을 벗어나지 못한 것'입니다. 물론 보통 사람들로서는 생각할 수도 없는 일이지만, 자기 열림의 세계인 육바라밀 가운데 보시바라밀을 상대했을 때는 그 가치가 떨어집니다. 그러나 사구게 등을 수지하여 다른 이를 위해 설한다[受持四句偈等 爲他人說]는 말은 한 순간이라도 '자기 한계를 극복해서 열림으로 산다'는 것입니다. 그러므로 '나'만으로 닫힌 한계를 가진 업으로 행한 어느 것보다 뛰어난 것이 됩니다.

바꾸어 말하면 유위법의 업은 무위의 한계 없음, 무량무변을 도저히 감당할 수 없습니다. 아무리 많이 보시하더라도 유위는 자기 한계를 갖는 것이기 때문에 근본적으로 무량하고 무변한 것을 다 덮고 감쌀 수가 없습니다. 『금강경』에서 말하는 육바라밀의 보시는 바로 무위의 보시이기 때문에, 자기 한계를 가지는 유위의 보시로는 이것을 따를 수 없으며 비교할 수도 없습니다.

그래서 항하의 모래만큼 많은 신명을 바쳐 보시한다 할지라도,

'무위의 사구게가 생활이 된 사람'과 만나 생명의 자리인 빛나는 마음을 경험하는 복이야말로 무량무변하다고 합니다. 여기서 말한 많다[甚多]는 것도 다른 '어떤 것에 비교해서 많다'는 것이 아닙니다. 여기의 많음은 많음이 곧 많음이 아닌 것을 많음이라고 한다[甚多卽非甚多 是名甚多]는 뜻입니다. 사구게 등의 복은 즉비卽非를 동반한 복이기 때문에 복이 많다[其福甚多]에서 많다[甚多]를 항하의 모래만큼 많은 신명을 바쳐 보시한다는 것에 비교해서 많다고 생각하면 안 됩니다. 사구게 등은 자기 한계를 가지고 있지 않기 때문에 비교 자체를 떠나 있습니다. '사구게의 삶은 자기 한계를 갖지 않는 무위법'이기 때문에 무량무변한 허공과 같습니다. 『금강경』의 사구게는 '우리 마음을 허공처럼 탁 열어 놓은 무위의 앎 속에서 일어나는 행동'입니다.

● 왜 법신·보신·화신으로 나눕니까?

제법諸法은 무지無智·무득無得의 공상空相으로, 여기에는 어떤 이름도 붙일 수 없습니다. 제법이 공상인 반야바라밀은 이것이 저것을 상대하는 것이 아니라 더불어 하나 된 생명으로 있습니다. 따라서 이쪽 법이 사라지면 저쪽 법도 사라지게 되어 있고, 반대도 마찬가지여서 둘은 전체로서 같이 있습니다.

이와 같이 '전체가 그대로 하나인 세계'는 낱낱 하나하나가 사라진 즉비卽非로, 이것이 법신입니다. 그러면서도 눈은 눈대로 코는 코대로 낱낱의 법이 제 모습을 나투는 것이 화신입니다. 그것은 법신 가운데 낱낱이 제 모습을 나툴 수 있는 힘이 있기 때문입니다. 이와 같이 인연을 만나 화신으로 나툴 수 있는 힘이 보신報身입니다. 열린 삶에서 드러나는 하나 된 생명을 세 가지로 표현한 것이 여래의 삼신三身입니다. 이것은 연기법을 세 가지 몸으로 나타낸 것입니다.

◉ 법신을 다시 설명해 주십시오.
우리들이 '무엇인가 이해한다'는 것은 자주 이야기했듯이 '자기 인식'에 지나지 않습니다. 따라서 보편적인 인식 일반을 버리지 않으면, 법신 등에 대한 이해도 말의 상대를 벗어날 수 없습니다. 부처님의 가르침은 말로써 말을 떠날 것을 말씀하시는 것이며, 때때로 『금강경』의 첫 대목과 같이 부처님께서는 그저 묵묵히 앉아 계십니다. 그런데 우리는 구별을 해야만 이해할 수 있기 때문에 편의상 말을 쓰고 있습니다.

따라서 제상諸相이 비상非相인 것을 통찰하지 않으면, 유위에 갇힌 법이 되어서 연기법으로 드러난 법신·보신·화신의 제 모습을 잃어버립니다. 삼신의 하나하나가 실재하는 것이 아니라 '연기법에서 삼신'을 말하고 있기 때문에 연기법을 보는 수행자는 스스로 삼신三身을 보고 있는 것입니다.

◉ 무지역무득無智亦無得에서 지智는 무슨 지입니까?
아는 것[能]과 알려지는 대상[所]이 사라질 때를 할 수 없이 지智라고 이름합니다. 능소의 나눔이 없어지는 것이 일체지一切智로, 일체가 그대로 지智라는 말입니다. 일상 전체가 지혜의 삶으로 되어 있기 때문에 지智이면서 무지無智가 됩니다. 일체가 그대로 지智인 세계에서는 그것을 지라고 부를 필요가 없기 때문입니다. 이름 붙일 것도 없고 붙이지 않을 것도 없는 것이 무지입니다. 그래서 제법이 공상空相으로 드러나게 되면 실제 공空이라는 말도 필요 없습니다[空空].

◉ 『반야심경』에 많이 나오는 무無란 반야바라밀 수행이 드러난 것입니까?

그렇습니다. 『반야심경』을 읽다 보면 무無라는 말이 많이 나옵니다. 이때의 '무란 모든 법[諸法]이 저마다의 모습으로 있되 울타리가 열려 있는 것'을 의미합니다. 이것은 혼자만으로 한계지어진 법이 아니고 전체로서의 법입니다. 이 다음부터 전부 무가 됩니다. '제법공상諸法空相으로 무'입니다. 그런데 제법공상은 인간의 삶[五蘊]이 저마다 한 사람으로만 있지 않음[皆空]을 철두철미하게 통찰[照見]하여 나타난 가르침입니다[照見五蘊皆空].

통찰하는 수행은 반야바라밀을 닦는 것[行深般若波羅密]을 뜻합니다. 반야바라밀을 닦아서 일체의 법이 법신·보신·화신의 열린 세계인 것을 직접 확인하고, 고집멸도苦集滅道도 없고 얻을 바도 없고 삶과 죽음도 없음을 깨달았다는 내용입니다. 따라서 제법공상, 즉 법신·보신·화신의 하나 된 표현이 여래이며 있는 그대로 참된 삶이라는 말입니다. '무란 완전한 열림의 자기표현' 속에서 녹아난 것들입니다. 그래서 무안이비설신의無眼耳鼻舌身意 등은 '무의 눈'이며 '무의 의意'인 것입니다.

● 제가 '칠판을 보는 장면'을 가지고 설명해 주십시오.

칠판을 보면서 '칠판은 칠판대로, 나는 나대로' 나누어 보는 것이 인식 일반의 출발점입니다. 이것은 나와 칠판이 완전히 다른 것이라고 여기는 유위법입니다. 칠판이 없으면 '나'가 없고 '나'가 없으면 칠판이 없습니다. 지금까지 우리는 칠판 없이도 살 수 있다고 생각해 왔고 사실 칠판 없이도 잘 살아 왔지만, '나'와 칠판은 따로 독립된 한 개체로서 존재하는 것이 아닙니다.

'나'와 칠판을 분별하는 생각이 굳어지면, 나아가 모든 대상 없이도 잘 살 수 있다고 생각하게 됩니다. 우리는 '공기나 물 없이는 살 수 없음'을 잘 알지만, 칠판 없이는 살 수 없다는 생각까지 하지는 않습니다. 그리고 '칠판 없이도 살 수 있다'는 생각에서 나온 것들이 '문명의 이기'라는 이름으로 우리 곁에 있습니다. 『금강경』에서는 이 생각의 가장 밑바닥에 있는 것을 아상이며 법상이라고 말합니다.

우리가 생각의 벽을 열면 칠판과 내가 끊임없이 이어지고 있는 삶의 관계를 볼 수 있지만 우리의 업은 그것을 볼 수 없게 합니다. 그러나 '칠판과 나'는 '하나 됨 속에 살고 있다'고 확실히 알게 되면서, 유위법으로 개념화된 분별은 사라지고 '전체가 하나 된 저마다의 모습으로 살게' 됩니다. 이와 같이 '전체가 그대로 한삶·온삶으로 있는 것'을 법신法身이라고 합니다.

그렇게 되면 낱낱이 그대로가 법신이지만, '칠판과 나'로 나타난 법신에 '칠판과 나'라는 서로 다른 이름을 붙인 것입니다. '칠판'으로 '나'로 법신이 변화한 것이기 때문에 화신化身이라고 합니다. 하나 된 생명으로 나투었을 때 낱낱이 법신인 동시에, 서로 다른 모습으로 변화한 법신이므로 그 모습을 화신이라고 합니다.

이때 칠판은 칠판의 모습을 나투면서 우리를 우리이게 하고, 마찬가지로 우리는 우리의 모습을 나투면서 칠판을 칠판이게 합니다. 이때 우리가 없으면 칠판이 없고 칠판이 없으면 우리가 없다는 것을 잊어서는 안 됩니다. 이 관계가 연기법, 곧 '이것이 있으므로 저것이 있고, 저것이 있으므로 이것이 있다'는 것입니다. 이 관계에서 '제 모습을 나투면서 관계하는 대상이 그 대상이게 하는 능력'을 보신報身이라고 합니다. 곧 '나의 생명력과 칠판의 생명력의 관계 속에서 나타나는 힘'이 보신입니다.

◉ 실제로는 법신의 작용만 일어나는 것입니까?

보신 속에는 법신·화신이 같이 들어 있으며 법신 속에도 보신·화신이 같이 들어 있고 화신 속에도 법신·보신이 같이 들어 있습니다. 이 세 개가 다른 법이 아닙니다. '연기법을 어느 측면에서 설명하느냐'에 따라서 삼신의 세계가 있게 됩니다. 법신은 '연기의 전체상'을, 화신은 '개개의 모습으로 나타난 제 현상'을, 보신은 '관계 속에서 생명력'을 강조한 것입니다.

14. 상을 떠난 고요함은 離相寂滅分

이때 수보리 장로가 이 경의 가르침을 듣고 그 뜻을 깊이 이해하고 감동하여 눈물을 흘리면서 부처님께 말씀드렸습니다.

"드무신 분, 세존이시여, 부처님께서 말씀하신 이러한 깊고 깊은 뜻의 가르침은 제가 지혜의 눈이 열린 뒤로도 일찍이 들은 적이 없습니다. 세존이시여, 만일 어떤 사람이 이 가르침을 듣고 신심이 청정하면 곧 참된 가르침이라 여기는 마음이 생길 것이니, 이 사람은 반드시 으뜸가는 드문 공덕을 이룰 것입니다.

세존이시여, 여래께서는 참된 가르침이 곧 참된 가르침이 아니기 때문에 참된 가르침이라고 말씀하십니다.

세존이시여, 제가 지금 이 경의 가르침을 듣고 믿고 이해하며 받아 지니는 것은 어렵지 않습니다.

그러나 미래의 500년 뒤에도 어떤 중생이 이 경의 가르침을 듣고 믿고 이해하며 받아 지닌다면, 이 사람은 으뜸가는 드문 사람이 될 것입니다. 왜냐하면 이 사람은 아상·인상·중생상·수자상이 없기 때문입니다. 그것은 나라는 생각은 곧 생각이 아니며, 인·중생·수자라는 생각도 곧 생각이 아니기 때문입니다. 왜냐하면 모든 부처님들도 일체 생각을 떠나 있기 때문입니다."

부처님께서 수보리 장로에게 말씀하셨습니다.

"그렇고 그렇다. 만약 어떤 사람이 이 경의 가르침을 듣고 놀라지 않고 두려워하지 않으며 무서워하지 않게 된다면, 이 사람은 대단히 드문 사람인 줄 알아야 한다. 왜냐하면 수보리야, 여래께서는 으뜸가는 완성이 곧 으뜸가는 완성이 아닌 것을 으뜸가는 완성이라고 말씀하시기 때문이다.

수보리야, 여래께서는 인욕의 완성이 인욕의 완성이 아닌 것을 인욕의 완성이라고 말씀하신다. 왜냐하면 수보리야, 옛날에 가리왕이 나의 몸을 베어 내던 때에도 나에게는 아상·인상·중생상·수자상이 없었기 때문이다. 옛날 나의 몸을 마디마디 베어 낼 때에 나에게 아상·인상·중생상·수자상이 있었다면, 반드시 성내고 원망하는 마음이 있었을 것이다.

수보리야, 또 과거 오백 생애 동안 인욕선인으로 있을 때를 기억하니 그때에도 아상·인상·중생상·수자상이 없었다.

이런 까닭에 수보리야, 보살은 반드시 일체 모든 생각을 떠나 위없는 바른 깨달음에 대한 마음을 내야 한다. 형색에 얽매인 마음을 내서도 안 되고, 소리·향기·맛·접촉·마음의 대상, 그 어느 곳에도 얽매인 마음을 내서는 안 된다. 반드시 어느 곳에도 얽매이지 않는 마음을 내야 한다. 만약 마음이 얽매여 있다고 하면, 곧 얽매인 실체가 있는 것이 아님을 알아차려야 한다.

이런 까닭에 부처님께서 '보살은 형색에 얽매인 마음으로 보시해서는 안 된다'고 말씀하셨다.

수보리야, 보살은 모든 중생의 이익을 위하여 반드시 이와 같이 보시해야 한다. 여래께서는 일체 모든 모양[諸相]이 곧 모양이 아니며

[非相], 또한 모든 중생이 곧 중생이 아니라고 말씀하신다.

수보리야, 여래께서는 진리를 말씀하시는 분이며, 진실을 말씀하시는 분이며, 있는 그대로를 말씀하시는 분이며, 속이는 말을 하시는 분이 아니며, 다른 말을 하시는 분이 아니다. 수보리야, 여래께서 깨달은 법, 이 법은 진실한 것도 없고 허망한 것도 없다.

수보리야, 만약 보살이 대상에 얽매인 마음으로 보시한다면 어두운 곳에 들어간 사람이 아무것도 볼 수 없는 것과 같고, 대상에 얽매이지 않는 마음으로 보시한다면 눈 밝은 사람이 햇빛이 밝게 비출 때 갖가지 형색을 보는 것과 같다.

수보리야, 미래에 선남자 선여인이 능히 이 경의 가르침을 받아 지녀 읽고 외운다면, 여래께서 부처님의 지혜로 이 사람을 모두 아시고 모두 보시니, 이들 모두는 헤아릴 수도 없고 끝도 없는 공덕을 다 성취하리라."

爾時 須菩提 聞說是經 深解義趣 涕淚悲泣 而白佛言 希有世尊 佛說如是甚深經典 我從昔來 所得慧眼 未曾得聞如是之經 世尊 若復有人 得聞是經 信心淸淨 則生實相 當知是人 成就第一希有 功德 世尊 是實相者則是非相 是故 如來說名實相 世尊 我今 得聞如是經典信解受持 不足爲難 若當來世 後五百歲 其有衆生 得聞是經 信解受持 是人則爲第一希有 何以故 此人 無我相無人相無衆生相無壽者相 所以者何 我相卽是非相 人相衆生相壽者相 卽是非相 何以故 離一切諸相 則名諸佛 佛告須菩提 如是如是

若復有人 得聞是經 不驚不怖不畏 當知是人 甚爲希有 何以故 須菩提 如來說 第一波羅蜜 則非第一波羅蜜 是名第一波羅蜜 須菩提 忍辱波羅蜜 如來說 非忍辱波羅蜜 是名忍辱波羅蜜 何以故 須菩提 如我昔爲歌利王 割截身體 我於爾時 無我相無人相無衆生相無壽者相 何以故 我於往昔節節支解時 若有我相人相衆生相壽者相 應生瞋恨 須菩提 又念 過去於五百世 作忍辱仙人 於爾所世 無我相無人相無衆生相無壽者相 是故 須菩提 菩薩 應離一切相 發阿耨多羅三藐三菩提心 不應住色生心 不應住聲香味觸法生心 應生無所住心 若心有住 則爲非住 是故 佛說菩薩心不應住色布施 須菩提 菩薩 爲利益一切衆生 應如是布施 如來說一切諸相 卽是非相 又說一切衆生 卽非衆生 須菩提 如來 是眞語者 實語者 如語者 不誑語者 不異語者 須菩提 如來所得法此法無實無虛 須菩提 若菩薩 心住於法 而行布施 如人 入闇則無所見 若菩薩 心不住法 而行布施 如人 有目 日光明照 見種種色 須菩提 當來之世 若有善男子善女人 能於此經 受持讀誦 則爲如來 以佛智慧 悉知是人 悉見是人 皆得成就無量無邊功德

수보리장로가 눈물 흘리다

수보리장로가 부처님의 가르침을 깊이 이해하고 감동하여 눈물을 흘리는[深解義趣涕淚悲泣] 대목입니다. 어떤 사람은 지금의 자기 삶에 충실할 뿐만 아니라, 넉넉한 마음을 지녀 다른 이들과 더불어 잘 웃고 쉽게 웁니다. 이런 사람은 다른 이들과 더불어 함께 사는 감정에 충실한 사람입니다. 보통 함께 웃고 우는 사람은 다른 사람들보다 훨씬 이웃이 많은 사람입니다. 예를 들면 개미 한 마리 죽은 것만 봐도 연민의 정이 일어나는 사람에게는, 그 사람의 삶에 전체는 아니지만 개미의 삶이 들어와 있는 것입니다.

어떤 스님의 출가 인연을 보니까, 풀을 꺾었을 때 나오는 하얀 진을 보고 일어난 연민의 감정이 상당한 작용을 했습니다. 그분은 풀과 더불어 같이할 정도로 생명의 장이 넓게 열려 있습니다. 그분은 자기의 폭이 훨씬 넓은 사람으로, 여러 조건에 의해서 조금은 달라지겠지만 보편적으로 이런 분은 오래 산다고 합니다.

여기서 수보리장로가 부처님의 말씀을 듣고 눈물을 흘립니다. 그것은 부처님께서 들려주신 한계 없는 소리를 듣고 기쁨에 넘쳐서 흘리는 눈물이며, 한없는 중생이 그걸 통해서 무한한 자비를 맛볼 수 있기 때문에 흘리는 눈물입니다. 자기 한계를 버려서 참으로 부처님 말씀과 나와 그리고 같이 있는 수행자들이 완전히 열린 자慈와 비悲의 세계 속에 함께 있는 것을 보고 눈물을 흘리고 있는 장면입니다. '자慈란 기쁨으로 하나 되는 것'입니다. 완전히 함께해서 기뻐하는 것이 자慈입니다. '비悲란 슬픔을 완전히 함께 나누는 것'입니다. '나' 없는 이만이 생명의 장에서 일어나는 기쁨과 슬픔을 그대로 받아들이고 나눌 수 있습니다. 완전히 빈 마음에서만 기쁨을 나누고 슬픔을 사라지게 할 수 있습니다. 자와 비의 표현이 눈물로 나타나고 있습니다.

공의 눈으로 빈 마음의 삶을 사는 것

"이러한 깊고 깊은 뜻의 가르침은 제가 지혜의 눈이 열린 뒤로도 일찍이 들은 적이 없습니다[希有世尊 佛說如是 甚深經典 我從昔來 所得慧眼 未曾得聞如是之經]." 여기에 혜안慧眼이라고 하는 말이 나옵니다. 지혜의 눈이란 의미 체계로 나누어진 법法만을 보는 마음이 사라진 것입니다. 마음의 대상인 모든 법들은 낱낱이 어떤 의미 체계로 자기 모습만을 나타내기 때문입니다. 그래서 이 법은 저 법이 아니고 저 법은 이 법이 아니므로 일체의 법은 서로 구획이 지어져 있습니다. 그런데 수행을 하다 보면 이러한 법의 벽이 없어져 이 법과 저 법이 만나서 같이 있되, 자신의 테두리를 고집하지 않는[無法] 하나 됨 속에 같이 있게 됩니다. 이와 같이 낱낱의 법들의 한계를 열어서 법법이 무법으로 자기를 나타내는 세계가 법신法身의 세계입니다.

처음에는 나누어진 일체법이었지만, 수행을 통해서 자기의 벽이 허물어지는 동시에 주변의 벽도 허물어집니다. 일체법이 법이면서 동시에 벽이 없는 법으로서 자기 존재를 드러내는 것입니다. 이와 같은 법신, 곧 법이 무법無法인 것을 제대로 아는 것을 법안法眼이라고 합니다. 법법마다 울타리가 없어서 하나 됨의 법, '법법이 무법인 법신의 내용을 알아차리는 것'이 법안法眼이며 무법안無法眼입니다.

이것은 '법이 법 아닌 것을 아는 것'입니다. '법이 법 아닌 것을 알았다'는 말은 '자기 울타리를 열었다'는 말입니다. 울타리를 열어서 다른 법을 볼 수 있고 다른 법과 더불어 교류할 수 있는 눈이 혜안慧眼입니다. 법법이 무법인 동시에 하나로 열려있음이 지혜이면서 빈 마음입니다. 부처님의 제자 가운데 수보리를 해공제일解空第一이라고 하는데 이것은 '공의 눈으로 빈 마음의 삶'을 사는 것을 말합니다.

가장 깊고 미묘한 법

사람들이 가지고 있는 업성業性이 저마다 다르기 때문에 경전마다 서로 다른 가르침을 펴서 법신·보신·화신을 성취하게 만듭니다. 『금강경』에서는 공[空, 卽非]으로 법신·보신·화신을 나타내고 있습니다. 혜안은 무위법으로 혜안조차도 얻어진 바로서 혜안이 아닙니다. 열림 그 자체이기 때문에 얻어질 것이 아닙니다. 얻어진 것은 유위법이며 조작된 법이기 때문에, 통찰력에 의해서 사라지게 되어 있습니다. 얻어질 바가 없는 것은 무위법으로 허공과 같습니다. 여기서 말하는 '지혜의 눈'은 무위의 눈으로, 비교 자체를 떠난 것입니다. 이와 마찬가지로 각 경전은 저마다 뗏목의 역할을 할 뿐이므로 가르침이 방편 이상의 것은 아닙니다.

반야공을 나타내는 회상에서는 『반야경』이 법신·보신·화신을 나타내 주는 가장 깊은 경전입니다. 『법화경』은 회삼귀일會三歸一과 같은 가르침으로 법신·보신·화신을 나타내는 가장 깊은 경전입니다. 그래서 경전마다 스스로 최고라고 하고 있습니다. 그런데 『법화경』을 공부하는 사람이 『금강경』 등과 비교해서 『법화경』이 최고라고 알고, 『금강경』을 공부하는 사람이 『화엄경』 등과 비교해서 『금강경』이 최고라고 이해하게 되면, 『금강경』과 『법화경』 등을 올바르게 이해한 것이 아닙니다. 이것은 나와 너의 분별로 이해한 것에 지나지 않으며, 『금강경』과 『법화경』의 가르침과는 아무 상관이 없습니다. 또한 법화에서 말하는 삼승은 경전과 깨달음의 높낮이를 말하는 것이 아니라, '스스로의 안목으로 경전과 수행과 깨달음을 분별하는 수행자'를 가리킵니다.

만일 경전마다 높낮이가 있다고 생각한다면 이것은 중생이 가지고 있는 잘못된 안목입니다. 이러한 병이 사라지면 모든 경전이 최고의 가르침인 것을 밝게 알게 됩니다. 곧 실제로 경전에 높낮이가 있는 것이 아니라 중생의 병에 따라 경전의 가르침에 차이가 있을 뿐입니다.

여기서도 깊고 얕은 뜻에서의 심심경전甚深經典이 아니라 '일체 유위의 나눔을 떠난 것으로서 가장 깊은 것[無上甚深]'입니다. 『금강경』만 무상심심이 아니고 부처님의 모든 가르침은 울타리 쳐진 법의 한계로부터 벗어나게 하기 때문에, 어떤 경전이든지 가장 깊고 미묘한 법[微妙法]입니다. 모두 다 참으로 만나기 어려운[百千萬劫難

遭遇] 가르침입니다. '어떤 경전이든지 바로 혜안의 열림을 보여주기 때문에' 그렇습니다. 그런 상태에서 수보리장로가 눈물을 흘리는 장면입니다.

알아차리는 것조차도 없어져야 참된 공부

마음을 비우는 공부를 한다는 것은 참으로 쉬운 일은 아니지만, 한편으로 보면 '무엇을 바라지 않으면서 있는 그대로 살아가면 공부가 성취'됩니다. 무엇인가를 바라는 근간에는 반드시 '나'가 있습니다. 아무것도 바라지 않는다면 '너'와 비교하는 '나'가 없이 삶 자체에 충실하게 됩니다. 그러나 개인 의지인 별업別業과 사회 의지인 공업共業은 늘 분별로써 삶을 지배하면서 자신과 이웃을 어렵게 만들고 있습니다. 서로가 진실한 삶에서 벗어나 있는 것입니다.

『금강경』을 배우면서 무엇인가를 새롭게 개척해 보려고 하면 공부가 아닙니다. "『금강경』을 통해서 무엇을 배웠다"고 한다면 곧 『금강경』을 배운 것이 아닙니다. '공부란 우리의 삶을 빈 마음으로 충실히 지켜보는 것'이라고 했습니다. 삶에서 무엇을 바라진 않지만, '순간순간 빈 마음으로 생생히 살고 있는 것'을 지켜보는 것입니다.

대상을 알아차리면서 지켜보는 것은 진실한 공부가 아닙니다. 이와 같은 알아차림에는 나와 대상이 따로 있기 때문입니다. '지금 일어나고 있는 분별심을 따라가지 않으므로 공부한다'고 하지만, 무엇이 일어나고 사라지는 것을 명확히 지켜보는 것조차도 생생히 빈 마음으로 알아차리는 것이 아닙니다. '알아차리는 것조차도 없어져야 참된 공부'입니다. 따라서 공부란 알아차리는 사람이나 대상이 없기 때문에, 공부란 말조차도 필요 없다는 것이 『금강경』의 가르침입니다. 이 가르침이 생각생각마다 걸음걸음마다 계속된 삶이 '바라는 것이 없이 실상實相 속에서 사는 것'이 됩니다. 무엇인가를 바라게 되면 실상이 아닙니다.

참된 가르침[實相]은 '일체상을 떠난[應離一切相] 부처님의 모습'입니다. 부처님은 중생을 제도한 적이 없으니 부처님께는 제도될 중생이 따로 없기 때문입니다. 만일 부처로서 중생을 제도한다면, 부처와 중생이 둘로 나누어져 있는 것입니다. '보살은 부처의 길을 닮으려는 사람'으로, 보살에게는 부처도 없고 중생도 없습니다. 중생이 있고 부처가 있으면 보살이 아닙니다. 사는 모습은 유정有情과 같지만 온삶만으로 있기 때문에 보살을 '온삶으로 사는[覺] 유정'이라고 합니다. 그 가운데에 일체상이 없는 것을 청정이라고 합니다. 심청정心淸淨이란 '마음 가운데 일체상이 없어진 것'입니다.

바람이 있는 마음은 유위법의 마음입니다. 유위법의 마음이란 '나' 스스로를 제약하고 있는 마음입니다. '자기가 자기를 제약하는 특성이 중생심'입니다. 그러나 일체 바람이 없는 청정한 마음은 온삶으로 사는 실상의 삶입니다. 모든 제약[一切相]으로부터 벗어나 무위無爲가 됩니다. 제약의 중심인 '나'가 없어져 하나 된 삶의 지평만 열립니다.

즉각 열림으로 알아차리는 삶

『사십이장경』에 보면 "천만억 부처님을 공양하는 것보다 무심도인無心道人 한 분을 공양하는 것이 더 낫다"고 하고, 또 『금강경』에서는 "천백억 나유타의 모든 부처님을 공양하는 것보다 이 경전의 한 구절을 외우는 것이 더 낫다"고 합니다. 왜냐하면 공양할 대상인 부처님과 공양하는 내가 따로 있는 공양은 아무리 많이 하더라도 유위의 바람을 벗어나지 못하기 때문입니다. 비록 부처님을 공양할지라도 그 공덕은 유위의 제약을 벗어나지 못합니다.

부처님의 삼십이상 팔십 종호 등의 상相이란 부처님을 규정하는 제약입니다. 중생의 마음에 의해서 중생 스스로를 규정할 뿐만 아니라 대상도 규정하는 것입니다. 부처님 스스로는 무심이므로 제한되지 않지만, 중생심에 의해서 대상화된 부처님은 제한된 부처님입니다. 이렇게 부처님을 제한시킨 상태에서 올리는 공양[보시]은 그 공덕도 한정될 수밖에 없습니다.

무심 도인이란 '중생심에 의해서 규정된 상으로 파악되지 않는 삶을 사는 사람'입니다. '즉각 열림으로 알아차리는 삶' 곧 아는 것과 아는 대상이 사라진 무심으로 알아차리는 삶이 무심 도인의 삶입니다. 이 때문에 '무심 도인에게 공양했다'는 말은 '무심 도인과 더불어 함께 사는 모습을 스스로 안다'는 말입니다. 이때의 공양이란 특별한 것을 바치고 올리는 것이 아니라, 그저 일상의 사는 모습을 말합니다. 천백억 부처님께 공양을 올리는 것보다 『금강경』의 한 구절을 외우는 것이 낫다는 것은, '스스로 무심이 되어 금강의 구절이 저절로 삶에서 우러나는 것'을 뜻합니다.

만일 『금강경』만 가장 훌륭한 경이라고 주장한다면, 부처님 대신에 『금강경』이 공양할 대상이 된 것입니다. 이것은 『금강경』의 삶인 '빈 마음으로 그저 지켜보는 것'이 아니라 오히려 『금강경』을 유위의 제약 상태로 한정짓는 것입니다. "『금강경』은 대승의 경전이고 더 위없는 가르침이다"라고 규정지음과 동시에 『금강경』으로부터는 멀어지게 됩니다. 따라서 『금강경』의 한 구절을 스스로 잘 알고 다른 사람에게 설명한다는 것은 '공의 세계에 노니는 사람의 삶을 이야기하는 것'입니다.

그래서 『금강경』을 이해하여 다른 사람에게 펼치는 것이 부처님께 공양하는 것보다 공덕이 더 많다고 합니다. 이것은 '그저 함께 사는 아름다움으로 되었을 때 『금강경』이나 부처님이 된다'는 뜻입니다. 왜냐하면 부처님께서도 일체상을 떠났고, 보살도 일체상을 떠났으며, 이와 같은 가르침도 일체상을 떠나 있기 때문입니다. '함께 사는 아름다움'에서만 일체상을 떠난 청정한 세계에서 불보살님과 함께 살게 됩니다.

함께 하는 무분별의 열린 삶

살아가면서 우리는 늘 무엇을 만납니다. 여기에는 함께하는 '무분별의 열린 삶'이 있는가 하면, '자기만으로 닫힌 분별의 삶'도 있습니다.

이러한 만남에서 '나'를 괴롭히는 사람도 있고 즐겁게 하는 사람도 있습니다. 즐거움이나 괴로움은 다만 '자기 확인'에 지나지 않습니다. 제약된 '나'만의 분별에 의해서 상으로 나타난 세계에서는, 누구나 다 스스로 고통을 불러오는 동시에 다른 사람에게도 고통을 주고 있습니다.

나의 바람 속에, 나의 제약 속에 서로가 서로에게 가리왕이 되고 있습니다. '나와 너'가 서로 가리왕이 되어 고통을 주고받으며 삽니다. '나'의 근원뿐만 아니라 '너'의 근원도 연기 실상의 삶에서 소외되어 있기 때문에, 거기에서 일어나는 우리의 삶 자체도 소외일 수밖에 없습니다. 일체상을 떠난 삶에서 상을 상으로 보기 때문에 허망한 삶입니다. 허망한 삶은 성취될 수 없습니다. 왜냐하면 본래 독립된 '나'가 없는데도 불구하고 '나'가 있다고 생각하고 그곳을 채우려고 하기 때문입니다.

'나'가 있다고 사량분별하는 의意는 이 생각을 자나 깨나 이어갑니다. '너 아닌 나, 나 아닌 너'라는 의의 작용이 끊임없이 일어나면서, 다른 것에서 독립된 '나'가 있는 것처럼 여기게 됩니다. 그러나 독립된 '나'는 없기 때문에 그런 '나'가 있다고 여겨 이것을 채우려는 것은 마치 '밑 빠진 독에 물 붓기'와 같습니다. 아무리 채워도 채울 수 없습니다. 채워 줄 바탕이 없기 때문에 무엇인가를 채운다 해도 만족이 있을 수 없습니다.

아침에 일어나 잠잘 때까지 지속되는 '나만의 세계를 채우려는 욕망[소유]'은 채울 수 없기 때문에 늘 불만족으로 남습니다. 부어도

상을 떠난 고요함은 227

부어도 끊임없이 새어 버리는 삶을, 샘이 있는 법인 유루법有漏法이라고 합니다. '나'를 위해서 자꾸 무엇인가를 채우려고 하지만, '나'가 없기 때문에 채울 수 없는 것이 유루법有漏法입니다.

그래서 사량분별[意]의 작용을 즉각 멈추는 순간이 가리왕으로부터 벗어난 순간입니다. 『금강경』에서는 가리왕이 나의 온몸을 부수어 뭉개는 사람으로 되었습니다. '온몸을 부수는 것'은 나와 대상을 서로 독립된 개체로 인식하기 때문입니다. 이러한 독립된 개체 의식이 집集입니다. 독립된 개체로 인식하기 위해서는 '나'뿐만 아니라 대상도 독립되어 있어야 합니다. 만일에 주관과 대상이 절대적 타자로 독립되어 있다는 생각이 사라진다면, 주객관계, 곧 의식의 분화에 의한 대립된 세계는 사라져 버립니다.

무엇인가를 알아내려고 상대편을 아무리 들여다보아도 상대편 마음을 읽을 수 없는 경우가 있습니다. 이때에는 상대가 이미 무심이 되어 있기 때문입니다. 무심이란 '나와 나의 소유'를 중심으로 한 '나'라는 개체 의식이 없는 삶이기 때문에, '나'라는 개체 의식을 가지고는 파악할 수가 없습니다. 보통 우리는 자기의 색을 입혀서 무엇인가를 파악하기 때문에 부처님이나 무심 도인 등도 우리의 색깔로써 파악합니다. 다른 이를 '나'의 개체 의식으로 색깔을 입혀 버리면, 이 둘 사이는 '자기 확인에 지나지 않는 관계'입니다.

그런데 의意의 분별이 사라지면, 곧 개체 의식이 사라지면서 불만족을 갖고 있는 주체도 사라집니다. 주체가 없기 때문에 불만족이 있을 수 없고, 또한 다른 사람을 규정하지 않기 때문에 그 사람에게 불만족을 주는 상황을 만들지도 않습니다. 이와 같은 사람을 무루법無漏法으로 사는 사람이라고 합니다. 유루법有漏法은 허망한 '나'를 바탕으로 '나'를 채우려는 것이며, 무루법은 허망한 바탕인 '나'가 사라졌기 때문에 채울 필요가 없이 '있는 그대로 사는 것'입니다.

'나'의 것을 위해서 '밑 빠진 독에 물을 부을' 필요가 없어졌습니다. 더불어 함께하는 세계로 바뀌었기 때문에, 거기에는 샐 만한 것이 없어 가리왕이 없는 세계가 됩니다. 일상에서는 우리 스스로가 가리왕이면서 또한 서로 가리왕이 되어 서로를 고통 속으로 묶어가고 있습니다. 그러나 가리왕의 근원인 '나'가 본래 없기 때문에 분별에 의한 상相을 버리기만 하면, 심신이 청정해져 곧바로 참다운 삶 속에 살게 됩니다. 이러한 것을 '보살이 모든 중생을 이롭게 하는 것[爲利益一切衆生]'이라고 합니다.

보살이 '일체 중생을 이롭게 할 수 있는 것은 자기 한계가 없어졌기 때문'입니다. 자기 한계가 있는 사람들은 모든 사람이 아닌 '나의 편'만을 생각합니다. 그런데 일체 중생을 이롭게 할 수 있는 것은 자기의 개체 의식이 완전히 사라져, '나'와 가까운 편이나 '나'와 먼 편이라는 한계가 사라졌기 때문입니다. 그래서 만나는 이가 누구라도 이익을 얻게 됩니다. 여기서 '이익은 무루법의 영향력을 받게 되는 것'을 뜻합니다. 고苦의 근원인 자기만의 바람을 채워 주는 것이 아니라, '본래 바랄 만한 존재는 없다는 기운을 맛보게 하는 것'입니다. 이것이 일체 중생을 이롭게 하는 것입니다.

이러한 보살행에 의해서 완성된 부처님을 진리를 말씀하시는 분[眞語者] · 진실을 말씀하시는 분[實語者] · 있는 그대로를 말씀하시는 분[如語者] · 속이는 말을 하지 않으시는 분[不誑語者] · 다른 말을 하지 않으시는 분[不異語者]이라고 합니다.

말은 말이되 말을 떠난 말

우리가 쓰는 말들은 '나는 너가 아니어야'만 합니다. 만일 '나'라는 말 속에 '너'가 들어 있고 '너'라는 말 속에 '나'가 들어 있으면, 우리는 그 말을 이해할 수 없습니다. 말이란 자기 한계를 가져야만 이해가 되기 때문입니다. 그런데 '있는 그대로' 사는 사람들은 그런 한계인 말이 필요 없습니다. 그저 자기표현을 전체적으로 나타내기 때문에, '나와 너'라는 의식 속에 사는 것이 아니라 그냥 만남 속에 있습니다.

이와 같이 '나와 너가 사라진 삶 속에 있게 되면', 저절로 자비가 일어납니다. 여기서 수보리가 참으로 마음 깊은 곳에서 우러나오는 열림의 눈물[涕淚悲泣]을 보입니다. '마음 깊숙이 나와 너가 사라진 만남의 삶에서 일어나는 말'을 진짜 말[眞語]이라고 합니다. 참으로 '삶을 무루법으로 연결시켜 주는 말'이며 참으로 '삶을 이롭게 하는 말'입니다. '일체의 상으로부터 떠나게 하는 말'이니 '나와 나의 것'을 위한 말이 아니기 때문입니다. '나와 나의 것'이 사라지고 '함께'라는 말이 나오기 때문에, '이 말은 말이되 말을 떠난 말'입니다.

여어자如語者에서 여如는 '있는 그대로'라고 했습니다. 있는 그대로 살아가는 모습 속에서 나오는 말들, 개념적인 자기 사고에 바탕을 두지 않고 일상의 말 속에서 함께 살아가는 말을 여어如語라고 합니다. 진실을 말씀하는 분[實語者]에서 진실이란 허망을 상대해서 한 말이지만, 여래께서 얻은 법[所得法]은 참된 것도 없고 헛된 것도 없습니다[無實無虛]. 참됨이나 헛됨은 근원적인 실체를 중심으로 한 상대 개념이기 때문입니다.

순간순간 일어난 삶에서 '있는 그대로' 살면 '참된 것이다, 헛된 것이다'라고 분별할 필요가 없습니다. 이러한 분별로 '나'의 삶을 규정하는 의意가 사라지면서 우리 삶이 절대 긍정으로 나타납니다. 절대 긍정의 모습이 참된 것도 헛된 것도 없다[無實無虛]는 말로, '찰나마다 자기 모습을 나투면서 변하는 흐름'입니다. 순간마다 변하는 흐름 속에 저마다 자기 모습을 나투면서 흘러가고 있습니다. 이러한 흐름의 무상성無常性, 이것은 진실眞도 아니고 허虛도 아닙니다.

그래서 부처님께서는 '무상無常·무아無我·고苦'가 깨달음을 나타내는 깃발이라고 하셨습니다. '무상'은 '찰나마다 변화하는 흐름 속에 함께'라는 뜻으로, 곧 참된 것이나 헛된 것이라는 상대를 떠나 있습니다. '무아'는 '변화와 관계의 흐름에서 독립되어 있는 구체적인 실체는 없다'는 말입니다. 고에 세 가지가 있습니다. 사고팔고四苦八苦의 고고苦苦, 죽음의 공포인 괴고壞苦, 연기 실상의 변화와 자아의식의 불변 사이의 근본 모순에서 오는 행고行苦입니다.

상을 떠난 고요함은 231

지금 여기의 우리 삶

여래께서 얻으신 법은 삼법인의 연기법입니다. 연기법이 드러난 우리의 삶은 찰나마다 자기 변화를 계속하는데, 이것은 아무것도 없는 허상이 아닙니다. 유일한 실재의 자기표현도 아니지만[無實], 허상도 아닌 것[無虛]이 우리의 삶입니다.

여래께서는 속이는 말을 하는 분이 아닙니다[不誑語者]. 우리가 서로 의견을 나눌 수 있는 것은 나와 사회가 공통적으로 쓰는 말을 하기 때문입니다. 만일에 자기밖에 모르는 소리를 계속한다면 아무도 그 말을 이해할 수 없습니다. 부처님께서는 깨달음에서 나온 말씀은 하시지만, 우리와 동떨어진 말씀을 하시는 것이 아니라 우리와 함께 사는 말을 하십니다.

속이는 말을 하시는 분이 아닙니다[不誑語者]. 속이는 말이란 자기만의 세계에 고착되어 다른 사람들을 속이는 것입니다. 그런데 부처님께서는 완전히 마음을 열어 모든 사람들과 함께하는 말씀을 하시기 때문에 속일 대상도 없습니다.

여래께서는 다른 말을 하시는 분이 아닙니다[不異語者]. 부처님께서 하시는 말씀은 중생들의 삶과 수행에 뿌리를 두고 있기 때문에 같은 말이라도 공부가 된 사람은 된 만큼, 안 된 사람은 안 된 만큼 이해하게 됩니다. 지금까지 드러난 삶에 대한 일체 선입견을 버리고, '지금 여기의 우리 삶'을 보기 시작하면 다 이해하게 되어 있습니다. 여기서 선입견이란 형상[色]과 언어[聲] 등에 의한 구속을 말합니다.

만일 우리의 삶을 떠나 『금강경』의 삶으로 부처님의 말씀을 이해하려면, 그것은 전혀 다른 세계의 말이 됩니다. 그런데 즉각 마음을 비워 형상과 언어 등의 구속으로부터 벗어나면 『금강경』의 말이 곧 나의 삶이 됩니다. 이와 같이 '부처님의 말씀은 우리의 삶에 녹아 살아 있기 때문에' 우리의 삶과 더불어 다른 말씀을 하시는 것이 아닙니다[不異語者].

수행이 깊다

수보리가 부처님의 가르침을 깊이 이해하고 감동하여 눈물을 흘리는 [深解義趣 涕淚悲泣] 대목에서 깊은 이해[深解]란 수행이 깊어서 '드러남과 드러나지 않는 모든 삶의 상태가 완전히 바뀐 것'입니다. 분별인 '의意의 근원이 뿌리[종자]까지 뽑힌 것'입니다. '마음과 몸이 완전히 바뀐 것'입니다. 깊숙한 곳에 있는 보이지 않는 마음의 흐름까지도 전부 다 바꿀 수 있는 수행이 살아 있을 때가 깊음[深]입니다.

보통 우리는 의식이 어떻게 일어나고 사라지는 지를 명확히 알지 못합니다. '수행이 깊다'는 말은 '의식이 일어나는 순간을 알아차리고 마지막 사라짐까지 보는 것'입니다. 예를 들면 어떻게 잠에서 깨어나며 어떻게 잠 속으로 들어가는지, 처음과 마지막 순간까지를 알아차리는 것입니다. 또 꿈속에서 나아가 깊은 잠의 흐름에서도 분별의식이 완전히 사라지면 의意의 분별작용이 바뀐 것입니다. 바로 이와 같은 것을 '깊다'고 합니다.

부처님의 가르침을 깊이 이해한다[深解義趣]는 것은 생각이 일어나고 사라지는 '순간순간 깨어 있어 부처님 말씀이 생생하게 살아 있는 것'입니다. 그것이 여기서 말하는 감동의 눈물, 자비의 눈물[悲泣]입니다. 전 존재를 다 드러내 함께 슬퍼하는 것이 비悲이며, 전 존재를 다 드러내 함께 기뻐하는 것이 자慈입니다. 이와 같이 '무분별의 완전한 열림인 자와 비가 드러나는 것'을 깊이 이해한다[深解]고 합니다. 이미 부처님의 말씀을 다 이해하고 이해한 대로 사는 것을 말합니다.

이것은 깊고 깊은 미묘한 법[甚深微妙法]으로 사는 것이며, 열린 하나 됨으로 '나와 너라는 분별의식이 일어나기 전의 삶을 보는 것'입니다. 부처님께서는 이러한 삶을 수행자의 삶이라고 말씀하십니다. '깊고 깊은 미묘한 법'이란 곧 '삶에서 나와 너의 구별이 완전히 사라져 버리는 것'을 말합니다.

그래서 수보리가 "이 가르침을 듣고 심신이 청정하면 참된 가르침이라고 여기는 생각이 생길 것이니, 이 사람은 반드시 으뜸가는 드문 공덕을 이룰 것입니다"라고 말합니다. 여기서 으뜸가는 공덕이라고 하는 것은 제일第一, 제이第二의 비교를 떠난 제일第一입니다. 왜냐하면 참된 가르침[實相]이란 곧 참된 가르침이라는 특성이 없기 때문입니다. '마음 지켜보기'가 깊어져서 '참된 가르침이 따로 없는 것'을 바로 본 것입니다.

이와 같이 참된 가르침이 따로 없는 것을 여래께서는 실상實相이라고 하셨습니다. 지금은 부처님의 가르침을 직접 받아 그것을 이해하기는 어렵지 않지만, 500년 이후에도 이 경전을 깊이 이해하는 사람이 있다면 참으로 드문 사람이라고 말합니다. 부처님께서도 '그렇다'고 하십니다. 그러나 어느 시대나 동시·전체로 사는 수행자가 끊임없이 나옵니다. 왜냐하면 우리의 삶이 곧 경전이기 때문입니다.

고에 대한 자각

우리의 진정한 스승은 부처님이나 보살 등의 성자들만이 아니라 바로 고苦입니다. 고에 대한 자각으로 우리는 참된 수행으로 들어가 고로부터 벗어날 수 있습니다. 부처님의 위대한 모습만으로 우리를 고로부터 벗어나게 할 수는 없습니다. 만일에 부처님께서 모든 중생을 벗어나게 할 수 있었다면, 오늘날 중생이라는 이름은 없었을 것입니다. 고에 대한 자각으로 우리는 참된 가르침의 세계에서 살 수 있습니다. 이때 고의 근원은 분별의식에 의한 허상인 자아[集]이며 '동시·전체가 우리의 삶'임을 잘 알게 됩니다.

그러므로 '고苦에 대한 자각은 곧 삼법인에 대한 자각'으로, 이것이 여래께서 얻으신 법입니다. 고가 생기는 순간에 즉각 허망한 분별임을 알아차리면, 그것은 고가 아니라 삶을 여는 스승의 역할을 합니다. 그래서 부처님께서 말씀하십니다. "이 시대[부처님 시대]가 지나도 중생의 삶에는 늘 고가 있기 때문에, 500년 아니라, 5000년 후라도 고를 스승으로 하여 깨달음의 법이 일어나 고를 받는 실체가 없음을 알게 된다"라고 말씀하십니다.

"500년 후라도 이 법을 믿고 이해하며 받아 지녀[信解受持] 으뜸가는 희유한 법을 얻게 되기 때문에 걱정할 것 없다. 왜냐하면 이 사람들은 자아라는 생각[我相]도 없고, 개인적인 윤회의 주체라는 생각[人相]도 없고, 어떤 실체에 의해서 살아 있다는 생각[衆生相]도 없고, 개체의 영원한 생명이라는 생각[壽者相]도 없기 때문이다"라고 하십니다. 고苦의 자각으로부터 사상四相이 없다는 으뜸가는 법을 깨닫게 됩니다. 그래서 고의 원인인 아상이 허망한 줄 알아 자아라는 집착에서 일어나는 모든 분별상을 여의게 되므로, 500년 후뿐만 아니라 언제까지나 부처님의 깨달음이 있게 됩니다.

나 없음의 세계는 으뜸가는 완성

삼법인을 자각하는 수행자는 어느 시대나 모두 부처님입니다. 고를 완전히 자각하고 고를 이루는 '나와 너의 상'을 떠났을 때 곧 부처가 되기 때문입니다. 이와 같은 사람들은 놀라지도 두려워하지도 무서워하지도 않습니다[不驚不怖不畏]. '삶의 주체인 내가 없음을 고의 자각을 통하여 밝게 알기' 때문입니다. 바라밀 수행은 우리를 언제 어디서나 깨달음에 이르게 합니다.

 우리의 보편적인 인식의 바탕에는 분별된 '나'가 있으며, '나'를 중심으로 한 분별로써 인식이 이루어지게 됩니다. 그러나 수행을 하여 생각이 일어나는 근원을 보게 되면 '나 없음'을 알게 됩니다. '나 없음의 세계를 으뜸가는 완성[第一波羅密]'이라고 합니다. 바라밀은 '나' 없는 삶을 사는 것으로서 여기에는 비교를 떠나 있습니다.

인욕바라밀도 마찬가지입니다. "'참는 나'도 '참을 것'도 없는 것을 확실히 깨닫는 것"이 인욕바라밀입니다. '나'를 중심으로 한 사고가 일어나면 서로가 서로를 힘들게 합니다. 그런데 함께하는 가운데 '나'가 없으면 자기 자신뿐 아니라 이웃도 편하게 합니다. 그것이 사상四相이 없이 사는 것입니다.

이렇기 때문에 보살은 당연히 모든 분별을 떠난 분입니다. 모든 분별을 떠난다는 것은 '나를 버린 것'입니다. '나'를 버리면 저절로 모든 분별을 떠나게 됩니다. 무아에 대한 체득이 확실해지면서 모든 분별을 떠나 '위없는 바른 깨달음'을 얻습니다. 이때 눈과 상대하는 색, 소리와 상대하는 귀 등의 나눔은 사라지고, 단지 '만나서 열리는 생명의 장만 있게' 됩니다[應離一切相 發阿耨多羅三藐三菩提].

이러한 열린 생명의 장이 부처님께서 사는 모습입니다. 만일 열림의 장이 드러나지 않는다면 막혀 버린 중생의 다툼만 있게 됩니다. '열림의 장이란 나·너가 없는 세계'입니다. 이것이 부처님의 사는 모습[住]입니다. 열린 생명의 장은 가만히 있는 상태가 아니라 늘 서로서로 작용하면서 '함께 사는 아름다움'을 드러내고 있습니다. '모양 아닌 것을 바탕으로 모든 모양이 제 모습을 나투는 것[一切諸相 卽非諸相 是名諸相]'이 깨달은 삶의 모습입니다.

여래께서 얻은 법은 진실한 것도 허망한 것도 없다[無實無虛]고 합니다. 모양이 모양 아닌 것에서 보면 모양 하나하나도 참된 것이 아니지만[無實], 모양 아닌 것을 바탕으로 모든 모양이 제 모습을 나투는 것은 허망한 것도 아닙니다[無虛]. 모양 아님[非相]과 모든 모양[諸相]이 항상 함께하기 때문에, 상相 가운데 상 아님을 같이 가지면서 상의 모습으로 나툰 것은 진실한 것도 허망한 것도 없는 것[無實無虛]입니다. 만일 비상非相을 동반한 제상諸相으로 보지 않는다면 마치 어둠 속에서 아무것도 볼 수 없음과 같고, 비상을 동반한 제상으로 보는 것은 밝은 대낮에 모든 사물을 보는 것과 같습니다.

무아는 한없는 공덕의 삶

당래지세[當來之世]라는 말이 나옵니다만, 무아의 삶에서는 시간과 공간이 존재하지 않습니다. 시간과 공간은 아상我相, 즉 의意에 의해서만 존재하기 때문에, 만일 '의의 자기 한정을 떠나면 공간도 없고 시간도 없게' 됩니다. 삶이 곧 시간이며 공간일 뿐입니다. 여기서 '미래의 500년 뒤[當來之世 後五百世]'를 말했지만, 이것은 의에 의해서 한정된 중생의 입장과 그것을 떠난 입장에서 설해지고 있는 것을 항상 염두에 두어야 합니다.

500년 뒤뿐만 아니라 각 시대마다 모양 없는 데서 모양을 나투는 데에 이르는 사람들이 늘 나오게 됩니다. 각 시대마다 중생의 삶에서 고苦를 스승으로 하여 깨달음에 이르기 때문이며, 깨달은 분의 삶에서 이 경전의 가르침이 드러나기 때문입니다. 중생의 삶이란 고로부터 벗어나려고 하거나 고에 머물러 있는 것의 두 가지입니다. 어느 시대나 고로부터 벗어나는 사람이 나타나게 되는데, 본래 삶의 바탕은 고가 아니므로 마음을 비운 순간 곧바로 고에서 벗어난 열반에 이르기 때문입니다.

　'열린 세계, 열린 마음'인 지혜는 시공을 떠나 있습니다. 의식의 나눔에 의한 시공을 떠나 있기 때문에, '언제 어디서나 누구라도' 자기 성품을 깨달아 '있는 그대로의 삶'으로 돌아가리라는 것을 여실히 아는 것입니다. '있는 그대로의 삶'은 이룰 것이 따로 없이 드러난 전체의 삶이기 때문에 한없는 공덕[無量無邊功德]이라고 합니다. 바꿔 말하면 '무아는 한없는 공덕의 삶'입니다. 깊은 자기 지켜봄, 곧 무엇이 일어나고 사라지는 것을 지켜보면, 있는 그대로의 한없는 공덕 속의 자기인 무아로 살아가게 됩니다.

● 그러면 우리가 다른 사람의 마음을 바꿀 수 있습니까?

우리의 삶은 '관계이며 만남'입니다. '만나는 순간 만남의 세계를 이루는 것'입니다. '나와 너'의 만남은 '나'만으로 있고 '너'만으로 있는 것이 아니라, "'나' 속에 '너'가 있고 '너' 속에 '나'가 있는 것"입니다. 만일 부처님의 마음으로 있으면 부처님의 만남이 됩니다. 모든 만남에서 저마다의 기운을 서로 주고받습니다. 그리고 마음[意]이란 본래 실체가 없기 때문에 어느 순간에 의意의 기운이 바뀌게 됩니다. 다른 사람의 마음을 바깥 인연만으로 바뀌게 할 수 없지만, 이 인연이 씨앗이 되어 그 사람이 마음을 바꿀 수는 있습니다. 여기서 중요한 것은 "먼저 '나'의 마음을 열면, 다른 사람이 저절로 그 영향을 받아 바뀌게 된다"는 것입니다.

◉ 업의 '경향성'이라는 말은 무슨 뜻입니까?

업이란 활동이라는 뜻이며, 경향이란 이 '활동에 늘 일정한 양식이 있는 것'을 말합니다. 따라서 '업은 끊임없이 자기 모습을 닮은 활동'을 상속합니다. 마치 사람의 얼굴이 늘 비슷하게 변해 가고 생각하는 방향도 늘 비슷한 것과 같습니다. 업은 얼굴과 세계를 비슷하게 만들어 가는 '선악의 행동 양식과 생각의 분별'입니다. 사람으로서 비슷한 유형, 개인으로서 비슷한 양식은 업의 경향성이 강하게 나타난 것입니다. 살아가면서 개인과 사회가 함께 영향을 주고 있습니다. 즉 활동하되 자기와 그 사회를 닮은 경향으로 나아가면서, '자기와 사회의 얼굴과 생각을 상속'시켜 가는 것입니다.

◉ 깨달음에 이르는 데 고苦에 대한 자각과 무심 도인無心道人의 역할은 무엇입니까?

'깨달음에 이르는 길'에는 자기 내부에서 고에 대한 자각이 일어나는 것[內因]과, 고에 대한 자각을 도와 열반에 이르게 하는 도움[外緣]이 있습니다. 자기도 모르게 고에 대한 자각과 평안을 맛보는 외연外緣이 무심 도인이 주는 가르침입니다. 무심 도인이 제도하지 않고 제도하는 이유는 이미 제도할 중생이 없음을 여실히 알기 때문입니다. 이러한 '분별 없는 깨달음이 분별하는 중생을 도울 수 있는 것'입니다. 그러나 이러한 외연은 내인內因의 자기 변화를 바탕으로 하지 않으면 깨달음으로 완성될 수 없습니다.

◉ 무심 도인의 경지가 아닌 사람은 중생 제도를 못합니까?

완전한 깨달음에 이르지는 못했더라도 '마음을 연 만큼 지혜와 자비로 다른 사람들을 감쌀 수' 있습니다. 지속적으로 열린 마음만이 닫힌 마음을 열 수 있습니다. 열린 마음만이 다른 사람을 위해서 자비행을 할 수 있는 것입니다. 열린 데서 일어나는 자비행은 다른 사람들에게 힘을 덜어 주면서도 덜어 준만큼 그 힘이 커집니다. 그래서 완전히 깨닫지 못한 사람들일지라도 서로 자비의 염을 주면서 공부하면 공부가 잘 되는데 이것을 '대중이 공부시킨다'고 합니다.

지금은 우리가 완전하지 못하기 때문에 서로의 마음을 충분하게 주고받지 못하지만, 어느 순간을 지나면 서로에게 포근한 의지처가 될 수 있습니다. 그렇게 되면 서로가 도반과 스승의 역할을 잘 할 수 있습니다. 물론 우리가 무심 도인이나 부처님을 만나 간접적인 영향을 받아서 변하면 더 좋겠지만, 지금 이 상태에서도 서로 포근함을 나눈 만큼 삶에서 자비로움이 커집니다.

◉ '제도한다'는 것은 그 사람이 변화되어야 하는 것입니까?

그렇습니다. 완전한 변화일 수도 있고 완전하지 않을 수도 있습니다. 지금은 아주 작은 연이지만 그것이 다음에 깨달음의 씨앗이 됩니다. '나' 자신이 사라지는 모습을 보이는 것은 이웃에게 열림의 씨앗을 주게 됩니다. 석가모니 부처님뿐만 아니라 저마다 서로 열림의 기운을 나누는 것입니다. 이와 같이 '우리가 서로 자비로움을 나누는 것'은 참된 열림의 씨앗이 되어서 악업의 경향성을 거스르게 합니다. 나아가 이것이 정업正業으로 승화되면서 궁극적으로 깨달음에 이르게 됩니다.

● '공부가 어느 정도 되었는가'에 상관없이 제도라는 것은 결국 자기밖에 못하는 것입니까?

'삶은 만남 속의 흐름'이라고 했습니다. 예를 들어, 안식眼識의 장에서 의意와 눈[眼]은 친인연親因緣이며, 색色은 소연연所緣緣입니다. 그리고 이 만남을 이루는 데 직접 영향을 미치는 햇빛이나 이 만남을 방해하지 않는 것들을 증상연增上緣이라고 합니다. 그리고 이러한 만남이 끊임없이 이어지고 있는 것을 등무간연等無間緣이라고 합니다. 이 사연四緣은 삶의 만남을 네 가지 측면에서 보고 있는 것으로, 삶을 보는 많은 눈 가운데 하나입니다.

'제도한다'는 것도 마찬가지로 '만남 속에 이루어지는 삶의 표현'입니다. 이때 다른 세 가지 연보다 연각과 같이 친인연의 힘이 강하게 일어나면 '자신'으로부터 제도연이 일어나는 것 같고, 성문과 같이 부처님의 가르침에 강한 영향을 받는 경우는 소연연이 강한 것 같습니다. 그 밖의 여러 대중들이 함께 공부하고 있는 환경 등에서 본다면 증상연이 강한 것 같고, 지속적인 수행에서 보면 등무간연의 힘이 강하게 비칩니다. 그러나 어느 것이든 연기 실상인 삶의 흐름에서 보는 것이기 때문에 그중 어느 하나만 주체가 되는 것은 아닙니다.

흔히 불교를 자력, 타력으로 나누는데 실상은 자력도 아니고 타력도 아닙니다. 다만 이 네 가지 연 가운데 어느 한쪽을 강조하고 있을 뿐입니다. 불교에는 자기도 없고 타인도 없는데 어떻게 자력이 있으며 타력이 있겠습니까? 자타가 하나 된 삶 속에 녹아 있을 뿐입니다.

◉ 현실적으로 서로를 고통스럽게 하는 경우가 많은데 이때 어떻게 공부해야 합니까?

어떤 부부의 이야기입니다. 남편이 오계를 받고 나서 '거짓말 하지 마라'라는 덕목을 지키기로 맹세했습니다. 7년이 지나자 그 사람의 마음 가운데 거짓말하려는 것 자체가 일어나지 않게 됐습니다. 부인은 그렇게 변한 남편을 알아보고 옷을 단정히 차려 입고 남편에게 삼배를 드렸다고 합니다. 이와 같이 지금 당장은 이루어지지 않을 것 같지만, 오랜 시간이 지나면 마음 가득히 지혜와 자비가 쌓이게 됩니다. 우리는 끊임없이 기쁘고 즐겁고 관용하고 사랑하는 마음을 일으켜야겠습니다.

   이때 중요한 것은 남의 단점을 보려고 하지 말고, 자신이 잘한 점을 더욱 키워야 한다는 것입니다. 잘못한 것은 바로 참회하면서 '오직 이 길뿐이다' 하고 바위처럼 자기 자신을 지켜보게 되면, 업의 경향성을 이기는 힘이 생기게 됩니다. 그러면서 더 쉽게 자비로운 삶의 관계를 유지시켜 갈 수 있습니다. 다시 한 번 강조하지만 남의 잘잘못을 보거나 말하지 말고 자신의 잘잘못을 지켜보아 삶을 바꿔가야 합니다. 자신의 잘못을 부각시키라는 것이 아니라, 잘못은 참회하고 장점은 더욱 키워 가는 것이 중요합니다. 지금 이런 것을 이해하더라도 업의 흐름을 거슬러 가기에는 힘이 듭니다. 그러나 위의 예처럼 계속 지켜가게 되면 어느 순간에 전체적으로 변화가 오게 됩니다.

◉ 초심初心이란 무엇입니까?
나·너의 분별이 일어나기 이전의 마음입니다. '마음을 열고 자비행을 하는 무분별의 마음'입니다.

◉ 진실한 것도 없고 허망한 것도 없다[無實無虛]란 무슨 뜻입니까?
'우선 삶을 연기 실상인 전체로 보는 안목을 길러야' 합니다. 삶의 어느 부분이 아니라 '삶의 동시·전체성이 생활 속에 항상 살아 있어야' 합니다. 이것은 열린 마음에서 저절로 나오는 자비행에서 잘 드러납니다. 그런데 흔히 우리의 삶은 '나만의 삶으로 제한되어' 동시·전체를 보지 못합니다. 이러한 중생의 분별된 삶이 서로를 힘들고 어렵게 하고 있습니다.

　그러나 동시·전체로 한 순간에 열리게 되면 아름다운 우리의 삶이 빛으로 있게 됩니다. 아름다운 삶[無虛]에는 늘 '우리'만 있기 때문에 '나만의 삶'은 사라집니다[無實]. 실實과 허虛를 분별하는 기준인 '아상我相'이 근거를 갖지 못하므로 진실한 것도 없고 허망한 것도 없습니다[無實無虛]. 이때에는 '함께 사는 아름다움'만이 동시·전체로 열려 있을 뿐입니다.

15. 경을 지니는 공덕은 持經功德分

"수보리야, 선남자 선여인이 아침에 갠지스 강의 모래만큼 많은 몸으로 보시하고, 낮에 다시 갠지스 강의 모래만큼 많은 몸으로 보시하고, 저녁에 또 갠지스 강의 모래만큼 많은 몸으로 보시하기를 셀 수 없는 백천만억 겁의 세월 동안 계속하는 것보다 이 경의 가르침을 듣고 믿는 마음으로 거스르지 않는 복이 훨씬 뛰어나다. 하물며 베껴 쓰고 받아 지녀 읽고 외워서 다른 사람을 위해 해설한다면 헤아릴 수 없는 복덕을 쌓는 것이 된다.

수보리야, 요점을 말하자면 이 경은 생각으로 헤아릴 수 없으며 재 볼 수도 없는 한없는 공덕이 있으니, 여래께서는 대승의 법에 마음을 내는 사람을 위해서 말씀하셨고, 위없는 법에 마음을 내는 사람을 위해서 말씀하신 것이다.

만약 어떤 사람이 능히 받아 지녀 읽고 외우며 널리 다른 사람을 위해 설한다면, 여래께서는 이 사람을 다 아시고 다 보시니 달아볼 수도 없고 재 볼 수도 없으며 한없으며 생각으로 헤아릴 수 없는 공덕을 모두 성취하리라. 이와 같은 사람들이 곧 여래의 위없는 바른 깨달음을 짊어지리라.

왜냐하면 수보리야, 열등한 법을 즐기는 사람은 아견·인견·중생견·수자견에 집착하여 이 경의 가르침을 듣고 받아 지녀 읽고 외워서 다른 사람을 위해 해설할 수 없기 때문이다.
　수보리야, 어느 곳이든 이 경이 있는 곳은 모든 세계의 하늘신·인간·아수라가 공양할 것이다. 마땅히 그곳이 탑이 됨을 알아서 모두 공경하는 마음으로 예를 갖추어 오른쪽으로 돌고 온갖 꽃과 향을 그곳에 뿌릴지니라."

須菩提 若有善男子善女人 初日分 以恒河沙等身布施 中日分 復以恒河沙等身布施 後日分 亦以恒河沙等身布施 如是 無量百千萬億劫 以身布施 若復有人 聞此經典 信心不逆 其福勝彼 何況書寫受持讀誦 爲人解說 須菩提 以要言之 是經 有不可思議不可稱量無邊功德 如來 爲發大乘者說 爲發最上乘者說 若有人 能受持讀誦 廣爲人說 如來 悉知是人 悉見是人 皆得成就不可量不可稱無有邊不可思議功德 如是人等 則爲荷擔如來阿耨多羅三藐三菩提 何以故 須菩提 若樂小法者 着我見人見衆生見壽者見 則於此經 不能聽受讀誦 爲人解說 須菩提 在在處處 若有此經 一切世間天人阿修羅所應供養 當知此處 則爲是塔 皆應恭敬作禮圍遶 以諸華香 而散其處

사유를 뛰어 넘다

여기에 부처님의 가르침을 듣고 믿는 마음으로 거스르지 않는다는[信心不逆] 대목이 나옵니다. 신심이란 허깨비와 같은 '나'를 참된 실체라고 아는 전도몽상을 극복하여 '깨달음의 세계에서 동시·전체로 있음을 확실히 체험하는 것'입니다. 바꿔 말하면 '사유를 뛰어넘어 나를 버리는 데서 나타나는 삶'을 말합니다. 전도몽상이란 무지입니다. 사유에 의해서 설정된 일체법을 실체시하여 '삶의 실상을 바로 알지 못하는 나에 대한 무지'입니다. 그래서 자기 자신에 대한 무지를 버리는 순간 즉각 공포가 사라지면서 온삶, 하나 된 삶으로 있는 것에 대한 신심이 일어나게 됩니다.

이것은 공空과 더불어 일체가 되는 체험에서 오는 것입니다. '나를 버려 나에 대한 무지를 극복하여 공 자체가 되는 것'입니다. '나' 자신에 대한 근원적인 무지인 전도몽상에서 벗어나야만 죽음을 삶으로, 참으로 사는 것으로 받아들이는 마음이 생깁니다. 이는 삶과 죽음을 떠나 있는 것입니다. '죽음이 사는 것'이라고 사유를 빌려서 말하지만, 근원에서는 삶과 죽음 자체를 떠나 있는 것입니다. 그것은 삶도 아니고 죽음도 아니고 '전체가 함께 열려 있는 것'입니다.

이와 같이 전체가 삶에서도 열려 있고 죽음에서도 열려 있어 '일체가 함께 사는 아름다움'으로 있을 때 비로소 반야바라밀이 됩니다. 반야바라밀이 되었을 때 공포로부터 자유로워 전도몽상이 없어지고 신심이 지속됩니다. 신심 자체가 되는 것이 공空이며, 이는

'자기 자신을 전체로 여는 것'입니다.

이러한 열림의 지혜 속에서 시작과 끝이 없는 자비, 자기 삶에 대해서 항상 자애로워지는 것을 체험합니다. 몸과 마음에서 일어나는 모든 것을 진실로 받아들여 참으로 사랑스럽고 자비롭게 여길 때, '나' 없는 삶을 받아들이게 되는 신심이 생깁니다. 그렇지 않다면 제한된 몸과 마음에 갇혀 진실한 자신을 보지 못하여 자신에 대한 무지를 극복하지 못하게 됩니다.

'몸과 마음에서 일어나는 모든 것에 대하여 자비로워지는 것'은 '스스로 자유와 자비 그 자체가 되는 것'입니다. 이것은 본래 우리의 모습이며 무엇에 의해서 자비가 오는 것이 아닙니다. 모든 것에 항상 열려 있어서 자비로움으로 드러나는 것이 곧 체험된 신심입니다. 이러한 신심에는 공양할 부처님이나 공양을 받을 부처님이 계시지 않고, 공양하는 '나'도 없습니다. 모든 것이 완전히 하나 된 삶으로 되어 있기 때문에, 다른 어떤 것보다도 가장 뛰어난 복이라고 합니다.

한없는 공덕

이 경은 생각으로 헤아려 알 수 없고[不可思議] 그 무엇으로도 재 볼 수 없는[不可稱量] 한없는 공덕[無邊功德]이라고 합니다. 경이란 '삶의 길'입니다. '나와 나의 소유'에 대한 전도몽상이 극복되면 온 세상이 함께 완전히 열리기 때문에 사는 것 자체를 사유로 헤아릴 수 없습니다. 그러나 한정된 사유로 헤아리는 세계는 한정될 수밖에 없습니다.

만일 『금강경』의 가르침대로 삶 자체에서 완전히 열려 있으면 한계를 뛰어넘어 불가사의함 속으로 들어가게 됩니다. 이 세계를 공空·반야바라밀 등으로 표현하지만, 이는 사유로 파악될 수 없습니다. 분별을 벗어나 무심으로 사는 분들을 언뜻 보면 우리처럼 평범하게 사는 것 같습니다. 그러나 우리의 말이나 인식 속에서는 그분들의 삶을 전혀 파악할 수 없습니다. 그것이 『금강경』이 보여주는 삶의 태도입니다.

또 한없는 공덕[無邊功德]이란 말이 나옵니다. '시간과 공간은 나에 의해서 한정된다'고 했습니다. 그런데 한정하는 주체인 '나'가 사라지면서 시간과 공간으로 제약된 한계에서 벗어납니다. 생각이 미치지 못하고 재 볼 수도 없는 것은 '시공의 어떤 제한에서 완전히 벗어난 상태'입니다. 그와 같기 때문에 한없는 공덕이라 합니다. 전도몽상으로 한정된 '나와 나의 소유'에서 벗어나면서 시공에서도 자유로워진 완전한 열림을 무변이라고 합니다. '무변한 공덕'이란 '비교로써 헤아릴 수 있는 한계가 극복된 것'을 말합니다.

자기를 비운 데서 일어나는 삶

자기를 비운 데서 일어나는 삶을 대승·최상승이라고 합니다. 부처님의 가르침은 대승·소승의 구별이 없습니다. 여기서 말한 생각으로 헤아릴 수 없고 재 볼 수도 없는 한없는 공덕[不可思議 不可稱量 無邊功

德], 즉 시공의 한계를 벗어나 있는 것을 대승이라고 하기 때문에 소승에 상대된 대승의 의미가 아닙니다. 무변無邊이 곧 대승이 되고 최상승이 됩니다. 대승을 공부하고 최상승을 공부한다고 할지라도 늘 '나의 가르침, 우리의 가르침이라는 자기 한계' 속에 들어 있으면 대승을 볼 수 없습니다. 시공의 한계를 벗어난 사람들은 생각이 미치지 못하고 재 볼 수도 없는 한없는 공덕을 성취합니다.

이때 성취라는 말은 '아무것도 원하지 않는 무원無願'을 말합니다. 무원이 되었을 때라야 그 원은 비로소 원만히 성취됩니다. 왜냐하면 '무원은 곧 무아의 표현'이기 때문입니다. 온 세상의 드러남 자체가 무아의 자기표현이기 때문에 다른 것을 소유할 필요가 없습니다. 드러남 전체가 자기 원함이기 때문에 따로 원할 것이 없습니다. 여기서 성취라는 말은 '무원 그대로가 성취'라는 말입니다. '무원은 성취될 것조차 없다'는 뜻입니다. '생각이 미치지 못하고 재 볼 수도 없는 공덕을 성취한다'는 것은 '성취된 대상이 없는 것을 성취한다'는 것입니다. 곧 스스로가 무無가 되고 불佛이 됐을 때, 비로소 생각이 미치지 못하고 재 볼 수도 없는 공덕을 성취하게 됩니다.

만일에 그렇지 않다면 열등한 법[小法]을 좋아하는 사람이 됩니다. '무엇인가 성취하는 것은 곧 열등한 법을 좋아하는 것'입니다. 스스로가 무無가 되고 불佛이 되면 열등한 법에서 벗어나 여래의 '위없는 바른 깨달음'으로 사는 것입니다. 이러한 무변·무아·무원을 참으로 체험하면 신심이 생깁니다. 신심이 있는 사람들의 삶이 '위없는 바른 깨달음'으로, 이때 삶은 그대로 다 긍정됩니다. 만일 '나'가 있으면 무엇인가를 소유하게 되므로 무변·무아·무원이 되지 않아 '위없는 바른 깨달음'의 삶이 될 수 없습니다.

이것이 아상我相·법상法相을 떠난 자유로운 삶입니다. 아·법으로부터 자유롭지 못한 것이, 뒤에 "금강경의 한 구절이라도 듣고 받아 지닐 수 없다[卽於此經 不能聽受讀誦]"는 대목입니다. 차경此經이란 『금강경』의 가르침이 삶에서 구체적으로 드러나는 것'입니다. 만일 삶 속에서 드러나지 않고, 단지 『금강경』의 가르침이 무슨 가르침인 줄 아는 것'은 금강의 가르침과는 거리가 멉니다.

자비의 길을 걸어가는 것

중요한 것은 경의 내용을 아는 것이 아니라 '순간순간 경 그대로가 삶에서 드러나는 것'입니다. '이 경의 가르침대로 삶이 드러나야 한다'는 뜻입니다. 나의 분별로 『금강경』을 안다면, 이것은 『금강경』을 듣는 것도 받아 지니는 것도 읽고 외우는 것도 아니기 때문에 다른 사람을 위해서 해설할 수도 없습니다. 금강의 가르침이 삶에서 곧바로 드러나 삶을 이해하고 사랑하여 저절로 자비로움이 나오는 것이 곧 다른 이를 위하여 해설하는 것[爲人解說]입니다.

이때 가장 중요한 것은 '자기 자신을 자비로운 눈과 마음으로 보는 것'입니다. 자기 삶에 대하여 자비롭지 못하면 전도몽상에 빠져서 포근한 마음을 내지 못하게 됩니다. 분별하는 마음은 자비로운 삶이 아닙니다. '몸과 마음과 세계가 자비로 하나가 되는 것',

'동시에 함께 자비의 길을 걸어가는 것'이 다른 이를 위하여 경을 해설하는 것[爲人解說]입니다.

만일 그렇지 않으면 보고 듣는 것도 아니며[不能聽受讀誦] 다른 이를 위해 경을 해설하는 것[爲人解說]도 아닙니다. '나와 다른 사람들이 자비로 하나가 된 것'이 곧바로 '금강경'이며 '함께 사는 아름다움'입니다. '만남마다 자비로움이 함께하는 것[在在處處 若有此經]'이 경을 읽는 것입니다. '자비로움으로 하나 된 열린 삶이 있는 곳'마다 '부처님의 사리를 모시는 탑'입니다. 탑은 부처님의 생명을 상징하는 것으로, 부처님의 생명이며 나아가 나의 생명입니다. 나와 부처님과 탑이 더불어 함께하는 곳에 꽃과 향[華香]을 뿌려 공양을 올리는 것입니다.

16. 업장을 맑게 하나니 能淨業障分

"또한 수보리야, 선남자 선여인이 이 경을 받아 지녀 읽고 외우더라도 다른 사람이 경멸하고 천시한다면, 이 사람은 전생의 죄업으로 다음 세상에 악도에 떨어지게 될 것이나, 지금 사람들이 경멸하고 천시하는 까닭에 전생의 죄업이 없어지게 되어 반드시 위없는 바른 깨달음을 얻게 되리라.

수보리야, 내가 셀 수도 없는 아승지겁의 먼 옛날에 연등불보다 앞선 헤아릴 수 없는 팔백사천만억 나유타의 모든 부처님을 만나, 그분들 모두에게 공양 올리고 받들어 섬기었으며, 헛되이 지나감이 없었던 것을 기억한다.

그러나 어떤 사람이 뒷날 바른 가르침이 쇠퇴할 시기에 이 경의 가르침을 받아 지녀 읽고 외워서 얻는 공덕은 내가 과거세에 모든 부처님께 올렸던 공양의 공덕으로는 백분의 일에도 미치지 못하며, 천만억분 이상의 산수 비유로도 미칠 수 없는 것이다.

수보리야, 만약 선남자 선여인이 뒷날 바른 가르침이 쇠퇴할 시기에 이 경의 가르침을 받아 지녀 읽고 외워서 얻는 공덕을 내가 만일 자세히 설한다면, 어떤 사람은 듣고서 곧 마음이 미친 듯이 어지러워 의심하고 의심하여 믿지 않으리라. 수보리야, 이 경의 뜻은 생각으로 헤아릴 수 없으며 과보도 또한 생각으로 헤아릴 수 없는 줄을 반드시 알아야 한다."

復次須菩提 善男子善女人 受持讀誦此經 若爲人輕賤 是人 先世罪業 應墮惡道 以今世人 輕賤故 先世罪業 則爲消滅 當得阿耨多羅三藐三菩提 須菩提 我念 過去無量阿僧祇劫 於燃燈佛前 得值八百四千萬億那由他諸佛 悉皆供養承事 無空過者 若復有人 於後末世 能受持讀誦此經 所得功德 於我所供養諸佛功德 百分不及一 千萬億分 乃至 算數譬喩 所不能及 須菩提 若善男子善女人 於後末世 有受持讀誦此經 所得功德 我若具說者 或有人聞 心則狂亂 狐疑不信 須菩提 當知 是經義不可思議 果報亦不可思議

무분별의 온삶

중생의 삶은 '나와 나의 소유'로 이루어져 있습니다. 그런데 '나와 나의 소유'의 실체를 보게 되면, 무아임을 알게 되어 소유로부터 자유롭게 됩니다. 이 대목에서 나온 전생의 죄업[先世罪業]에서 죄란 '바르지 못한 마음의 작용'입니다. 그런데 일체법은 마음의 분별에 의한 허상이지만, 이 허상을 마음이 소유하고 있습니다. 그러므로 허상의 소유로부터 자유롭게 되면 죄 자체가 사라지게 됩니다. 즉 다른 사람이 가볍게 여기거나 천하게 여기더라도 이것의 자성이 허상인 줄 알면, 우리 삶의 실상인 '위없는 바른 깨달음'으로 살게 됩니다.

 이때부터는 죄의 자성이 공空임을 알아 죄로부터 근원적으로 자유로워져 닫힌 마음인 분별심이 사라지기 때문입니다. 죄의 자성이 공임을 아는 것은 '내가 없음을 확실히 아는 것'입니다. 다른 사람이 '나'를 가볍게 여기고 천히 여기는 순간, '나'와 그것의 자성이 공인 줄 알아차리게 되면 자애로움이 일어나게 되어 있습니다. 죄업으로 악도惡道에 떨어져야 하는데 도리어 "죄업이 허상임을 알아차리는 순간 '위없는 바른 깨달음으로 살게 된다'"는 것이 이 경이 가르치는 삶의 방법입니다. 이와 같은 삶이 최상승이며 대승입니다.

 이와 같은 삶은 팔백사천만억 나유타 제불, 즉 한량없는 부처님께 공양하는 것보다 더 뛰어납니다. 왜냐하면 한 생각이 일어날 때마다 분별의 일체상이 무분별의 일체상이 될 때, 온 세계와 하나가 되어 부처와 중생의 분별이 사라져 삶 그대로 무량한 부처님이 되기 때문입니다. 이것이 『금강경』을 받아 지녀 독송하는 것[受持讀誦此經]입니다. 부처님도 없고 중생도 없고 오직 '무분별無分別의 온삶'만 있게 됩니다.

 '무분별의 온삶'으로 사는 것이 『금강경』을 받아 지녀 독송하는 것이기 때문에 그 공덕은 견줄 데가 없습니다. 이것은 무념無念·무상無常·무아無我의 상태로서 일체 비유가 미치지 못하니, '모든 부처님을 공양하는 공덕도 여기에 미칠 수 없다[供養諸佛功德 百分不及一 千萬億分 乃至 算數譬喩 所不能及]'고 합니다. 모든 비유는 '나'로부터 출발하는데 '나' 자체가 없기 때문에 아무런 비교가 있을 수 없으니,

업장을 맑게 하나니 255

이것이 이 경을 받아 지녀 독송하는 것[受持讀誦此經]입니다.

빈 마음이 되는 순간이 곧 성취

그런데 이 말을 듣고 마음으로 받아들이지 못하고 의심합니다[心則狂亂 狐疑不信]. 공부할 때 가장 큰 장애 중의 하나가 의심하는 것입니다. 여기에서 의심은 '반야의 공인 빈 마음이 되는 순간이 곧 성취'라는 것을 이해하지 못하고 믿지 못하는 것입니다. 빈 마음으로 '바위처럼 앉아 있는 것' 자체가 '침묵 속에 부처님을 표현하는 것'임을 믿지 못합니다. 말 없이 '척 앉아 있는 것 자체가 이미 완성된 부처님에 대한 침묵의 표현이다'라는 말을 듣고 믿지 않고, 한 발 움직이고 한 마디 말하는 것마다 곧바로 성취된 부처님의 모습인 것을 믿지 않는 것입니다. 이것을 의심이라고 합니다.

반면 우리의 얼굴이 스스로 자비·광명의 표현이며, 생각이 곧바로 부처님의 표현임을 믿어 의심하지 않는 순간, 즉각 '빈 마음의 온삶'을 살게 됩니다. 『법화경』'관세음 보살 보문품'에서는, "불 속에서도 나를 부르고 물에 빠져서도 나를 부르고 어려움이 있을 때마다 나를 부르면, 그 모든 고통으로부터 벗어나리라"고 합니다. 관세음 보살이란 삶과 죽음으로 나뉜 전도몽상을 떠난 사람들입니다. '가장 고통스러울 때란 가장 강하게 자아가 일어날 때'입니다. 가장 강하게 자아가 일어난 순간, 관세음 보살을 불러 자아가 사라지면 일체의 고통으로부터 자유롭게 됩니다.

'보문품'을 읽고 관세음 보살을 실제로 의심 없이 그대로 받아들이면 모든 고통이 사라질 것입니다. 고통이 일어나는 순간, 분별에서 발생한 고苦를 여의게 하는 것은 '간절한 마음, 완전한 귀의심을 동반한 열린 마음'입니다. 가장 간절한 마음으로 마음을 열어 생과 사를 뛰어넘고 고락苦樂을 뛰어넘습니다. 오히려 험난한 어려움 속에서 삶의 참된 길, 열림의 길속으로 들어가게 됩니다. 관세음 보살을 부르더라도 간절한 귀의심이 없으면 고통 속에서 완전히 헤어나지는 못합니다. 부처님께서 자세히 이런 말을 할지라도[我若具說者] 마음이 어지럽기만 하고 믿지 않습니다.

사유로써 한정되지 않는 삶

이 경은 뜻도 불가사의하고 과보도 불가사의하다고 합니다. 이때 과보라는 말에 조심해야 합니다. 열반은 인과관계를 떠나 있어서 수행의 결과로 얻어진 과보가 아닙니다. 본래부터 연기 실상의 온삶은 모든 얽매임을 떠나 있기 때문에 중생에서 벗어난 열반이 따로 실재하는 것이 아닙니다. 열반은 수행을 통해서 얻어지는 것이 아닙니다. 열반은 인과관계 속의 수행에서 얻어지는 것이 아니라 '삶 전체가 그대로 있는 것'입니다. 따라서 과보로써 나타낼 수 없는 것이기 때문에 불가사의라고 하고 있습니다. "이 경은 뜻도 불가사의不可思議하며 과보果報도 불가사의하다"고 한 것은 '사유로써 한정되지 않는 삶'을 나타낸 말입니다.

우리의 삶은 사유에 의해서 결정하고 판단하고 분별한 대로 있는 것이 아닙니다. 비록 분별에 의한 중생의 삶이 소외인 고를 불러오지만, 즉각 마음을 쉬는 순간에 이미 인과를 떠난 불가사의한 열반으로 사는 것입니다. 중생의 사유로써 분별된 전도몽상을 흐름 자체에 맡겨 두고 지켜보면, 열림의 침묵 속에 분별의 근원인 '나'가 사라지게 됩니다. 그냥 '침묵 속에서 자비 속에서 쉬고, 흐름 속에 맡겨 두고 쉬는 것'이 우리가 할 일입니다. '나'도 가족도 이웃도 사라진 함께 사는 아름다움 가운데, '나'와 가족과 이웃이 대승과 최상승으로 살게 됩니다.

● 받아 지녀 독송하는 것[受持讀誦]을 다시 설명해 주십시오.
받아 지녀 독송하는 것이란 '무지로부터 벗어난 삶'을 말하며, 나의 몸과 마음을 중심으로 하는 분별을 버리는 순간 무지로부터 벗어나게 됩니다. '나의 몸'을 버렸을 때 부처님 몸을 받게 되고, '나의 마음'을 버렸을 때 부처님의 지혜와 자비 속에 같이 있게 됩니다. '무지는 분별에 의한 자기 한정'입니다. 전체로 열린 것이 '나의 몸'이 되고 전체로 열린 것이 '나의 마음'이 되는 것이 수지독송으로, 이때 귀의심 歸依心, 즉 신심이 생깁니다. 몸과 마음을 열지 않으면 부처님 말씀을 듣고 이해할 수 없습니다. 그러나 나의 몸과 마음이 무지인 줄 확실히 믿기만 하면 곧바로 이해와 사랑과 자비가 일어납니다.

받아 지녀 독송하는 경經이란 환히 열린 마음으로 무지를 극복한 몸과 마음입니다. 마음을 열면 시공을 초월한 시작도 끝도 없는 자비의 맛을 보게 됩니다. 시공을 초월한 무아·무원·무변의 흐름이 자비로 표현됩니다. 이러한 흐름의 자기표현이 경전입니다. 여기서 경전이란 어떤 한 권의 경전을 말하는 것이 아니라 '시작도 없고 끝도 없는[無始無終] 자비로움 속에서 시공을 분별하는 몸과 마음의 무지로부터 자유로워지는 것'을 말합니다.

● 사홍서원四弘誓願이란 무엇입니까?

사홍서원이란 네 가지 크나큰 원력입니다.

첫째, '한없는 중생을 제도하겠다'는 원력입니다. 한없는 중생은 한없는 마음으로만 다 껴안을 수 있습니다. 즉 한정된 나의 마음을 버리는 데서 중생이 제도되는 것입니다. 중생을 제도하겠다는 한정된 마음으로는 한없는 중생을 제도할 수 없습니다. '한없는 마음, 즉 나 없는 마음'만이 곧바로 한없는 중생을 제도합니다.

둘째, '한없는 번뇌를 모두 끊겠다'는 것입니다. 낱낱의 현상으로서 번뇌는 한이 없습니다. 그러나 그 근본이 되는 것은 아상我相등의 사상입니다. 사상이 사라지면 모든 번뇌는 사라지게 됩니다. 중요한 것은 하나하나의 번뇌에 대한 대치가 아니라 근본 무명에서 나온 사상을 버리는 것입니다.

셋째, '한없는 부처님 법을 배운다'는 것입니다. 부처님의 법문이 한량없는 것은 중생들의 업이 한량없기 때문입니다. 그러나 법문은 중생의 업에 따르는 것이 아니라 업의 허망성을 여실히 보여 주는 것입니다. 낱낱이 다른 설법으로 업의 허망성을 버려 연기 실상의 참 삶으로 있게 하는 것입니다. '순간순간 일어나는 우리들의 마음

씀씀이가 허망한 업의 드러남'임을 여실히 알아차리는 것이 『반야경』의 가르침입니다. 반야에 의해서 법의 실상이 여실히 드러나게 되면, 한량없는 법문이 한 마음에 생생하게 살아납니다.

넷째, '위없는 지혜, 무상無上의 지혜를 이루겠다'는 것입니다. '한생명으로 어울려 있는 우리들의 삶'이 곧 무상입니다. 이러한 온삶을 가로막는 것은 제 모습만을 만들어 가는 업입니다. 업은 근본 모순관계, 즉 '근본 무명의 변하지 않는 자아 분별'입니다. 따라서 무명無明의 자아 분별을 버리는 순간, 이미 온삶인 한생명으로 어울려 언제나 그렇게 있게 됩니다.

이러한 네 가지 큰 원력은 근본적으로 사상四相만 없어지면 바로 드러나는 우리들의 삶입니다. 그러므로 현상적으로 보면 하나하나의 큰 원력이지만 본래 무원無願일 수밖에 없습니다. 반야의 무원은 곧 사홍서원이 본래 우리의 삶임을 이야기하고 있습니다. 자아 분별을 떠난 삼매가 곧 반야의 삼종삼매[空·無相·無願]입니다. 여기에 이어서 자기의 마음에서 일어나는 중생·번뇌·법문·불도에 대해서 이야기합니다. 이때에도 마찬가지입니다.

중생의 마음[분별심]이 일어나면 곧바로 중생의 마음을 한 부처님임을 알아차리고, 번뇌가 일어나면 번뇌의 얼굴을 한 부처님임을 알아차리고, 법문을 하는 얼굴, 불도를 갖춘 얼굴을 한 부처님임을 알아차리면 마음마음마다 그대로 부처님의 화현이 됩니다. 반드시 부처님으로 여기며 귀의심으로 공경히 모셔야 됩니다. 그 순간 여러 가지 모습으로 나타나는 마음이 진실로 귀의처가 되면서 일체 분별심과 번뇌로부터 자유로워집니다. 이것이 사홍서원을 닦는 방법입니다.

● 『금강경』을 받아 지녀 독송하는데도 업신여김을 받는 이유는 무엇 때문입니까?

업신여김을 받고 있다고 여기면 곧 받아 지녀 독송하는 것이 아닙니다. 앞에서 이야기했듯이, 수지독송이란 어떤 경전을 지니면서 외우는 것이 아니라, '경전의 가르침을 몸과 말과 마음으로 그대로 표현'하는 것입니다. 그럼 경전의 내용은 무엇입니까? "업신여김을 받을 '나'도 없고, 업신여기고 있는 상대도 없다"는 것입니다. 수지독송하는 분은, '업신여길 바탕'이 없기 때문에 다른 사람의 '업신여기는 행동'을 의식하지 않습니다.

업신여기는 사람은 전 찰나까지 인연관계에서 아직 분별 망상을 벗어나지 못해 분별업을 짓고 있지만, 이 경을 수지독송하는 분은 공의 세계가 드러나 비록 업신여기는 소리를 듣더라도 이내 평정해져 미워하는 마음이 사라집니다. 곧 그러한 업신여김을 통해서 지난 세월의 악연惡緣을 떨어 버리고, 그 관계에서 공空의 자비로써 선연善緣의 밝은 삶을 열어가므로 악도惡道의 세계가 없어지게 됩니다.

● 내외명철內外明徹이란 무엇입니까?

내외명철은 안팎이 없는 것입니다. 안과 밖이 밝게 뚫려 있는 것입니다. '나'가 있을 때 안팎이 있으나, '나'가 사라지면 안팎의 기준이 없게 되어 자연히 안과 밖이 하나 된 밝은 빛으로 뚫려 있게 됩니다. 즉 '마음 깊숙이 있는 분별의 종자까지 완전히 다 없어진 상태'입니다.

17. 끝내 자아는 없고 究竟無我分

이때 수보리가 부처님께 여쭈었습니다.
"세존이시여, 위없는 바른 깨달음에 마음을 낸 선남자 선여인은 어떻게 살아야 하며 어떻게 마음을 다스려야 합니까?"
부처님께서 수보리에게 말씀하셨습니다.

"위없는 바른 깨달음에 마음을 낸 선남자 선여인은 마땅히 이와 같이 생각해야 한다. 곧 반드시 모든 중생을 제도하겠으며, 모든 중생을 제도하더라도 참으로 한 중생도 제도되는 실체는 없다고 생각해야 한다.

왜냐하면 수보리야, 만약 보살이 자아라는 생각[我相], 개인적인 윤회의 주체라는 생각[人相], 어떤 실체에 의해서 살아 있다는 생각[衆生相], 개체의 영원한 생명이라는 생각[壽者相]이 있으면 곧 보살이 아니기 때문이다. 이런 까닭은 수보리야, 위없는 바른 깨달음을 내는 어떤 실체도 참으로 존재하지 않기 때문이다.

수보리야, 어떻게 생각하느냐, 여래께서 연등불 처소에 계실 적에 어떤 실체가 있어서 위없는 바른 깨달음을 얻었겠느냐?"

"그렇지 않습니다, 세존이시여. 부처님께서 말씀하신 뜻을 제가 이해한 바로는 부처님께서 연등불 처소에 계실 적에 어떤 실체가 있어서 위없는 바른 깨달음을 얻은 것이 아닙니다."

부처님께서 말씀하셨습니다.

"그렇고 그러하다. 수보리야, 여래께서 얻은 위없는 바른 깨달음이라는 어떤 실체도 참으로 존재하지 않는다. 수보리야, 만약 여래께서 얻은 위없는 바른 깨달음이라는 어떤 실체가 존재한다면, 연등불께서 나에게 수기를 주시면서 '너는 미래에 틀림없이 부처가 되어 석가모니라는 이름을 얻을 것이다'라고 하지 않았을 것이다.

왜냐하면 참으로 위없는 바른 깨달음이라고 하여 얻을 어떤 실체도 존재하지 않기 때문에 연등불께서 나에게 수기를 주시면서 '너는 미래에 틀림없이 부처가 되어 석가모니라는 이름을 얻을 것이다'라고 말씀하신 것이다. 왜냐하면 '여래란 삶의 있는 그대로의 모습'을 뜻하기 때문이다.

수보리야, 만약 어떤 사람이 여래께서 위없는 바른 깨달음을 얻었다고 말한다면 옳지 않다. 수보리야, 참으로 부처님께서 얻은 위없는 바른 깨달음이라는 어떤 실체도 존재하지 않는다.

수보리야, 여래께서 얻은 위없는 바른 깨달음 가운데에는 진실한 것도 없고 허망한 것도 없다. 이런 까닭에 여래께서는 모든 법이 다 부처님 법이라고 말씀하신 것이다. 수보리야, 모든 법이 곧 모든 법이 아닌 것을 모든 법이라고 한다.

수보리야, 비유하자면, 사람의 몸이 장대함과 같다."

수보리가 말하였습니다.

"세존이시여, 여래께서는 사람의 큰 몸이 곧 큰 몸이 아닌 것을 큰 몸이라고 말씀하십니다."

"수보리야, 보살도 또한 이와 같아서 만약 '내가 반드시 한없는 중생을 제도하겠다'고 말한다면 보살이라고 할 수 없다. 왜냐하면, 수보리야, 보살이라고 할 어떤 법도 참으로 존재하는 것이 아니기 때문이다. 이런 까닭에 부처님께서 모든 법에는 아我도 없고 인人도 없고 중생도 없고 수자도 없다고 말씀하셨다.

수보리야, 만약 보살이 '반드시 부처님 나라를 장엄하겠다'고 말한다면 보살이라고 할 수 없다. 왜냐하면 여래께서는 부처님 나라를 장엄하는 것이 곧 장엄하는 것이 아닌 것을 장엄한다고 말씀하시기 때문이다.

수보리야, '모든 것에 자아라는 실체가 없다[無我法]'고 통달한 보살이라면 여래께서 참으로 보살이라고 말씀하신다."

爾時 須菩提 白佛言 世尊 善男子善女人 發阿耨多羅三藐三菩提心 云何應住 云何降伏其心 佛告須菩提 若善男子善女人 發阿耨多羅三藐三菩提心者 當生如是心 我應滅度一切衆生 滅度一切衆生已 而無有一衆生 實滅度者 何以故 須菩提 若菩薩有我相人相衆生相壽者相 則非菩薩 所以者何 須菩提 實無有法 發阿耨多羅三藐三菩提心者 須菩提 於意云何 如來 於燃燈佛所 有法得阿耨多羅三藐三菩提不 不也 世尊 如我解佛所說義 佛於燃燈佛所 無有法 得阿耨多羅三藐三菩提 佛言 如是如是 須菩提 實無有法 如來得阿耨多羅三藐三菩提 須菩提 若有法 如來得阿耨多羅三藐三菩提者 燃燈佛 則不與我授記 汝於來世 當得作佛 號釋迦牟尼 以實無有法 得阿耨多羅三藐三菩提 是故燃燈佛 與我授記 作

是言 汝於來世 當得作佛 號釋迦牟尼 何以故 如來者 卽諸法如義 若有人 言如來 得阿耨多羅三藐三菩提 須菩提 實無有法 佛得阿耨多羅三藐三菩提 須菩提 如來所得阿耨多羅三藐三菩提 於是中 無實無虛 是故 如來說一切法 皆是佛法 須菩提 所言一切法者 卽非一切法 是故 名一切法 須菩提 譬如人身 長大 須菩提言 世尊 如來說 人身長大 卽爲非大身 是名大身 須菩提 菩薩 亦如是 若作是言 我當滅度無量衆生 則不名菩薩 何以故 須菩提 實無有法 名爲菩薩 是故 佛說一切法 無我無人無衆生無壽者 須菩提 若菩薩 作是言 我當莊嚴佛土 是不名菩薩 何以故 如來說 莊嚴佛土者 卽非莊嚴 是名莊嚴 須菩提 若菩薩 通達無我法者 如來說名 眞是菩薩

진여가 삶의 본래 모습

이 대목은 첫째와 둘째 대목에서 부처님께서 탁발 후 돌아와 앉아 계실 때 수보리가 묻는 장면과 비슷합니다. 부처님께서 침묵으로 앉아 계실 때 대중의 마음이 동요하는 순간 수보리가 물었습니다. 그로부터 여기까지 설명하는 것을 듣고, '아, 그렇구나'하고 마음을 푹 쉬고 부처님의 침묵에 동의하고 있습니다. 여기에 수보리가 다시 묻는 것은 앞에서처럼 대중의 마음이 움직여서 묻는 것이 아니라 '그렇다'고 확인하는 것입니다.

이것은 '범부에서부터 부처님에 이르기까지 수행하는 방법은 같다'는 것을 보여 주고 있습니다. 앞에서 부처님의 말씀을 듣고 마음이 평안해진 대중들이 여기서 다시 "어떻게 마음을 일으키고, 어떻게 살아가야 하는가?"라는 질문을 되풀이합니다. 여기서 이때란 수보리뿐만 아니라 같이 있는 대중들이 모두 평안한 때를 말합니다. '여래란 삶의 있는 그대로의 모습[如來者 卽諸法如義]'이므로, 연등불께서 석가모니 부처님께 수기를 주는 것은 '진여가 삶의 본래 모습'이기 때문입니다. 그러므로 진여는 부처님께만 있는 것이 아니라 모든 중생의 삶을 이끌어 가는 바탕입니다. 부처님의 가르침을 듣고 수보리와 대중들이 평안한 마음이 되었으며, 그 가르침을 듣고 오늘날 우리들도 평안한 삶을 살 수 있는 것입니다. 그러나 우리는 즐거운 일이 있으면 그것을 계속 취하려 하고[貪心], 괴로운 일은 그것을 피하려고 합니다[瞋心].

그런데 부처님의 가르침을 듣고 좋아하고 싫어하는 '나'가 본래 없는 줄 확실히 알았습니다. 이제는 어떤 즐거움이 오더라도 마음의 평온을 유지하여 보기만 할 뿐 탐심이 일어나지 않고, 괴로움에 부딪혀도 괴로움인 줄 알고 진심을 일으키지 않습니다. '있는 그대로의 삶의 흐름'을 여실히 알아차려[無癡] 탐심과 진심으로 무엇인가 소유하려는 마음이 사라졌습니다[無貪無瞋]. 사물을 있는 그대로 알 뿐입니다.

즐거움을 취하고 괴로움을 버리려는 것은 동시·전체의 삶을 즐거운 삶과 괴로운 삶으로 나누는 것입니다. 이에 따라 전체가 괴로움에 빠지게 되며, 삶의 있는 그대로를 볼 수 있는 눈을 상실하게 됩니다. 그러나 '나'가 사라져 탐심·진심이 일어나지 않으면 여래의 삶만 있습니다. 취하고 버리는 것이 없이 더불어 하나 된 삶이 여래의 삶이며, 이때 일체법이 여래법이 됩니다. 즐거움을 탐하지도 않고 괴로움을 싫어하지도 않아, 마침내 열반의 청정한 아름다움으로 살게 됩니다[諸法如義].

모든 법이 부처님 법

가지려고 하거나 버리려는 마음을 갖고 있으면 무상법無常法을 모르는 것입니다. 흔히 무상한 법은 항상하다고 말하는데, 그것은 옳은 말이 아닙니다. 무상은 그 성품이 무상이기 때문에 그저 무상일 뿐입니다. 따라서 삶을 그대로 보지 못하는 허상인 가법假法에 의하여 상常을 세웠을 때에만 상법常法이 있게 됩니다. 무상은 상을 상대한 무상이 아닙니다. 우리 삶의 실상은 무상·무아·고입니다. 여래는 무상·무아·고를 확실히 보아 자기 삶을 있는 그대로 지켜 탐심·진심·치심을 일으키지 않는 분입니다. 이 가운데 일체법이 다 불법이 됩니다.

　모든 법이 다 불법[一切法皆是佛法]이란 모든 법이 불법이라는 특별한 상태로 바뀐다는 뜻이 아닙니다. "무상·고·무아가 확실히 드러나 '있는 그대로' 보게 되면" 곧 '모든 법이 부처님 법'이라는 것입니다. 그것은 허망한 것도 아니고 항상한 것도 아니며, 없는 것도 아니고 있는 것도 아닙니다. 마음 섬에서 소유가 없어진 무아의 이치를 알게 되면서[無我體驗] 함께하는 아름다운 삶으로 살게 됩니다. 이와 같이 무상·고·무아를 확실히 알아 전체로 사는 사람을 보살이라 합니다.

무상·고·무아에 대해서 '나'의 무상, '나'의 무아, '나'의 고로 생각하면 안 됩니다. 무상·고·무아로 확실히 보는 순간, 공空의 세계, 열린 세계로 바뀌게 되기 때문입니다. 무상·고·무아로 보는 순간 반야바라밀, 곧 함께 사는 아름다운 세계로 바뀝니다. '무상을 안다'는 것은 허무한 감정을 말하는 것이 아닙니다. 이것은 무상을 허무한 감정으로 소유한 것입니다. 무아를 앎의 대상으로 하고 있는 것은 무아를 아我로 소유하고 있는 것입니다. 고에 대해서 '나의 고'라고 말한다면 '고를 소유하는 것'이 됩니다. 이것은 삼법인을 아는 삶이 아닙니다.

무상·고·무아를 몰라도 '함께 사는 아름다운 말'을 한다면 무상·고·무아를 아는 것입니다. 그러나 함께 사는 아름다운 말을 하지 않는다면, 삼법인을 말하더라도 반야바라밀 세계에 사는 것이 아닙니다. 아름다운 삶은 보살의 삶입니다. 아름다운 세계를 이루는 보살은 이미 무상·고·무아가 되어 있습니다. '자아라는 실체가 없다'는 것을 통달하게 되면[通達無我法者] '행동과 말과 생각에서 부드러움과 따뜻함'이 흐릅니다. '무아법無我法을 통달했다'에서 무아란 아를 상대한 무아가 아닙니다.

이것을 사람 몸이 장대함에 비유하고 있습니다. 크고 작고 길고 짧은 모든 것들은 시간과 공간의 소유에 의해서 나누어 놓은 것입니다. 수행을 하여 시간의 길고 짧음, 공간의 넓고 좁음에 대한 비교하여 아는 인식이 사라지면, 길면 긴 대로 짧으면 짧은 대로 일어나고 사라짐 속에 그대로 하나가 됩니다. 이 사람에게는 비교해서 긴 것이 보이지 않고, 비교해서 짧은 것이 보이지 않습니다. 길고 짧은 것이 보이지 않는 것을 곧 큰 몸이 아니라고 합니다. 큰 몸이 큰 몸으로서의 실체가 없는 줄 알 때 바로 열린 시공에서 하나 된 몸이 큰 몸입니다[人身長大 卽爲非大身 是名大身].

시공을 뛰어넘는 아름다움

무아법을 통달한 사람이 참으로 보살[通達無我法者 眞是菩薩]이기 때문에 중생을 제도한다고 하면 보살이 아닙니다. 제도할 자신조차도 없는데 무슨 제도될 중생이 있겠습니까? '나와 너'를 떠나서 이미 삶 속에서 하나가 되어 있기 때문에, 누가 누구를 구하는 것이 아닙니다. 아름다운 눈으로, 아름다운 소리로, 아름다운 감각으로 함께 사는 것입니다. 보살은 '나와 너'를 떠나 있으므로 다른 사람을 아름답게 보는 것이 아니라, 보이는 대상 하나하나마다 즉각 자기 자신이 됩니다. 일체가 내가 되어 있기 때문에 실제로 나조차 없는 삶 속에서 사는 사람들을 참으로 보살이라고 합니다[須菩提 菩薩亦如是 若作是言 我當滅度無量衆生 則不名菩薩 何以故 須菩提 實無有法 名爲菩薩].

그러나 우리는 매순간 탐심과 진심이 일어납니다. 이것은 욕심내는 마음과 성내는 마음을 소유하는 것입니다. 이러한 마음은 나에 의해서 한정된 마음으로, 여기에서 자유로워지는 수행을 하는 사람을 수행자라고 합니다. 그러나 수행이 완성된 보살의 삶에는 일체가 다 하나 됨의 세계이기 때문에 구하는 '나'와 구해지는 '너'가 없습니다. 사상四相이 사라진 밝게 깨어 있는 삶입니다.

이렇게 사는 사람은 '시공을 뛰어넘는 아름다움'이 있기 때문에 부처님 나라를 장엄할 필요가 없습니다. 아름다운 삶 자체가 장엄이므로 부처님 나라를 장엄할 필요가 없습니다. 삶 그대로 장엄이 되어 있기 때문에, 장엄할 부처님 나라가 있다고 하면 사상이 사라진 보살의 삶이 아닙니다. 삶 그대로 장엄이 되어야만 장엄이라고 말합니다. 우리의 삶 자체가 아름다움으로 열려 있는 것이 장엄이기 때문입니다. 장엄하는 사람도 장엄되는 부처님 나라도 장엄이라는 모양도 다 실체가 없고, 다만 방편으로 그와 같이 부를 뿐입니다[是故 佛說一切法 無我無人無衆生無壽者 須菩提 若菩薩 作是言 我當莊嚴佛土 是不名菩薩 何以故 如來說 莊嚴佛土者 卽非莊嚴 是名莊嚴].

18. 한 몸으로 함께 관하니 一體同觀分

"수보리야, 어떻게 생각하느냐, 여래께는 육안肉眼이 있겠느냐?"
"그렇습니다, 세존이시여. 여래께는 육안이 있습니다."
"수보리야, 어떻게 생각하느냐, 여래께는 천안天眼이 있겠느냐?"
"그렇습니다, 세존이시여. 여래께는 천안이 있습니다."
"수보리야, 어떻게 생각하느냐, 여래께는 혜안慧眼이 있겠느냐?"
"그렇습니다, 세존이시여. 여래께는 혜안이 있습니다."
"수보리야, 어떻게 생각하느냐, 여래께는 법안法眼이 있겠느냐?"
"그렇습니다, 세존이시여. 여래께는 법안이 있습니다."
"수보리야, 어떻게 생각하느냐, 여래께는 불안佛眼이 있겠느냐?"
"그렇습니다, 세존이시여. 여래께는 불안이 있습니다."
"수보리야, 어떻게 생각하느냐, 갠지스 강에 있는 모래를 여래께서는 말씀하셨느냐?"
"그렇습니다, 세존이시여. 여래께서는 그 모래를 말씀하셨습니다."
"수보리야, 어떻게 생각하느냐, 갠지스 강에 있는 모래 수만큼 많은 갠지스 강이 있고, 또 그 많은 갠지스 강에 있는 모래 수만큼 부처님 세계가 있다고 하면 그 세계는 많겠느냐?"
"대단히 많습니다, 세존이시여."

부처님께서 수보리에게 말씀하셨습니다.

"그들 세계에 있는 모든 중생들의 가지가지 마음을 여래께서는 모두 아신다. 왜냐하면 여래께서는 모든 마음이 다 마음이 아닌 것을 마음이라고 말씀하시기 때문이다. 왜냐하면 수보리야, 과거의 마음도 얻을 수 없으며, 현재의 마음도 얻을 수 없으며, 미래의 마음도 얻을 수 없기 때문이다."

須菩提 於意云何 如來有肉眼不 如是 世尊 如來有肉眼 須菩提 於意云何 如來有天眼不 如是 世尊 如來有天眼 須菩提 於意云何 如來有慧眼不 如是 世尊 如來有慧眼 須菩提 於意云何 如來有法眼不 如是 世尊 如來有法眼 須菩提 於意云何 如來有佛眼不 如是 世尊 如來有佛眼 須菩提 於意云何 如恒河中所有沙 佛說是沙不 如是 世尊 如來說是沙 須菩提 於意云何 如一恒河中所有沙 有如是沙等恒河 是諸恒河所有沙數佛世界 如是 寧爲多不 甚多 世尊 佛告須菩提 爾所國土中所有衆生 若干種心 如來悉知 何以故 如來說 諸心 皆爲非心 是名爲心 所以者何 須菩提 過去心不可得 現在心不可得 未來心不可得

모든 세계에 대하여 깨어 있는 눈

중생계를 떠나지 않고 천상계나 불세계에 사는 분이 부처님입니다. 부처님께서는 중생계를 떠나서 불세계에 사시는 것이 아니며, 불세계로부터 중생계로 오시는 것도 아닙니다. 앉은 자리에서 모든 세계와 함께하는 분입니다. '오안五眼은 곧 모든 세계에 대하여 깨어 있는 눈'입니다. 부처님의 오안은 독립된 하나하나의 눈이 아니라 불안佛眼 속의 육안肉眼이고 육안 속의 불안 등으로 있는 것이기 때문입니다. '우리의 삶 자체가 중생으로서 여래로서 함께 살고 있기' 때문에 여래께서 오안을 다 갖추고 있다고 말합니다.

부처님께서는 있는 그대로의 법을 여실히 보이시면서 사십니다. 거기에서 자신도 열고 함께하는 일체의 모든 것도 열립니다. 부처님께서는 먼저 육안인 보통 중생의 눈을 가졌습니다. 그리고 삶의 미래를 아는 눈 곧 천안을 가졌습니다. 미래를 아는 눈은 '소유에 의하여 윤회하는 고苦의 세계를 명확히 보는 것'입니다. 현재의 삶을 명확히 봐서 '인과의 흐름에 대하여 명확히 아는 눈을 천안天眼'이라 합니다.

'일체법이 무아임을 아는 눈이 법안法眼'입니다. 한마디 말이라도 '아름답고 따뜻하고 편안하고 포근하게 하는 것이 혜안慧眼'입니다. 그것은 일체 법이 무상·고·무아임을 확실히 알기 때문입니다. 있는 그대로 사물을 여실히 지켜봐서 그 가운데 탐심·진심의 소유가 줄어들게 되면, 저절로 아름다운 표현이 됩니다. 아름다운 말, 아름다운 눈빛을 혜안이라고 합니다. 무상·고·무아에 통달하여 생긴 지혜가 항상 삶 속에 깨어 있어 함께하기 때문입니다.

모든 현상이 일어나는 순간, 이들을 여실히 지켜봐서 '무상·고·무아임을 지켜보는 눈이 불안佛眼'입니다. 무상·고·무아를 지켜보는 눈[佛眼]에는 육안·천안·혜안·법안 등의 눈이 다 들어 있습니다. 왜냐하면 부처님의 오안은 연기의 삶을 보는 서로 다른 표현이므로 따로 떨어져 있는 것이 아니기 때문입니다. 오안을 갖추려면 무아법을 통달해야만 하며, 무아법을 통달하려면 순간순간 정념이 살아 있어야만 합니다. 그러면 열린 세계로 가는 반야의 힘이 살아나면서 오안이 저절로 갖춰집니다.

마음이 열려서 모든 것과 더불어 함께 살아가면, 과거의 제한된 인식에 의해 규정되었던 시간과 공간이 사라집니다. 탐심·진심·치심이 사라지면서 시공이 열립니다. 시공이 열려서 과거심도 현재심도 미래심도 없는 삶에는, 과거의 마음이나 현재의 마음이나 미래의 마음을 찾으려 해도 찾을 수 없습니다. 탐심·진심을 동반한 소유에 의해서만 과거·현재·미래라는 시간과 공간을 나눌 수 있기 때문입니다.

'과거심·현재심·미래심이 없는 데서 사는 삶을 일컬어 모든 법을 구족具足한다'고 합니다. '나'로 한정된 마음에 의해 나누어진 시공과 '나와 나의 것'이 사라졌기 때문입니다. 여기서 구족이란 '함께 사는 아름다운 세계'를 표현합니다. 이러한 구족은 '나'에 의해 구족된 것이 없으므로 원만하게 구족하되 구족이 아닙니다. 긍정도 부정도

초월해서 시공을 열어 사는 사람들에게는 모든 법이 다 빈 모습으로서 불법佛法 속에 녹아 있기 때문입니다.

많고 적음을 떠난 한세계

"갠지스 강에 있는 모래 수만큼 셀 수 없는 부처님 세계가 있다고 하면 그 세계는 많겠느냐?"라고 묻고 있습니다. 부처님 세계는 '연기의 어울림'입니다. 여기에는 어울림으로만 있기 때문에 '많다, 적다'라는 헤아림을 떠나 있습니다. 만일 많고 적음이라는 생각을 갖고 있으면 부처님 세계로 들어가는 것이 아닙니다. 여기서 '많다란 많고 적음을 떠난 한세계'를 의미합니다. 뒤에 '모든 마음은 다 마음이 아닐 때 그것이 마음'이라고 한 것도 마찬가지입니다.

무명無明의 자기표현이 중생의 몸과 마음입니다. 그러나 마음이 열린 사람들은 몸과 마음의 한정을 떠나 있기 때문에, 마음이 마음이 아니고 몸이 몸이 아닙니다. 이것이 여래의 마음과 여래의 몸입니다. 여기에는 기억의 상속을 통해서 과거를 기억하고 미래를 추상하여 분별하는 선악 시비의 작용이 전부 사라집니다. 한 찰나에 일어나는 생각 속에 여실히 깨어 있어서 과거심도 없고, 현재심도 없고, 미래심도 없습니다. 그대로 삶의 한가운데 놓여 있습니다.

어린아이는 어머니의 품안에서 편안해집니다. 어린아이에게 어머니란 자기 삶을 가장 삶답게 표현해 주는 공간이기 때문입니다. 보살들은 모든 중생이 그들의 삶을 가장 삶답게 펼칠 수 있도록 자기의 품을 열어 놓은 사람입니다. 곧 배고픈 사람들에게는 먹을 것을 나누면서 살고[財布施], 지혜가 없는 사람들에게는 지혜의 말을 나누어 편안하고 안온하게 해 주며[法布施], 또 삶과 죽음을 초월하는 모습을 보여서 중생을 모든 두려움에서 벗어나게 해 줍니다[無畏布施]. 이런 삶이 '나 없는 삶'을 삶으로 삼는 보살의 길입니다. 그래서 부처님께서는 '보시하되 보시한다는 마음 없이 보시하라'고 하십니다.

보살의 품안은 색깔이 없어서 어떤 사람에게라도 그 모습을 보일 수 있습니다. 형상이나 국토나 민족의 차별 없이 누구에게라도 열려 있는 공간입니다. 이러한 보시 공간은 마음의 열림에서만 일어납니다. '보시한다는 생각 없이 보시한다'는 것은 빈 마음에서 보시가 이루어진 것입니다.

모든 유위법은 꿈과 같고 허깨비와 같고 이슬과 같고, 그림자와 같다고 합니다. 살다 보면 이런저런 일들을 만납니다. 만날 때마다 마음으로 일어나는 것도 꿈과 같고, 몸에서 느껴지는 것도 꿈과 같다고 봅니다. 이것을 계속하여 빈 마음이 되면 완전한 보살이 되면서 다른 사람도 이러한 보살의 삶을 살게 합니다.

19. 법계가 전체적으로 변함은 法界通化分

"수보리야, 어떻게 생각하느냐, 만약 어떤 사람이 삼천대천세계를 가득 채운 일곱 가지 보배로 보시한다면, 이 사람은 이 인연으로 많은 복을 받겠느냐?"

"세존이시여, 이 사람은 이 인연으로 대단히 많은 복을 받을 것입니다."

"수보리야, 만약 복덕이 참으로 있다면 여래께서 복덕을 많이 받는다고 말씀하시지 않으셨겠지만, 복덕이 없는 까닭에 여래께서 복덕이 많다고 말씀하셨다."

須菩提 於意云何 若有人 滿三千大千世界七寶 以用布施 是人 以是因緣 得福多不 如是 世尊 此人 以是因緣 得福 甚多 須菩提 若福德 有實 如來不說得福德多 以福德無故 如來說得福德多

복덕이 없기에 복덕이 크다

"삼천대천세계를 가득 채운 일곱 가지 보배로 보시하면, 이 사람은 복을 많이 받겠느냐?"고 물었을 때 "복을 많이 받는다"고 대답하는 대목입니다. 그러면서 "복덕이 없기에 복덕이 크다"고 합니다. 그것은 공간과 시간을 열면 이 세상에 있는 모든 삶이 복으로 가득 차기 때문입니다. 복덕은 자기 열림인 따뜻한 마음과 이 마음을 서로 나누는 사회 열림입니다. 서로의 생명을 가장 아름답게 표현하는 따뜻한 마음과 이 마음을 나누는 복덕은 탐심과 진심이 사라져야만 드러납니다.

더불어 함께하는 삶, 복덕의 삶에서는 나도 없고 너도 없으며 복덕으로서의 실체도 없습니다. 여기서 "복덕이 많다"는 것은 실체로서의 복덕이 없는 까닭에 복덕이 많은 것입니다. 이것은 실체가 없는 삶의 실상에서 보면, 복덕이라도 전체성에서의 복덕이기 때문입니다. '한 생각 속에 시공을 완전히 연 것'이 여래께서 말하는 복덕입니다. 보살은 어떻게 살고, 어떻게 생각하여야 합니까? 모든 중생들을 전부 다 제도하겠다는 마음으로 살되 한 중생도 제도됨이 없음을 밝게 알아야 합니다.

◉ 칠각지七覺支를 설명해 주십시오.

깨달음을 얻기 위하여 몸과 마음에서 일어나는 현상을 관찰하는 방법과 관찰하면서 일어나는 현상을 일곱 가지로 정리한 것입니다.

첫째, 택법각지擇法覺支는 몸과 마음에서 일어나고 있는 모든 현상들, 곧 모든 법을 자세히 알아차리는 것입니다. 이것은 바른 가르침을 알고 잘못된 가르침을 따르지 않는 것입니다.

둘째, 정진각지精進覺支는 한 생각 일어나고 행동할 때마다 알아차림이 이어지는 것입니다.

셋째, 희각지喜覺支는 몸과 마음에서 기쁨이 일어나는 것입니다.

넷째, 경안각지輕安覺支는 쾌적하고 가벼운 현상이 몸과 마음에서 일어나는 것입니다.

다섯째, 사각지捨覺支는 대상에 집착하는 마음이 사라지면서 평정한 마음으로 되는 것입니다.

여섯째, 정각지定覺支는 마음이 집중되어 어지럽지 않은 것입니다.

마지막으로 염각지念覺支는 몸과 마음에서 일어나고 사라지는 것을 명확하게 알아차리되, 마음이 움직이지 않고 계속되는 것입니다. 칠각지는 삶 가운데 통찰력이 있으면 저절로 동반됩니다. 나누면 칠각지이지만 줄이면 '깨어 있음' 한 가지 속에 다 들어 있습니다. 순간순간 삶에서 깨어 있어 즉각 무無가 되면 복덕의 삶이 됩니다. 생각마다 '통찰력이 지속된 삶'은 '자기 삶에게 보시'를 하는 것이며, 아울러 이 보시는 곧바로 가족과 이웃에게 퍼지게 됩니다.

삶이란 함께하기 때문에 복과 덕이 충족되면 이웃으로 흘러가서 '함께 사는 아름다움', 곧 반야바라밀이 완성되어 갑니다. '칠각지가 우리의 삶 속에 살아 있는 것을 복덕이 많다'고 합니다. 그러나 '깨어 있음 자체는 이미 많고 적음을 떠나 있기' 때문에 '복덕이 없는 것이 참으로 복덕이 많은 것'입니다.

20. 몸과 상호를 떠나서 離色離相分

"수보리야, 어떻게 생각하느냐, '상호를 잘 갖춘 몸'으로 여래를 볼 수 있겠느냐?"

"그렇지 않습니다, 세존이시여. 반드시 '상호를 잘 갖춘 몸'으로 여래를 볼 수 없습니다. 왜냐하면 여래께서는 상호를 잘 갖춘 몸이 곧 상호를 잘 갖춘 몸이 아닌 것을 상호를 잘 갖춘 몸이라고 말씀하시기 때문입니다."

"수보리야, 어떻게 생각하느냐. '모든 상호를 잘 갖춘 몸'으로 여래를 볼 수 있겠느냐?"

"그렇지 않습니다, 세존이시여. 반드시 '모든 상호를 잘 갖춘 몸'으로 여래를 볼 수 없습니다. 왜냐하면 여래께서는 모든 상호를 잘 갖춤이 곧 잘 갖춤이 아닌 것을 모든 상호를 잘 갖춤이라고 말씀하시기 때문입니다."

須菩提 於意云何 佛 可以具足色身 見不 不也 世尊 如來 不應以具足色身 見 何以故 如來說 具足色身 卽非具足色身 是名具足色身 須菩提 於意云何 如來 可以具足諸相 見不 不也 世尊 如來 不應以具足諸相 見 何以故 如來說 諸相具足 卽非具足 是名諸相具足

모든 상으로부터 자유로워지는 것

삼십이상을 구족함으로써 여래를 보는 것이 아니라 형상을 떠난 형상만으로 여래를 보는 것입니다. 왜냐하면 마음 가운데 모든 상을 떠난 지혜의 열림으로만 부처님을 볼 수 있기 때문입니다. '모든 상으로부터 자유로워지는 것'이 반야 수행입니다. 모든 상을 놓아 버리는 것입니다. 곧 색色을 놓고, 법을 놓고, 무엇이든지 다 놓은 것입니다. 모두 놓아 마음이 텅 비어서 하나 됨 속에서 제 모습을 드러내는 것입니다.

제상諸相이나 색신色身 또는 결정된 무엇으로 여래를 보지 않는 것이 여기서 말하는 몸과 상호를 떠난 것[離色離相]입니다. 상호를 잘 갖춘 몸에서는 몸이 중심이 되고, 모든 상호를 잘 갖춘 몸에서는 상호가 중심이 됩니다.

부처님 법은 "내가 말했기 때문에 믿어라"라고 하지 않습니다. 부처님께서는 "와서 보라"고 하십니다. 스스로의 통찰력으로 "평온하고 함께하는 세계에 이르는지, 이르지 못하는지 보라"는 말입니다. "내 말이니까 믿어라, 나는 이와 같은 것을 성취했으니까 믿어라"고 하지 않습니다.

부처님께서는 우리가 삶을 있는 그대로 보아서, '탐심이나 진심의 소유에 의해서 왜곡되어 있는 삶으로부터 벗어날 것'을 원하셨습니다. 통찰력으로 바른 삶에 이를 수 있음을 강조하십니다. '삶을 있는 그대로 보는 방법이 부처님께서 가르쳐 주신 제일 중요한 가르침'입니다.

 '우리 삶은 지금 이대로 깨어 있음 그 자체'이므로 누구나 부처님께서 말씀하신 수행을 하게 되면 스스로의 온전한 삶이 드러나게 됩니다.

21. 말도 말의 대상도 아니나니 非說所說分

"수보리야, 너는 여래께서 '나는 반드시 말해야 할 법이 있다'고 생각한다고 말하지 말며, 이러한 생각도 하지 말아라. 왜냐하면 만약 어떤 사람이 '여래께서 말해야 할 법이 있다'고 말한다면 곧 부처님을 비방하는 것이며, 부처님께서 말씀하신 바를 이해하지 못한 것이기 때문이다.

수보리야, '법에 대하여 설한다'는 것은 '법에는 설해야 할 어떤 실체도 존재하지 않음을 설하는 것'이며, 이를 '법에 대하여 설한다'고 한다."

이때 혜명 수보리가 부처님께 여쭈었습니다.

"세존이시여, 미래에도 이 가르침을 듣고서 신심을 낼 중생이 흔하겠습니까?"

"수보리야, 저들은 중생이 아니며 중생이 아닌 것도 아니다. 왜냐하면, 수보리야, 여래께서는 중생 중생이 곧 중생이 아닌 것을 중생이라고 말씀하시기 때문이다."

須菩提 汝勿謂 如來 作是念 我當有所說法 莫作是念 何以故 若人 言如來有所說法 則爲謗佛 不能解我所說故 須菩提 說法者 無法可說 是名說法 爾時 慧命須菩提 白佛言 世尊 頗有衆生

於未來世 聞說是法 生信心不 佛言 須菩提 彼非衆生 非不衆生
何以故 須菩提 衆生衆生者 如來說 非衆生 是名衆生

만남 가운데 저절로 일어난 것만 있다

이때쯤이면 금강법회가 마무리 단계에 들어섭니다. 수보리와 여러 제자들이 '너도 없고 나도 없는 맛'을 보았습니다. 따라서 누구라도 부처님께서 설한 바 법이 없는 것을 알고 있습니다. 만일 부처님께서 설한 법이 있다고 여긴다면 금강법회에 있는 사람이 아닙니다. 여섯 번째 대목에서 부처님의 설법을 뗏목에 비유하면서 법法과 비법非法을 다 버리라고 했습니다[汝等比丘 知我說法 如筏喩者 法尙應捨 何況非法].

부처님께서는 여래께서 말해야 할 법이 있다고 말해서는 안 된다고 하십니다. 이 말씀은 "나는 아무 말도 한 것이 없다. 단지 너의 마음속의 벽을 허물어 거기서 나오는 기쁨의 소리가 이웃에게 퍼지도록 한 것밖에 없다"는 뜻입니다. 이 기쁨을 나누는 말은 부처님께서 주신 말씀이 아니라 스스로 부처님이 되어 나오는 말입니다.

따라서 "부처님께서 이와 같이 말씀하셨다"고 말하면 안 됩니다. "무엇인가 법을 설했다고 말하지 마라"라는 뜻은 삶에서 스스로 맛보는 '한없는 환희의 기운, 빛나는 마음'으로 말하고 그렇게 살라는 말입니다.

부처님께서 법을 설하신 것이 아니라 '만남 가운데 저절로 일어난 것만 있다'는 말입니다. 만일 "부처님께서 이러한 말씀을 하셨고 그 말씀을 듣고 깨달았습니다"라고 말한다면, 그것은 "부처님을 존경하고 부처님을 받들어 모시는 것이 아니라 부처님을 비방하는 것이다[即爲謗佛]"라고 하십니다. 만약 금강법회를 듣고 난 후에 "부처님께서 이러한 말씀을 하셨다"고 말한다면, 곧바로 부처님의 권위를 빌려서 자기를 나타낸 것입니다. 따라서 "너희들은 절대로 나를 숭배하거나, 나를 믿거나, 나의 말을 인용하여 무엇이라고 하지 마라"라고 하십니다.

무심의 삶에 충실

금강법회를 통해서 마음 가운데 한없이 솟아오르는 '무심無心의 삶에 충실'해야 합니다. 그러한 충실한 삶이 곧바로 '불佛의 세계이며 하나 되는 세계'입니다. 무심에서 나오는 말을 할 때 곧바로 이 법회에서 말하는 것이 살아나는 것입니다. 부처님 말씀을 기억해서 그것을 다른 사람에게 옮기는 것이 아닙니다. 만일에 자신의 분별을 통한 이해로 부처님 말씀을 이야기하면, 부처님의 삶도 알 수 없고 자신의 삶도 잃어버리게 됩니다. 바꿔 말하면 삶이 없는 곳에서 삶이 있는 것처럼 가장하는 것에 지나지 않게 됩니다. 그와 같은 것은 부처님을 비방하는 것이며 지금까지 말한 바를 이해하지 못한 것입니다.

지금 금강법회에서 일어나고 있는 기운은 무슨 법칙이나 이론을 말하는 것이 아니라 '자비의 흐름을 그대로 맛보는 것'입니다. 그러한 흐름 속에 모든 사람들이 같이 있는 것이 충실히 깨어 있는 자신의 삶입니다. 따라서 '자신의 삶 속에서 살아야' 할 것이지 '부처의 삶 속에서 살아서는 안 된다'는 말입니다. 이것이 부처님께서 이런 법을 설했다고 말하지 말라는[汝勿謂] 것입니다. 또 금강법회로 이루어진 삶, 화엄법회로 이루어진 삶, 법화법회로 이루어진 삶 등 개인의 삶들은 다양하고 복잡합니다. 이와 같이 다양하고 복잡한 삶을 어떤 한 말의 의미 체계 속에 집어넣어 버리면, 각 개인이 가지고 있는 창조적이고 다양한 삶들을 잃어버리게 됩니다.

다양한 삶을 표현하는 방법이 과연 그러한 형식으로만 나타날 수 있겠습니까? 물론 그러한 형식으로도 훌륭한 삶을 나타낼 수 있지만 그것은 모든 사람에게 다 적용되는 것이 아닙니다. 어떤 사람은 시로, 어떤 사람은 소설로, 어떤 사람은 논문으로, 어떤 사람은 그저 침묵함으로 자기 삶을 나타냅니다.

여래가 법을 설한다는 것은 설할 법도 없는 무심無心을 말씀하시는 것[無法可說]입니다. 일정한 법이 마음의 대상이 되면서 한정됩니다. 설할 법도 없는 무심이란 자비의 기운이 넘쳐흐르는 것으로, 우리를 한정에서 벗어나게 합니다. '여래께서 법을 설했다'는 것은 한계나 형식을 벗어난 자비의 기운이 어쩔 수 없이 말을 통해서 나타난 것입니다.

이러한 여래의 기운을 받아들여 삶에 충실하게 되면 여래의 설법을 잘 이해하는 것이며, 나아가 다른 사람들과 더불어 충실하게 살아가게 됩니다. 금강법회는 시공을 초월한 것이며, 법화法化된 이해를 벗어난 내용이기 때문에, '반야바라밀의 빈 마음이 됐을 때 비로소 금강법회가 오늘 우리에게서 살아나게 됩니다.'

생명의 온전한 드러남

이때 수보리 장로가 부처님께 미래에도 금강법회에서 설하신 법을 믿을 중생이 흔하겠는가[爾時 慧命須菩提 白佛言 世尊 頗有衆生 於未來世 聞說是法 生信心不]라고 묻습니다. 여기서 이때란 여래의 기운대로 살고 여래의 기운이 넘치는 말을 하는 것으로, 그것은 '말을 떠난 말'을 하는 때입니다. 금강법회가 있기 전까지는 마음과 몸으로 많은 어려움이 있었습니다만, 이제 금강법회에서 느낀 자비의 기운으로 '나'의 갈애가 다 녹아서 평온하고 온전한 삶이 되었습니다. 이 법회에서 평온하고 온전한 삶의 기운을 맛보았기에 믿음을 내는 것이 아니라 삶 자체가 믿음이 됩니다.

마치 어머니가 어린아이의 의지처가 되듯이, 금강법회에서 자비의 열린 기운 속에 나타난 평온과 온전함은 삶의 진실한 의지처가 됩니다. 따로 삶의 진실을 구하고 믿는 것이 아니라, 금강법회를 통해서 가장 아름다운 자기 생명을 드러낼 수 있습니다.

나의 생명을 가장 완전하게 드러낼 수 있는 곳이 자비의 금강법회이기 때문에 신심을 내려는 것이 아니라 신심 자체가 되는 것입니다.

그러므로 "말세에 이 법을 듣고 신심이 일어나겠느냐"라는 말은 필요 없습니다. 왜냐하면 이미 평온과 온전함의 완전함 속에 들면서 시간과 공간을 벗어나기 때문입니다.

그 기운이 무변한 공간과 무한한 세월의 흐름 속에 같이 놓여 있습니다. 과거세도 그러한 생명 속에 자라났고, 미래세도 그러한 완전한 열림의 생명 속에 자랄 수밖에 없습니다. 그러므로 "미래에 그와 같은 신심이 일어날 것인가"를 묻지 마십시오. 이러한 '자비의 열림 속에 완전한 삶'은 진실한 생명의 흐름이므로, 누구라도 그 속에서 신심을 내고 평온한 삶을 살아갑니다.

'생명의 온전한 드러남'이 신심 자체의 삶이기 때문에 따로 중생이라는 것이 없습니다. 중생이 아니요, 중생 아님도 아닙니다. 평온하고 온전한 삶은 마음의 대상인 법의 한계를 이미 벗어납니다. 법의 한계를 벗어난 것으로 보면 이미 중생이 아니지만, 그 속에서 한 생각 하고 한 걸음 걸을 때마다 완전한 자기표현을 하므로 중생 아닌 것도 아닙니다.

'열림 속에서 부드럽고 분명하게 자기표현을 하는 것'이 중생이 아니면서 중생 아닌 것도 아닌 삶입니다. 여래께서 '중생, 중생자'라고 말하지만 그것은 중생이 아닙니다. 여기서도 마찬가지로 법을 설하는 자도 없고 설할 법도 없어서 설할 대상도 이미 중생의 범위를 벗어납니다. '법회란 부처님도 떠나고 중생도 떠나 같이 사는 것'을 표현하므로 중생의 이야기를 하고 있지만 중생의 범주를 떠난 것입니다.

22. 법에는 얻을 만한 것이 아무것도 없고 無法可得分

수보리가 부처님께 말씀드렸습니다.

"세존이시여, 부처님께서 위없는 바른 깨달음을 얻었다고 하나 얻을 만한 것은 아무것도 없는 것입니까?"

"그렇고 그렇다, 수보리야. 나는 위없는 바른 깨달음에서 그 어떤 작은 법이라도 얻은 것이 없으니 이것을 위없는 바른 깨달음이라고 한다."

須菩提 白佛言 世尊 佛得阿耨多羅三藐三菩提 爲無所得耶 佛言 如是如是 須菩提 我於阿耨多羅三藐三菩提 乃至 無有少法可得 是名阿耨多羅三藐三菩提

위없는 바른 깨달음은 있는 그대로의 삶

'위없는 바른 깨달음'은 '있는 그대로의 삶[如是]'입니다. 이를 '밝은 대낮에 모든 사물이 제 모습을 드러내는 것'이라고 비유했습니다. '밝음 속에 드러남만 있는 것이 있는 그대로의 삶'입니다. 드러남 자체에서는 어떤 것을 취하고 어떤 것을 버리지 않습니다. 완전히 밝은 대낮에 전체가 드러나듯이 우리의 삶도 지금 이대로 드러남 속에 놓여 있습니다. '이 드러남을 아뇩다라삼먁삼보리를 얻었다'고 합니다. 그러나 이 가운데 얻은 주체도 없고 얻는 대상도 없기 때문에 얻는 바가 없는 것입니다.

　밝음 속에 일체 모든 것이 드러나듯이, 분별에 의한 한정을 떠나면 있는 그대로 삶이 드러나므로 이것은 얻은 것이 아닙니다. 아뇩다라삼먁삼보리는 실제로 얻어진 법이 아니라 '우리의 삶이 그대로 드러난 것'입니다[阿耨多羅三藐三菩提 無有少法可得 是名阿耨多羅三藐三菩提]. 삶의 본래 모습이 드러난 것이기 때문에 얻어진 법이 아니며 또 얻을 수 있는 법도 아닙니다. 따라서 얻는 법이나 얻어질 수 있는 법이 아닌 것을 명확히 알고 '순간순간 전체의 드러남 속에서 깨어 있는 삶'을 아뇩다라삼먁삼보리라고 합니다.

23. 마음을 밝히고 착한 일을 함은 淨心行善分

"또한 수보리야, 이 법은 평등해서 높고 낮음이 없으므로 위없는 바른 깨달음이라고 한다. 그렇기 때문에 아我도 없고 인人도 없고 중생衆生도 없고 수자壽者도 없는 것으로, 모든 착한 법을 닦으면 위없는 바른 깨달음을 얻으리라.

   수보리야, 여래께서는 착한 법이 곧 착한 법이 아닌 것을 착한 법이라고 말씀하신다."

復次須菩提 是法 平等 無有高下 是名阿耨多羅三藐三菩提 以無我無人無衆生無壽者 修一切善法 則得阿耨多羅三藐三菩提 須菩提 所言善法者 如來說 卽非善法 是名善法

마음의 청정이 심해탈

평등은 청정한 마음으로부터 일어나며 청정은 정定으로부터 생깁니다. 정은 지止와 관觀을 통해서 이루어지며, 지와 관은 지켜보는 데서 나타납니다. 평등 속에 살기 위해서는 근본 분별이 사라져야 합니다. 평등을 말로 하기는 쉽지만 실제 그렇게 살기는 쉽지 않습니다. 청정을 통해서 분별의 법法이 무분별의 무심이 됐을 때, 연기 실상인 있는 그대로의 삶이 드러나 평등을 맛보게 됩니다.

『반야경』에서의 공부는 '한 생각이 일어나는 즉시, 곧바로 공空으로 즉비卽非로 환幻으로 주시'하는 것입니다. 공으로 보아 일어나고 사라짐에서 평정한 마음은 지요, 몸과 마음에서 일어나고 사라짐을 놓치지 않고 보는 것은 관입니다. 공 속에서 다양한 모습이 살아 있지만, 일체가 공의 평정함으로 비춰지는 것은 지입니다. 공의 청정함 속에서[止] 지속적인 삶의 주시[觀]가 끊이지 않는 것이 정진精進입니다. 이것을 통해서 몸과 마음이 청정해지면 비로소 평등을 맛봅니다.

따라서 청정은 대단히 중요합니다. 청정은 '몸과 마음의 고요함 속에서 삶의 모습을 있는 그대로 보는 것'입니다. 그 속에서 일체가 한생명으로 평등합니다. 삶의 모습 있는 그대로 전체가 동시에 한생명 속에 들어 있는 것이 평등입니다. 나의 생명은 높고 너의 생명이 낮은 것이 아닙니다.

지금 있는 그대로 전체가 동시에 생명의 청정함 속에 같이 들어있기 때문에 높고 낮음이 없습니다. 마음을 청정하게 하면 보고 듣고 냄새 맡는 등 전체가 동시에 청정으로 바뀝니다. 일어나고 사라짐을 분명히 알아차리면, 그 순간 마음이 청정해지고 평온해집니다. 그것이 최상의 평등이고 청정한 삶이라는 것을 확실히 알아야 합니다.

처음에는 일어나고 사라지는 대상이 있습니다. 대상이 있을 때는 아직 심청정心淸淨 속에 들어 있지 않습니다. 대상도 사라지고 보는 '나'도 사라지면 비로소 청정 속에서 들어갑니다. 마음을 쉬어 '나와 대상'이 사라지면 모든 갈등으로부터 벗어나는데, 이러한 마음의 청정이 심해탈心解脫입니다. 그러면서 평등 속에 녹아난 삶을 있는 그대로 보는 것이 지견청정知見淸淨, 혜해탈慧解脫입니다.

청정과 평등은 깨어 있는 삶

우리는 늘 정진, 즉 주시해야 합니다. 부처님께서는 마지막 유언으로 "깨어 있어라, 방일하지 말고 깨어 있어라"라고 하셨습니다. 자기 자신을 주시하여 정확히 지켜보되, 탐심·진심에 자신을 맡기지 말고 지켜봅니다. 그러면 어느 순간에 하나 됨의 세계에 들어가면서, 마음 가운데 더 이상 번뇌가 작용하지 않는 심청정이 됩니다. 심해탈의 정定 속에서 '삶의 모습을 명확히 보는 깨어 있음이 지속되는 것이 불佛'입니다.

'청정과 평등은 깨어 있는 삶[佛]'을 나타냅니다. 깨어 있음[佛]에 높고 낮음이 없다[無有高下]고 하는 것은, 금강회상을 통해서 아상·

법상이 다 사라져 일체와 하나 됨을 맛본 삶을 말합니다. 금강회상 전체가 '하나의 아름다운 생명의 모습으로 있는 것'이 불佛이며 평등이며 높고 낮음이 없으며 아뇩다라삼먁삼보리입니다. 무아無我·무인無人·무중생無衆生·무수자無壽者입니다. 일체가 있는 그대로 하나 된 생명인 연기 실상으로 드러나므로, 어느 누구도 주체적 실체로서 높고 낮음이 있을 수 없습니다.

모든 선법을 닦아 아뇩다라삼먁삼보리를 얻는다[修一切善法 則得阿耨多羅三藐三菩提]에서 '선법善法이란 평등으로 이끌어가는 법'입니다. 자아를 버림으로 마음이 청정해지면서 나와 대상이 연기의 하나 됨 속에서 다양한 모습을 드러냅니다. 대상과 더불어 하나가 되면 청정한 마음이 됩니다. '나'도 없고 '너'도 없는 데서 선법을 확실하게 경험합니다. 따라서 '일체가 선법으로 일어나는 것을 아뇩다라삼먁삼보리'라고 합니다. 이때는 선법조차도 선법이 아닙니다. 선법이라는 실체가 있는 것이 아니라 연기법이 선법으로 나타났다가 사라지는 것을 선법이라고 부를 뿐입니다[善法者 卽非善法 是名善法].

24. 복과 지혜를 비유할 수 없으니 福智無比分

"수보리야, 만약 어떤 사람이 삼천대천세계에 있는 산들의 왕인 수미산과 같이 많은 일곱 가지 보배를 모아서 보시하더라도, 다른 어떤 사람이 이 반야바라밀경의 가르침인 사구게 등을 받아 지녀 읽고 외워 다른 사람을 위해 설하는 복덕에는 백분의 일에도 미치지 못하며 백천만억분의 일 이상의 산수 비유로도 미칠 수 없다."

須菩提 若三千大千世界中 所有諸須彌山王 如是等七寶聚有人 持用布施 若人 以此般若波羅蜜經 乃至 四句偈等 受持讀誦 爲他 人說 於前福德 百分 不及一 百千萬億分 乃至 算數譬喩 所不能及

다른 사람을 위해서 설한다

'다른 사람을 위해서 법을 설한다'고 하면 참으로 다른 사람을 위한 것이 아닙니다. 자기도 모르는 사이에 저절로 함께하는 기운 속에 있을 때 비로소 다른 사람을 위한 것이 됩니다. 기쁨으로 가득 찬 나의 기운이 다른 사람에게 흘러가게 되면 저절로 다른 사람을 위하여 설하는 것입니다. 만일에 나에게 그러한 기운이 없다면 아무리 타인을 위해서 설한다 하더라도 온전한 설이 되지 않습니다.

예를 들면 인류가 태어나서 지금까지 모든 부모들은 자녀들에게 "올바르게 살고 행복해라"라고 말해 왔습니다. 그럼에도 불구하고 우리의 불만족은 점점 더 커지기만 합니다. 그것은 모든 부모가 '자식은 자식'이며 '이웃은 언제나 타자'라는 분별로 보기 때문입니다. 그러나 자식도 타인도 없이 한생명으로서 자식과 이웃을 대할 때, 비로소 다른 사람을 위해서 설하는 것이 됩니다. 자신도 없고 타인도 없는[無自無他] 기운 속에서만 비로소 다른 사람을 위할 수 있습니다.

『금강경』에서 "다른 사람을 위해서 설한다"는 것은 『금강경』의 사구게 등을 설하는 것이 아닙니다. 이것은 '사구게 등의 가르침이 생활 속에 녹아나 그 기운을 다른 사람에게 주는 것'입니다. 연기실상의 하나 됨 가운데 모든 모양은 실체로서의 특징이 없다고 아는 것이 바른 앎입니다[諸相非相]. 이것은 몸과 마음이 청정한 상태로서 일체 갈등을 일으키는 근본인 '나'가 없어져 심해탈을 얻고, 이 가운데 삶의 모습을 있는 그대로 보는 혜해탈의 기운 속에서 사는 것입니다. '심해탈과 혜해탈의 기운으로 함께 사는 것'을 다른 사람을 위해서 설한다고 합니다.

한삶 속에 같이 있음

이때 어쩔 수 없이 '다른 사람'이라고 말하지만, 실상은 '한삶 속에 같이' 있습니다. 한생명의 삶 속에 같이 있어 자신도 타인도 없는 기운으로 기쁨이 충만했을 때, 비로소 다른 사람을 위해서 설한다고 합니다. 나와 너의 분별이 사라져 무량한 모습을 나툰 '사무량심四無量心의 자비희사慈悲喜捨가 다른 사람을 위해 설하는 것[爲他人說]'입니다. '네 가지 한량없는 마음이 샘 솟듯 솟아 나와 아름다움으로 사는 것'입니다.

그러므로 일곱 가지 보배로 한없는 세계를 다 덮는다 하더라도 시간과 공간을 떠난 무량한 것에는 비유할 수가 없습니다. 비유 자체가 성립될 수 없으므로 백천만억 내지 산수 비유로도 미칠 수 없다고 했습니다. 아무리 보시하더라도 시공을 초월한 무량심만 못합니다. 그래서 우리는 수행 아닌 수행을 해야 합니다. 왜냐하면 수행과 수행하는 자가 따로 있게 되면 아무리 수행한다 하더라도 유위법에 지나지 않기 때문에 무위의 삶 속으로 들어가지 못합니다. "다른 사람을 위해 설한다"는 것은 자신의 벽을 완전히 열어서 생명의 기운이 샘솟아 나는 것을 말합니다.

그러나 누구나 그러한 기운을 맛보지는 못하기 때문에 사무량심 등의 수행을 합니다. 무량한 공간 속을 자애로움으로 가득 채우는 것을 연상합니다. 그것이 어려우면 자기 자신을 떠올려서 머리부터 발끝까지 자애로움으로 가득 찬 것을 느끼는 것이 자慈수행입니다. 다른 사람의 어려움을 그대로 느끼는 동시에 무량한 공간의 어려움을 그대로 느껴 마음을 여는 것이 비悲수행입니다. 기쁜 마음을 허공 가득하게 채우는 것이 희喜수행입니다. 평온한 마음을 허공 가득히 채우는 것이 사捨수행입니다.

　허공처럼 완전히 열려 있는 공간을 자·비·희·사의 기운으로 가득 차도록 매일매일 정진합니다. 한 생각이 일어나기 이전의 마음이 자·비·희·사로 가득 차면, 일체 번뇌를 벗어난 심해탈과 삶의 제 모습을 볼 수 있는 혜해탈에 이르게 되어 부처님의 기운과 부처님의 향기를 나투게 됩니다. 온누리에 충만한 법신法身 가운데 낱낱의 화신化身이 보신報身의 기운을 창조적으로 나투는 것입니다.

● 공空이란 무無를 말하는 것입니까?
중생은 자아라는 주체 의식으로 살아갑니다. 자아를 대표하는 것이 아상·인상·중생상·수자상입니다. 반면 '공의 삶은 열린 전체의 삶'이므로 여기에서 사무량심이 나타납니다. 법法에 대하여 유론有論·무론無論·역유역무론亦有亦無論·비유비무론非有非無論 등 갖가지 이론이 있습니다. 그러나 그 이론이란 '드러나 있는 것을 보편화한 것'입니다. 그것보다는 '드러나 있는 현재를 잘 알아야' 합니다. 이론에 의한 분별이 아니라 드러난 삶의 총체적인 생명의 흐름이 있을 뿐입니다. 공空은 이론에 의한 보편이 아니라 우리의 삶 그대로이므로, 유·무 등으로 말할 수 없습니다.

● 공空도 이론이 아닙니까?

삶에서 나·너의 분별이 일어나지 않는 열림[지혜]과, 함께 사는 활동[자비]이 일어나지 않으면, 어떤 말이든지 이론에 지나지 않습니다. '함께 사는 생명의 장'에서 소외되어 있는 것이 법상으로, 이론화된 공이 삶을 제대로 볼 수 없게 하기도 했기 때문에 뒷날 공도 공이라는 말이 나오게 됩니다. 이 때문에 "'나'를 앞세우는가, 세우지 않는가" 또 '함께 사는 아름다운 활동이 있는가, 없는가'를 알아차리는 것이 가장 중요합니다.

　어떤 이는 "나도 없고 너도 없는데 무슨 중생을 제도한다는 말인가? 또 수행은 무슨 수행인가?"라면서 제도나 수행을 부정합니다. 그러나 이것은 '왜 제도해야만 하고, 왜 수행해야만 하는가'에 대한 잘못된 이해입니다. 우리는 끊임없이 '나'를 앞세워서 행동하면서 '나'가 충족되면 기뻐하고, 그렇지 않으면 싫어합니다.

　이것이 고苦의 친인연親因緣인 '나'를 알아야 하는 당위성입니다. 또 이 '나'는 소연연小緣緣인 '너'에 의해서 확인되므로 '너'의 제도도 필요하게 됩니다. 왜냐하면 '나'와 '너'는 만남에서 같이 하는 증상연增上緣과 만남에서 전후 찰나의 흐름인 등무간연等無間緣으로 함께 어울려 있기 때문입니다.

　'나와 너의 소외로부터 벗어나는 길'이 수행이라 하면, 여기에는 당연히 친인연인 '나'와 소연연인 '너'의 소외가 없어져야만 합니다.

왜냐하면 그 밖의 관계인 증상연이 함께하는 장으로 확실히 있게 되면서 등무간연으로서 다음 찰나에 소외 없는, 즉 고苦 없는 장면을 연출할 수 있기 때문입니다. '나'의 수행과 제도이며 '너'의 수행과 제도입니다. 이러한 소외 없는 장의 연속이 공이며, 이는 '지금 드러나 있는 삶'에서 바로 나타나야 합니다. 공은 이론으로 있게 되면 공空이 아니므로, 여기에 공조차 공이어야 하는 이유가 있습니다.

25. 교화하나 교화의 대상은 없고 化無所化分

"수보리야, 어떻게 생각하느냐, 여래께서 '나는 반드시 중생을 제도하겠다'고 생각하겠느냐? 너희들은 그렇게 말하지 말아라. 수보리야, 그런 생각을 해서는 안 된다. 왜냐하면 참으로 여래께서는 제도할 중생이 없기 때문이다. 여래께서 제도할 중생이 있다고 하면 여래께서도 아·인·중생·수자가 있는 것이다.

수보리야, 여래께서 자아가 있다고 말씀하신 것은, 자아가 있다는 것이 아니지만 범부들이 자아가 있다고 여기는 것이다. 수보리야, 여래께서는 범부가 곧 범부가 아닌 것을 범부라고 말씀하신다."

須菩提 於意云何 汝等勿謂 如來作是念 我當度衆生 須菩提 莫作是念 何以故 實無有衆生 如來度者 若有衆生 如來度者 如來則有我人衆生壽者 須菩提 如來說 有我者 卽非有我 而凡夫之人 以爲有我 須菩提 凡夫者 如來說 卽非凡夫 是名凡夫

여래란 중생의 본 모습

여래께서는 한 중생도 제도한 적이 없습니다. 왜냐하면 자연과 인간을 떠나 어떤 능력자로서 여래가 따로 있는 것이 아니기 때문입니다. 여래란 사람과 자연과 우주와 더불어 함께 살아가는 열려있는 분입니다. 여래란 동시에 중생과 함께 있는 중생의 본 모습이므로 부처님에 의해서 중생이 제도되는 것이 아닙니다. 중생 스스로가 여래임을 분명히 알아차려야 합니다.

26. 법신은 모습이 아니니 法身非相分

"수보리야, 어떻게 생각하느냐, 삼십이상으로써 여래를 볼 수 있겠느냐?"

수보리가 대답하였습니다.

"그렇고 그렇습니다, 삼십이상으로 여래를 봅니다."

부처님께서 말씀하셨습니다. "수보리야, 만약 삼십이상으로 여래를 본다면 전륜성왕도 여래이겠느냐?"

수보리가 부처님께 대답하였습니다. "세존이시여, 제가 부처님의 가르침을 이해하기로는 삼십이상으로 여래를 볼 수 없습니다."

이때에 세존께서 게송으로 말씀하셨습니다.

"형색으로 나를 보려 하거나 음성으로 나를 구하려 하면, 이 사람은 잘못된 길을 가는 것이니 여래를 볼 수 없으리라."

須菩提 於意云何 可以三十二相 觀如來不 須菩提言 如是如是 以三十二相 觀如來 佛言 須菩提 若以三十二相 觀如來者 轉輪聖王 則是如來 須菩提白佛言 世尊 如我解佛所說義 不應以三十二相 觀如來 爾時 世尊 而說偈言 若以色見我 以音聲求我 是人行邪道 不能見如來

무로써 온갖 형색과 소리가 함께 어울리는 삶

만약 색으로 여래를 보려 하거나 소리로 여래를 구하려 하면, 그는 삿된 길을 가고 있는 사람으로서 여래를 볼 수 없습니다. 여래는 어떤 형상이나 색으로 한정되거나 한 가지 가르침으로만 한정되어 있지도 않습니다. 한정된 형색이나 가르침은 필연적으로 비인간화된 세계를 만들어 냅니다. 오늘날의 사회 병폐는 이러한 '색과 소리로 한정된 나와 너의 욕심'으로 이루어진 것입니다.

이것을 버리지 않는 한 우리들에게 새로운 미래는 보이지 않습니다. 새로운 미래를 가꾸는 여러 가지 운동이 있기는 하지만 아직 결실을 맺지 못하고 있습니다. 왜냐하면 우리들의 마음, 즉 생각은 언제나 '나'만을 만들기 때문입니다. 색으로 '나'를 만들고 소리로 '나'를 만듭니다. 마음이 있는 곳에는 반드시 '나와 욕심을 동반'하고 있습니다. 마음 자체를 비워 버려야 하는데 우리는 끊임없이 다른 욕심으로 마음을 채우려고 합니다. 순간순간 분별하면서 바뀌는 마음으로 즉각 '나'를 삼아 형색과 소리를 내는 것이 우리 중생의 삶입니다.

앞에서 말한 무無의 마음이어야 마음이 사라진 여래의 진실한 모습입니다. '무로써 온갖 형색과 소리가 함께 어울리는 삶'이 여래인 것입니다. 무에서만 여래가 드러나며 소외가 다 사라집니다. 『금강경』에서 '여래를 관觀한다'는 것은 형색인 삼십이상이나 부처님의 가르침인 공空으로 관하는 것이 아니라, 상이나 공을 모두 떠나 '지금 여기의 삶'을 그대로 관하는 것입니다.

27. 소멸해 없어진 것도 없으니 無斷無滅分

"수보리야, 네가 만일 '여래께서는 상호를 구족한 까닭에 위없는 바른 깨달음을 얻은 것이 아니겠는가'라고 생각한다면, 수보리야, 그렇게 생각하지 말아라. 여래께서 상호를 구족한 까닭에 위없는 바른 깨달음을 얻은 것이 아니다.

수보리야, 네가 만일 '위없는 바른 깨달음에 마음을 낸 사람은 모든 법이 소멸해 없어진 모습을 설명한다'고 생각한다면, 그렇게 생각하지 말아라. 왜냐하면 위없는 바른 깨달음에 마음을 낸 사람은 법에 대하여 소멸해 없어진 모습을 말하지 않는다."

須菩提 汝若作是念 如來 不以具足相故 得阿耨多羅三藐三菩提
須菩提 莫作是念 如來 不以具足相故 得阿耨多羅三藐三菩提
須菩提 汝若作是念 發阿耨多羅三藐三菩提心者 說諸法斷滅 莫作是念 何以故 發阿耨多羅三藐三菩提心者 於法 不說斷滅相

모든 생명관계의 조화로운 바탕

삼십이상을 구족했기 때문에 아뇩다라삼먁삼보리를 얻은 것도 아니고, 삼십이상을 구족하지 않았기 때문에 여래가 된 것도 아닙니다. '나'를 열어서 마음을 비우면 여래가 되는 것이지, 여래라는 특별한 형태가 있는 것이 아닙니다. 온 대지가 전체로 생명의 어울림이기 때문에, 돌과 나무와 풀뿌리 하나도 모두 서로 생명을 살찌게 하는 관계 속에 놓여 있습니다.

그런데 각각 서로 다른 영원성이 있다고 하면, 전체적인 생명의 관계가 아닌 '나 하나만의 삶'이 됩니다. 우리의 삶을 잠시만 들여다보아도 그러한 삶은 없습니다. 그러나 우리는 업의 분별에 갇혀 바르게 보는 눈을 잃어버렸기 때문에 전체적인 생명의 장이 보이지 않는 것입니다. 그러므로 우리의 삶이 연기 실상인 생명의 전체적인 어우러짐 속에서 멀어집니다. 일상에서 나·너로 단절되어 있다는 헛된 생각 때문에 생생한 생명의 장을 놓치게 됩니다.

상常이라 해도 이러한 전체적인 생명의 장을 놓치며, 단斷이라 해도 전체적인 생명의 장을 놓칩니다. '전체의 영원성과 생생하게 살아 있는 삶'을 표현하는 말이 무상無常입니다. 무상이란 상도 단도 떠난 무상무단無常無斷으로서 바로 지금 여기의 생생한 삶을 말합니다. 따라서 '무상이란 허무가 아니라 모든 생명관계의 조화로운 바탕'입니다. 무상이야말로 지금 여기의 생생한 삶을 나타내는 말입니다.

생생한 변화 속에 영원성이 그대로 드러나므로, 삶은 단멸하여 없어지거나 늘 그대로 존재하는 것이 아닙니다. 생성과 소멸을 동시에 드러내고 있는 연기의 삶, 법신의 자기표현이 바로 생생한 삶 속에서 무상으로 나투고 있는 것입니다.

28. 받지도 않고 욕심내지도 않고 不受不貪分

"수보리야, 만약 보살이 갠지스 강의 모래 수만큼 많은 세계를 가득 채운 일곱 가지 보배로 보시하더라도, 만약 다시 어떤 사람이 모든 법이 무아無我임을 알아 깨달음[法忍]을 이룬다면 이 보살은 앞의 보살이 받은 공덕보다 더 뛰어나다. 왜냐하면 수보리야, 이 보살은 복덕을 받지 않기 때문이다."

수보리가 부처님께 여쭈었습니다.

"세존이시여, 어찌 보살이 복덕을 받지 않습니까?"

"수보리야, 보살은 자신이 짓는 복덕에 대하여 반드시 탐착하지 않기 때문이다. 이런 까닭에 복덕을 받지 않는다고 말하는 것이다."

須菩提 若菩薩 以滿恒河沙等世界七寶 持用布施 若復有人 知一切法無我 得成於忍 此菩薩 勝前菩薩 所得功德 何以故 須菩提 以諸菩薩 不受福德故 須菩提白佛言 世尊 云何菩薩 不受福德 須菩提 菩薩 所作福德 不應貪着 是故 說不受福德

복이란 베풂에 의한 자기 비움

무아가 되면 그 삶은 또다시 채워야 할 것이 없습니다. 그런 삶은 가장 큰 복을 갖추고 있는 사람의 삶으로, 복을 위해 보시할 필요가 없습니다. 전체가 하나 속에 같이 살아 있는 보살의 삶이기 때문에 줄어들거나 많아지는 것이 아닙니다. 받는 자가 있고 주는 자가 있는 것은 유위법입니다. 그러나 완전한 자기 열림인 무아의 하나 된 삶 속에서는 주고받는 자가 따로 없으며 주고받는 가운데 충만함이 함께합니다. 주고받는 것 가운데 충만한 것이 우리의 삶이기 때문에 보살은 복덕을 주거나 받는 자가 아닙니다.

따라서 온갖 보배로 한없는 보시를 하더라도 인연의 무량한 만남에는 비유할 수 없는 것입니다. 삶은 만남이기에 만남마다 인연을 짓습니다. 여기에서 무량한 마음의 베풂이 있어야 합니다. 비록 무량한 인연을 아직 짓지 못했을지라도 베풂 가운데 무량하도록 살핌을 놓지 말아야겠습니다. 살핌[般若]이 계속되면[精進] 무량한 인연이 자연히 제 모습을 나툴 것입니다.

열여섯 번째 대목에, 뒷날 바른 가르침이 쇠퇴할 시기에 『금강경』을 받아 지녀 독송하는 공덕을 자세히 설명한다면 어떤 사람은 너무 놀라서 의심하여 믿지 않는다[心卽狂亂 狐疑不信]는 대목이 나옵니다. 복이 완성된 부처님의 눈에는 누구나 『금강경』의 내용이 그대로 살아 있으며 완성된 복으로 있습니다. 그래서 "왜 그 복을 보지 않고 다른 것을 찾으려고 하느냐", 또 "깨어 있음이 완성되어 있는데, 왜 다른 것에서 깨달음을 찾으려고 하느냐"라고 하십니다.

그러나 이 말을 들은 중생은 마음만 어지럽고 믿지 않습니다. 그러면서 오히려 밖에서 복과 깨달음을 찾기 때문에 모든 것이 갖춰진 자신의 삶을 볼 수 없습니다. 자신의 삶을 보지 못하는 동시에 타인의 삶도 보지 못하여 서로 간에 불신의 골이 깊어져 인간성을 잃게 됩니다. 인간성을 잃는다는 것은 삶에서 소외된 것을 말합니다.

우리는 삶에 대해서 잘 알아야 합니다. 삶에 충실한 순간 무량한 복이 그대로 완성됩니다. 지혜 있는 삶이란 순간순간 만남에서 베푸는 것입니다. 이는 '나와 나의 소유를 줄이는 것'이며, 이것이 곧 부처님의 길입니다. 베푸는 것[布施]이 곧 복입니다. 복을 받는 것이 아니라 '베풀면 삶이 열리고 지혜가 꽃피어 복으로 열매를 맺는 것'입니다. 이것은 사람과 사람 사이에서만 일어나는 일이 아닙니다.

우리는 농작물의 생산량을 높이기 위해서 비료와 농약을 사용합니다. 그런데 지금까지 알려진 바에 의하면 비료와 농약은 땅의 힘을 소진시킨다고 합니다. 그 결과 땅이 기운을 잃고 오염되어 이제는 인간의 삶을 위협하고 있습니다. 인간이 땅에 베풀지 않는 만남이 도리어 인간에게 화를 불러일으킨 것입니다.

여기서도 알 수 있듯이 '복이란 베풂에 의한 자기 비움'입니다. '무량한 복이란 완전한 자기 비움에서 나타나는 세계'입니다.

◉ 인忍이란 무엇입니까?

생활 가운데 마음을 지켜보면, 어떤 때는 이런 마음이 올라오고 어떤 때는 저런 마음이 올라옵니다. 우리는 보통 올라오는 마음에 따라서 행동합니다. 그러나 마음을 지켜보아 그것이 꿈과 같고 물거품과 같음을 알아차려서, 탐심이나 진심으로 따라가지 않고 마음이 평온해지면 다음 찰나에 더욱 평온해질 수 있습니다. 이러한 힘을 지혜라고 하며, 여기에 알아차림의 지智와 지켜감의 인忍이 형성된 것입니다.

● 즉비卽非란 무엇입니까?

즉비란 '마음이 일어나는 순간, 곧바로 공空으로 환幻으로 보는 것'입니다. 즉비가 계속되면 지智와 인忍이 커지게 되는데, 마음이 일어날 때마다 곧바로 마음을 열어 탐심이나 진심으로 상응하지 않는 것입니다. '나'를 동반한 마음이 일어나는 순간, 실체가 없는 것을 확실히 알아차리면 마음이 열립니다. 우리가 매순간 삶의 모습을 즉비로써 지켜보면, '집착할 만한 자아가 없다'는 것을 알게 됩니다.

계속 지켜보면 자아가 없어지면서 불佛의 모습으로 바뀌는데, 이때 자비가 완성됩니다. 『금강경』에서는 부처님에 이르는 방법을 바로 즉비를 통해서 이야기하고 있습니다. 즉비를 통해서 갈등과 적대감과 미워함이 사라집니다. 이때 비로소 자기도 사라지고 타인도 사라지고 위없는 바른 깨달음으로 있게 됩니다. 『금강경』은 처음부터 끝까지 즉비를 통해서 삶을 보라고 합니다. 우리의 마음이 탐심과 진심과 치심으로 일어날 때 그 마음을 놓아 버리면, 곧바로 탐심, 진심, 치심이 사라진 동시·전체로 아름다운 삶을 살게 됩니다.

29. 품위와 거동이 고요하고 고요함은 威儀寂靜分

"수보리야, 여래께서 오기도 하고 가기도 하고 앉기도 하고 눕기도 한다고 말하는 사람이 있다면, 이 사람은 내가 이야기한 뜻을 알아차리지 못한 것이다. 왜냐하면 여래란 어느 곳으로부터 오는 것도 없으며 어느 곳으로 가는 것도 없기 때문에 여래라고 하는 것이다."

須菩提 若有人言 如來 若來若去若坐若臥 是人 不解我所說義 何以故 如來者 無所從來 亦無所去 故名如來

하나 됨의 전체적인 열림

오고 감, 앉고 누움이 있으면 여래의 뜻을 올바로 아는 이가 아니라고 합니다. 왜냐하면 여래란 올 때는 옴밖에 없고, 갈 때는 감밖에 없고, 앉을 때는 앉음밖에 없고, 누울 때는 누움밖에 없기 때문입니다. 누움 속에서 전체를 느끼고, 앉음 속에서 전체를 느끼고, 오고 감 속에서 전체를 살기 때문에 거去나 래來 등이 상대를 떠나 있습니다. 가는 자도 없고 가는 행동도 없으며, 걷는 자도 없고 걷는 행동도 없습니다. 왜냐하면 그저 '하나 됨의 전체적인 열림'만 있기 때문입니다.

이와 같이 수행 속에 순간순간마다 자기 전 존재를 드러내도록 하는 것이 수행자가 하는 일입니다. 수행은 번뇌를 단절하는 동시에 그대로 자기 전체의 삶을 살아가고 있는 모습입니다. '나와 너의 구별을 하지 않는 열림의 장'입니다. 이때 '나'를 중심으로 한 생각이 없기 때문에 보편적으로 느끼는 의식의 양상이 달라집니다. 마음이란 '가는 자'와 같은 실체를 내세워 분별하는 것입니다. 그런데 마음이 열려서 동시·전체의 자각이 일어나게 되면, 이러한 마음은 마음이라고 이름 붙일 수 없으나 할 수 없이 마음이라고 부를 뿐입니다.

전체가 앎으로 드러난 삶에서는 이웃한 모든 생명들, 끊임없이 의意의 작용을 동반하고 있는 생명들을 놓치지 않습니다. 보살들은 어느 시대나 '나'의 눈으로 보지 않고 동시·전체의 눈으로 보기 때문에 저절로 자비심이 일어납니다. '나와 나의 것'이라는 마음은 사라지고 동시·전체의 자비가 형성됩니다. 보살은 '나'가 사라짐과 동시에 자慈, 동시에 비悲라는 것이 일어나게 됩니다. 고苦를 배척하지 않으므로 비가 충만해지고, 락樂을 취하지 않으므로 자가 충만해집니다. 여래란 어디로부터 오는 바가 없고 어디로 가는 바도 없습니다. 가고 옴이 없는 현존입니다. 일순간에 자기 전 존재를 다 드러내서 사는 사람입니다. '나의 것, 우리의 것'이라고 하면 오고 감이 있게 되나, 동시·전체가 되었을 때는 오고 감이 없습니다. 과거·미래가 현존 속의 자비에 모두 들어 있습니다. '여래는 자비로 자기를 나투고 있으니 자비가 곧 여래입니다.'

30. 하나로 합쳐진 이치의 세계는 ─合理相分

"수보리야, 어떻게 생각하느냐, 만약 선남자 선여인이 삼천대천세계를 부수어 티끌로 만들면, 이 티끌의 모임이 많겠느냐?"

"대단히 많습니다, 세존이시여. 왜냐하면 만약 이 티끌의 모임이 참으로 있는 것이라면, 부처님께서는 이 티끌의 모임이라고 말씀하시지 않으시기 때문입니다. 그런 까닭에 부처님께서는 티끌의 모임이 곧 티끌의 모임이 아닌 것을 티끌의 모임이라고 말씀하십니다.

세존이시여, 여래께서는 삼천대천세계가 곧 세계가 아닌 것을 세계라고 말씀하십니다. 왜냐하면 만약 세계가 참으로 있다고 하면, 이것은 하나로 합쳐진 세계가 있다고 집착하는 것이기 때문입니다. 여래께서는 하나로 합쳐진 세계가 곧 하나로 합쳐진 세계가 아닌 것을 하나로 합쳐진 세계라고 말씀하십니다."

"수보리야, 하나로 합쳐진 세계라는 것은 곧 설할 수 없지만, 다만 범부들이 그 일을 탐착할 뿐이다."

須菩提 若善男子善女人 以三千大千世界 碎爲微塵 於意云何 是微塵衆 寧爲多不 須菩提言 甚多 世尊 何以故 若是微塵衆 實有者 佛則不說是微塵衆 所以者何 佛說微塵衆 卽非微塵衆 是名微塵衆 世尊 如來所說 三千大千世界 卽非世界 是名世界 何以故

若世界 實有者 則是一合相 如來說一合相 即非一合相 是名一合相 須菩提 一合相者 則是不可說 但凡夫之人 貪着其事

빈 모습들의 모임 또한 빈 모습

마음은 분별하여 아는 작용입니다. 크게 마음과 물질로 나누고, 물질은 보이는 것과 그 이면에 보이지 않는 실체로 나눕니다. 물질을 나누고 나누면 그 끝에 미진이 있습니다. 오늘날은 과학 기술을 사용하여 물질의 근본 요소를 규명하고 있으나, 옛적에는 생각으로 물질의 근본 요소를 밝혔습니다. 이 대목에서 세계를 부수어 티끌로 만든다는 것이 그것입니다. 그리고 이 티끌들이 모여서 세계를 이룬다고 생각했습니다. 여기에서는 두 가지 실체를 말합니다. 티끌들이 실체라고 여기거나, 또는 이 티끌이 모여 이룬 전체로서의 한세계를 실체로 여기는 것입니다. 앞서 여러 대목에서 개체로서의 실체는 없다고 말씀하셨습니다. 이 대목에서는 전체로서의 한세계가 참으로 존재한다고 생각하는 것은 잘못된 것임을 말하고 있습니다.

지금까지 전체로서의 한세계를 알아야 한다고 했습니다만, 개체의 실체가 없는 것과 같이 하나로 합쳐진 세계의 실체도 있을 수 없습니다. 모든 개체들이 빈 모습으로만 존재하는 것이기 때문에, 빈 모습들의 모임 또한 빈 모습일 수밖에 없습니다. 이 때문에 부처님께서는 티끌이 모인 세계로서 하나로 합쳐진 세계가 곧 하나로 합쳐진 세계가 아닌 것을 하나로 합쳐진 세계라고 말씀하십니다.

하나하나 나누어진 것도 생각으로서만 존재하듯이, 그것들이 모여서 이룬 한세계도 생각으로만 존재한다는 것입니다. 이러한 세계를 하나로 합쳐진 이치의 세계[一合理相]라고 하고, 이것은 실체가 있는 것이 아니라 다만 그렇게 부를 뿐이라고 합니다. 여기서 이치[理]라는 말에 주의를 해야 합니다. 하나로 합쳐진 세계는 생각에 의해서만 있는 것이기 때문입니다. 이때에 하나하나는 전체의 한 부분으로서만 있게 됩니다.

그러나 연기 실상에서는 하나하나가 전체의 부분이 아니라 빈 모습으로서 전체입니다. 곧 전체의 관계에서 저마다의 모습을 긍정하기 때문에 하나이면서 전체이며 전체이면서 하나인 것입니다. 그러나 범부인 중생은 하나하나를 자신의 특성을 갖는 실체로서 긍정하거나, 하나하나는 전체에서만 의미가 있다고 생각합니다. 이것이 개인주의나 전체주의로 가게 되는 까닭입니다. 다른 사람을 전혀 받아들이지 않는 사람이나, 또는 자신의 생각을 전적으로 바깥에 맡기는 사람들이 좋은 예입니다. 이러한 생각으로 삶을 사는 사람을 범부라고 합니다. 그러므로 미진[티끌]의 세계, 일합상과 같은 말은 우리의 삶을 이루는 세계를 나타낼 수 없습니다. 분별하는 마음을 나타내는 말로 분별을 떠난 빈 마음의 세계를 설명할 수 없기 때문입니다. 그래서 하나로 합쳐진 세계로서의 한세계가 존재하지 않는다는 뜻에서, 하나로 합쳐진 세계란 설할 수 없다고 합니다. 단지 범부들이 그렇게 탐착할 뿐입니다.

31. 생각으로 헤아림은 일어나지 않고 知見不生分

"수보리야, 어떤 사람이 부처님께서 아견·인견·중생견·수자견을 설명한다고 말한다면 너는 어떻게 생각하겠느냐, 이 사람은 내가 말한 뜻을 이해한 것이냐?"

"세존이시여, 그 사람은 여래께서 말씀하신 뜻을 이해하지 못한 것입니다. 왜냐하면 세존께서는 아견·인견·중생견·수자견이 곧 아견·인견·중생견·수자견이 아닌 것을 아견·인견·중생견·수자견이라고 말씀하시기 때문입니다."

"수보리야, 위없는 바른 깨달음에 대한 마음을 낸 사람은 모든 법에 대하여 반드시 이와 같이 알아야 하며 이와 같이 보아야 하며, 이와 같이 믿고 알아서 법이라는 생각[法相]조차 내서는 안 된다. 수보리야, 여래께서는 법상法相이 곧 법상이 아닌 것을 법상이라고 말씀하신다."

須菩提 若人 言佛說我見人見衆生見壽者見 須菩提 於意云何 是人 解我所說義不 不也 世尊 是人 不解如來所說義 何以故 世尊 說我見人見衆生見壽者見 卽非我見人見衆生見壽者見 是名我見人見衆生見壽者見 須菩提 發阿耨多羅三藐三菩提心者 於一切法 應如是知 如是見 如是信解 不生法相 須菩提 所言法相者

如來說卽非法相 是名法相

관계 속의 변화가 앎으로 나타난 만남

우리의 삶이란 '관계 속의 변화가 앎으로 나타난 만남'입니다. 곧 앎이 우리의 삶을 그대로 나타내기 때문에 '앎이 일어날 때마다 있는 그대로 알아야[如是知]' 하는 것입니다. 이때 있는 그대로[如是]인 '빈 마음으로 변화하는 흐름'에 어떤 실체가 있다고 아는 것이 아닙니다. 연기하는 전체로 열려서 삶을 있는 그대로 알고 보아야 합니다. 그때 '지금 여기의 우리 모습'이 그대로 여래이며 스승이며 함께하는 모습임을 믿고 이해하게 됩니다. 이것이 불법승 삼보에 귀의하는 것입니다.

'있는 그대로가 여래가 자기 모습을 나툰 것'이기 때문에 삶 그대로 있어야 합니다. 이해 속에 있는 것이 아니라 삶 그대로 있는 것이 여여如如입니다. 이때에는 법화에 의한 분별상이 없습니다.

법이라는 생각[法相]은 말의 한정에 의해서 규정된 것인데, 그저 전체적으로 살게 되면 그러한 한계를 떠나기 때문에 법상法相이 나타나지 않습니다. 법화에 의한 분별상을 떠나 완전한 깨달음[無生法忍] 속에서 알고 보며, 자기 자신의 현존이 여래임을 확실히 아는 것이 믿고 이해하는 것[信解]입니다.

아견我見·인견人見·중생견衆生見·수자견壽者見은 '의意에 의해서 파악되어진 자기 한정'을 의미합니다. 만나 있음의 동시성, 자비의 열림을 모르는 것[無明]이 사견四見입니다. 여래란 오고 감에서 전체로 있는 것이기 때문에, 어떤 것 속에 여래가 있는 것이 아닙니다. 있는 그대로의 전체가 여래의 드러남이므로 여래조차 따로 없기 때문에 '여래는 여래가 아니다'라는 뜻을 놓쳐서는 안 됩니다. 곧 즉비卽非를 동반한 말인 것을 놓쳐 버리면 여래의 뜻을 알 수 없습니다. 만일 즉비를 놓치면 전체성이 또 다른 소외로 있게 됩니다.

아뇩다라삼먁삼보리가 여시지如是知이고 여시견如是見이고 여시신해如是信解입니다. 무엇이 있어서 아는 것이 아니라 이러한 드러남만 있으며, 무엇에 의해서 보여지는 것이 아니라 그저 제 모습을 드러내는 것입니다. 바꿔 말하면 깨달음은 순간순간 자기 모습을 깨달은 대로 드러내고 있습니다. '만남 그대로 있을 뿐'이지 무엇과 무엇의 만남이 아닙니다.

아뇩다라삼먁삼보리를 바라는 사람은 이와 같이 알고 보고 신해하는 것이 아니라, 이와 같이 알고 보고 신해하는 것 자체가 아뇩다라삼먁삼보리입니다. 이는 순간순간 앉고 가는 것이 전체가 되는 것입니다. 따라서 모든 법을 이와 같이 알고 보는 것이 따로 있는 것이 아니라, 순간순간 완전한 열림의 깨어 있음이 여시지이고 여시견이고 여시신해입니다. 따로 나누어서 무엇인가 세울 만한 법은 없습니다. 그것이 티끌이거나 하나로 합쳐진 모양이거나 간에 세계의 실체는 없습니다.

법이라는 생각도 그 실체가 없으며[非法相] 실체가 없다는 것도 없기 때문에[無非法相] 여래께서는 법상이 곧 법상이 아닌 것을 법상이라고 말씀하신 것입니다. 생각만 쉬면 삶을 올바로 보는 눈이 생깁니다. 여기에서 개체로서의 실체나 전체로서의 실체라는 견해가 생길 수 없습니다.

32. 응신, 화신은 참되지 않고 應化非眞分

"수보리야, 만약 헤아릴 수 없이 많은 세계를 가득 채운 일곱 가지 보배를 가지고 보시하는 사람이 있다고 하더라도, 깨달음에 마음을 낸 선남자 선여인이 이 경의 가르침에서 사구게 등을 받아 지녀 읽고 외우며 다른 사람을 위해 연설한다면, 그 복은 앞의 일곱 가지 보배로 보시한 것보다 뛰어나다.

그러면 다른 사람을 위하여 어떻게 연설하느냐? '모양에 집착하지 말고 한결같아 흔들리지 말지니라.' 왜냐하면 모든 조작된 법은 꿈・허깨비・물거품・그림자・이슬・번개와 같기 때문이다. 반드시 이와 같이 보아야 한다."

부처님께서 이 경의 설법을 마치자 모든 비구・비구니・우바새・우바이, 모든 세상의 하늘 신・사람・아수라들이 부처님의 가르침을 듣고서 크게 기뻐하며 믿고 받아들이며 받들어 실행하였다.

須菩提 若有人 以滿無量阿僧祇世界七寶 持用布施 若有善男子 善女人 發菩薩心者 持於此經 乃至 四句偈等 受持讀誦 爲人演說 其福勝彼 云何爲人演說 不取於相 如如不動 何以故 一切有爲法 如夢幻泡影 如露亦如電 應作如是觀 佛說是經已 長老須菩提 及

諸比丘比丘尼優婆塞優婆夷 一切世間天人阿修羅 聞佛所說 皆大歡喜 信受奉行

열린 삶 속에서 나오는 자비심

한 생각이 일어날 때마다 '나'를 중심으로 하여 나누어진 일체법은 곧바로 꿈인 줄, 허깨비인 줄, 물거품인 줄, 그림자인 줄 알아야 합니다. 수행으로 몸과 마음의 조건을 조금만 바꾼다면, 보이는 대로 실재하지 않음을 알게 되며 일상의 '우리 삶도 조건의 흐름'인 것을 밝게 알게 됩니다.

　실체가 있다고 하는 견해가 사라지게 되면, 생각이 자유로워지고 동시·전체를 보는 지혜가 일어납니다. 이와 같이 동시·전체로 있는 것을 무위법이라고 합니다. 자유로워지기 위해서는 육근에서 일어나는 것은 모두 꿈·허깨비·물거품·그림자와 같다고 관해야 합니다.

　모양에 집착하지 말고 한결같아 흔들리지 말지니라[不取於相 如如不動]. 모양에 집착하지 않는 것은 탐심과 진심과 치심으로 이어지는 십이인연의 사슬이 끊어진 것입니다. 여기서는 고苦의 인간세계를 버리려고 하지 않고 열반의 불세계를 바라지도 않습니다. 빈 마음으로 전체[무분별]로 살 뿐이므로 마음이 늘 한결같습니다. 삼독심이 일어난 것이 동動이라 하면 삼독심이 사라진 것이 여여부동如如不動입니다. 보시하는 사람이 있고 보시받는 사람이 있다면 아무리 많이 보시한다 할지라도 한결같지 않습니다. 고락에 대해서 평정심이 되면 동시·전체로 함께 살기 시작합니다.

삶은 확인된 지혜의 완성

『금강경』의 '수지독송'이란 '한 생각 일어남 속에 보살심이 살아 있는 것'입니다. '다른 사람을 위해서 연설하는 것[無爲演說]'이란 '다른 사람을 위하여 자비심으로 차마 그렇게 하지 않을 수 없다'는 말입니다. 내가 있어서 너에게 무엇을 하는 것이 아니라 '함께 열린 삶 속에서 나오는 자비심'이 보살의 마음입니다. 이것은 가장 큰 마음으로서[一心, 大乘心], 다른 사람을 위하는 보살의 설법입니다. 이것은 모양에 집착하지 않는 평상심을 보이는 것입니다[不取於相 如如不動]. 왜냐하면 마음에 의해서 나누어진 모든 법은 꿈·허깨비·물거품·그림자·이슬·번개 같기 때문입니다. 일상에서 일어나는 '나'로 인한 모든 법을 꿈이라고 관하면, 저절로 반야의 열림이 커지면서 함께 사는 만남이 있게 됩니다.

부처님을 위대한 존재로, 자신을 한낱 미천한 중생으로 여겨서는 안 됩니다. 부처님께서는 스승으로서 여래로서 작용하는 것은 너에게 있다고 말씀하십니다. '너희 스스로 열린 마음으로 가고자 하는 것'이 '참된 스승이고 진실한 여래'라고 말합니다. 이 말을 듣고 마음을 연 사람들은 누구라도 기쁜 마음을 일으키는데, 이는 '하나가 되었을 때 나타나는 환희심'입니다. 이 경을 설하는 부처님을 통해서 마음이 기쁜 것이 아니라, 그 말을 듣고 마음을 열어서 함께 기쁨의 장에 놓여 있는 환희심을 말합니다. 그래서 누구라도 스스로의 삶이 '확인된 지혜의 완성[금강반야바라밀]'임을 믿게 됩니다. 이 믿음이 일상의 삶이 되기를 바라면서 『금강경』이야기를 마칩니다.

● 공부는 어떻게 합니까?
'공부한다'는 말은 수행修行·수도修道·수심修心 등으로도 쓰고 있습니다. 그런데 해탈은 수행해서 이루어지는 것이 아닙니다. 만일 닦을 것이 있다고 한다면, '마음으로 마음을 구하는 것'이기 때문에 근본부터 어긋나는 것입니다. 그러면 '닦을 것이 없는 것을 닦는다'는 것은 무슨 의미입니까? 여기에서 부득이 자성문自性門과 수행문修行門이라는 두 가지 문을 임시로 세울 수밖에 없습니다.

자성문은 해탈신解脫身으로서 연기 실상을 말하는데, 이것을 식識·공空·평상심平常心·진여자성眞如自性 등으로도 말합니다. 마음 마음은 연기 실상의 나타남이므로, 이것은 더할 것도 뺄 것도, 생겨나는 것도 소멸하는 것도, 깨끗한 것도 더러운 것도, 줄어드는 것도 늘어나는 것 등도 다 떠난 무심無心 무념無念의 삶입니다. 그것은 무아가 자성이며, 연기가 자성의 온전한 나타남이기 때문입니다.

그러므로 '마음을 닦는다'는 말을 한다면 곧바로 어긋나는 것입니다. 어긋나는 것은 분별된 세계를 말합니다. 그것은 아상·인상·중생상·수자상으로 대표되는 갖가지 잘못된 견해입니다. 유有나 무無를 주장하고, 같거나 다르다고 하는 일이유무一異有無의 병폐입니다.

이러한 것은 사유에 의해서만 파악되는 세계라고 『구사론』 등에서는 말하고 있으며, 이것은 조작된 법인 유위법의 범주에 넣고 있습니다.

조작된 법에 의해서 중생계가 이루어집니다. 조작된 마음이 원인이 되어 갖가지 분별 세계가 그 결과로 나타난 것입니다. 아비달마에서는 계박을 여읜 이계과離繫果를 해탈이라고 합니다. 그러면서 이는 수행을 원인으로 한 인과관계의 결과가 아니라 자재한 연기 그대로라고 합니다. 여기서 알 수 있듯이, 어느 곳 어느 시대에나 수행문으로 다스려야 할 것은 분별심으로 오염되는 것을 말하는 것이지, 수행으로 해탈이 얻어진다고 보지 않는다는 것입니다.

이는 당송시대에 왕성한 모습을 드러냈던 선종에서 '마음 그대로가 곧 부처이며 닦음을 필요로 하지 않는다'고 한 것과 같은 것입니다. 그러면서도 자성인 이 마음이 오염되지 않도록 잘 보림하라고 하고 있습니다. 즉 시비 분별에 떨어지는 순간 오염되는 것이기 때문에 곧바로 '무심無心의 삶을 강조'하는 것입니다. 이 무심으로 살아가는 것이 보림입니다.

용수 보살은 "나는 무엇을 부정하는 것이 아니라 잘못된 견해를 바르게 알려 줄 뿐[破邪顯正]이며, 연기와 중도와 공은 실상의 다른 이름이다"라고 하십니다. 즉 잘못된 견해를 버리면 다시 세울만한 진리가 있는 것이 아니라는 것입니다. 이상에서 알 수 있듯이 무아·무상·불·자성·공·식·연기·진여·평상심 등은 자성문에서 하는 이야기로, 일체의 수행을 필요로 하지 않습니다. 있는 그대로가 완성된 지혜와 자비일 뿐입니다.

반면 수행문은 아상·인상·중생상·수자상이나 단견斷見·상견

常見 등으로 집착된 견해가 자성을 오염시키지 않도록 하는 것입니다. 그러나 오염은 스스로가 오염일 뿐 자성문을 오염시킬 수는 없습니다. 분별 스스로가 스스로를 얽어매고 있는 것입니다. 그래서 『금강경』에서는 '깨달음'이란 '결정된 법이 없는 것을 확실히 아는 삶'이라고 합니다. 아상我相 등 사상四相으로 대표되는 잘못된 견해만 떠나면, 곧바로 있는 그대로의 삶을 살게 됩니다.

이것은 돈頓과 점漸에도 그대로 적용됩니다. 자성문에서 보면 돈점頓漸이 있을 수 없습니다. 수행을 통해서 공空의 자성이 건립되는 것이 아니라 우리 삶의 본 모습이기 때문입니다. 그러므로 단번에 연기 실상으로 사는 것이 가능한 것으로 보면 돈의 입장이고, 잘못된 견해에 의한 오염을 다스리는 입장에서 보면 점 또한 가능합니다. 돈점은 수행문의 입장과 자성문의 입장이 함께 고려되어야 할 것입니다. 오직 분별심을 쉬어 자성청정심인 연기 실상에 노닐게 하는 데 대한 방편으로 깨달은 분들이 대기대용大機大用으로 돈점을 자재하게 쓰고 있을 뿐입니다.

따라서 자성문의 닦을 것 없음만을 강조하여 제멋대로 사는 모습을 깨달은 이의 행동으로 여겨져서도 안 되며, 수행문만을 강조하여 선정주의나 신비주의로 빠져서도 안 될 것입니다. 그래서 옛 스님들께서는 수행문과 자성문을 함께할 것을 강조합니다. '우리 마음이 연기 법계임을 확실히 알고 분별심을 다스리는 수행인 닦음 없는 닦음[無修而修]을 하는 것이 공부'라고 한 것이 그것입니다.

공부는 전통적으로 학습[聞]·비판[思]·수행[修]으로 이야기합니다. 선지식을 만나 그분을 통해서 듣고 배워야 합니다. 부처님의 말씀을 늘 잊지 않고 관해야 합니다. 물론 도道는 듣고 배우는 데에 있지 않다고 하지만, 이 과정이 없으면 가장 위대한 스승인 고苦의 자각이 아무런 도움이 되지 못할 때도 있습니다. 그런 다음 자신의 삶에서 항상 그 가르침을 비춰보아 몸과 마음으로 익혀야 합니다.

금강경

함께 사는 아름다움

초판발행일 | 1998년 10월 20일
개정판 5쇄 | 2022년 4월 5일

펴낸이 | 열린마음
풀어쓴이 | 정화
디자인 | 안현숙, 삼매옥

펴낸곳 | 도서출판 법공양
등록 | 1999년 2월 2일 · 제1-a2441
주소 | 110-260 서울시 종로구 삼봉로 81 두산위브 836호
전화 | 02-734-9428
팩스 | 02-6008-7024
이메일 | dharmabooks@chol.com

ⓒ 정화, 2022
ISBN 89-89602-29-7

값 20,000원

부처님 말씀과 바른 법을 드러내는_도서출판 법공양